世界哲學史 9

別巻　未来をひらく

別冊　開啟未來的哲學：回顧與前瞻

伊藤邦武／山內志朗／中島隆博／納富信留　主編
鄭天恩　翻譯
山村奨　監譯

目次

contents

PROLOGUE

前言

中島隆博

隨著《世界哲學史》全八冊的結束，我們終於進入了現代時期。回顧這一路的發展，我們決定在這本別冊中，探討一些至今尚未能充分討論的問題。

首先，由於《世界哲學史》系列橫跨了漫長的歷史軸線與廣袤的地理範圍，因此在呈現更大範圍的空間概念鏈結以及長期的歷史演變方面，不可避免地存在某些不足之處。

其次，儘管我們已盡力囊括世界各地的哲學發展，但仍難免有所遺漏。有些內容也因篇幅限制未能詳盡敘述。

第三，在企劃推進的過程中，我們不得不面對新冠疫情的衝擊，因此更有必要進一步探討這種傳染性疾病所揭示的現代社會面貌。

為了盡可能豐富以上三點內容，本卷特別邀請了十三位學者撰稿。他們的論文充滿熱情，期盼各位讀者能將這本別冊與前八冊結合閱讀，共同探索世界哲學的嶄新可能性。

此外，山內志朗、納富信留與我（中島）三人舉行了一場回顧性的座談會，並將其紀錄收錄於本書。我們對每一冊展開了深入討論，探究各章節之間的互動及其所形成的問題意識。在座談會中，我們還分享了作為責任編輯的想法與經驗。

為了回應這次座談，我們三人各自撰寫了一篇新論文。山內志朗針對座談中討論的世界哲學「邊界」提出了新的思考；納富信留則探討了世界哲學與傳統哲學不同的論述風格，以及其實踐的可能性；而我則從更長遠的時間軸出發，重新審視日本哲學作為世界哲學一部分的定位與意義。

無論如何，世界哲學的旅程才剛剛開始。它並非抵達終點即告結束的旅途，而是一場概念的探索之旅。我們必須不斷向世界哲學的地平線邁進，並在實踐中持續前行。

借用井筒俊彥的話，這正是「開花」的時刻！山內志朗將花與地、水、火、風並列為世界的元素。唯有在概念之旅的實踐中，世界哲學才能綻放出屬於它的花朵。這些花或許並不絢麗奪目，但即便如此，我們仍能從這些小花中感受到哲學間的友情。而這份友情，或許正是開啟世界哲學未來的關鍵。

第I部 世界哲學的過去、現在與未來

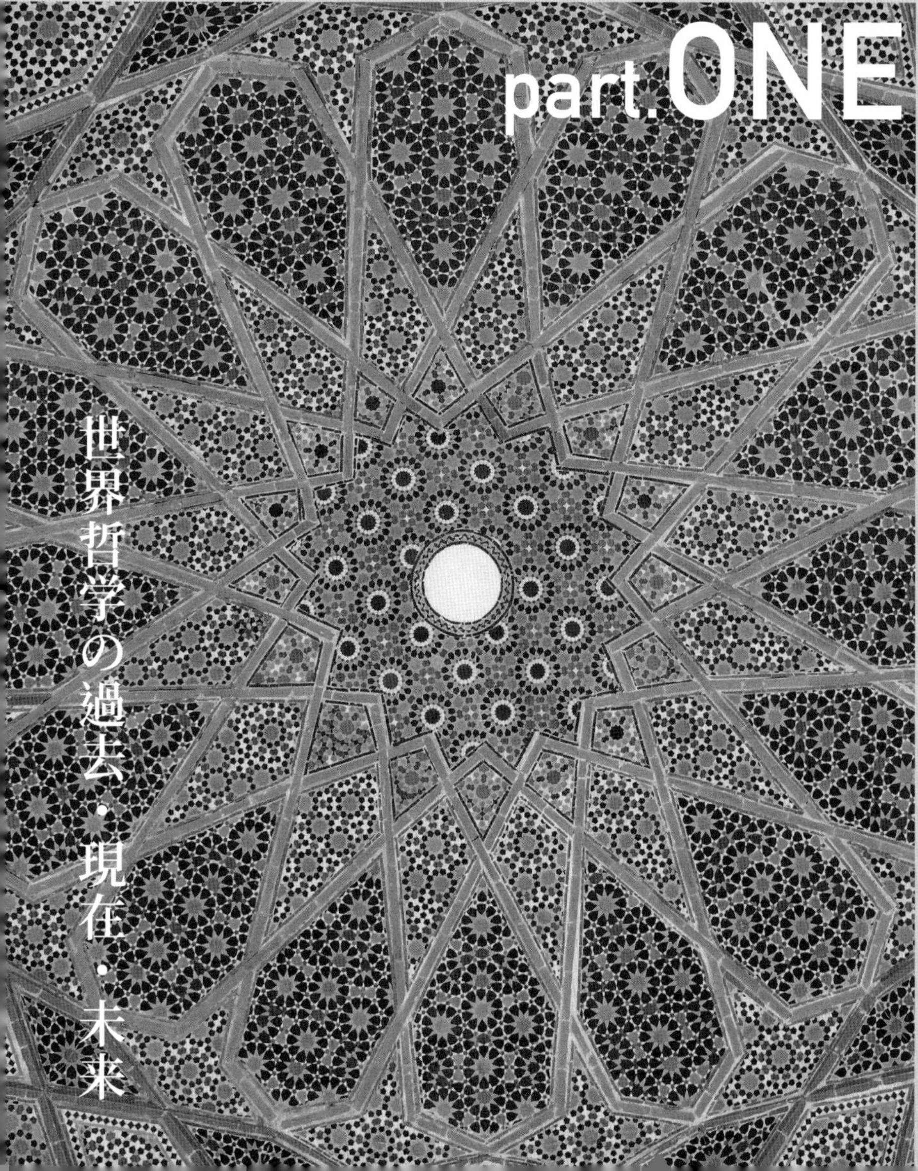

CHAPTER

one

第一章

展望未來的哲學：回顧《世界哲學史》前八冊

山內志朗、中島隆博、納富信留

これからの哲学に向けて—『世界哲学史』全八巻を振り返る

一、《世界哲學史1——古代I 哲學的起源：從智慧到愛智》

「世界與靈魂」

中島　我們會從第一冊起按照順序回顧《世界哲學史》。在世界哲學史第八冊的終章〈世界哲學史的展望〉中，伊藤邦武教授提到「世界與靈魂」，而第一冊的子題正好就是「世界與靈魂」；在每一個章節中，執筆的各位都談到了「世界」和「靈魂」的問題，這個主題似乎貫穿了後續每一冊。

納富　問題並不僅僅在於它是共通的概念，而是在於「世界與靈魂」是否構成了這個最古老時代的關鍵。正如第一冊第一章的標題「關於哲學的誕生」所指出的，在這個時期，以軸心的形式出現了各式各樣宏偉的哲學運動，但它們在多大程度上與這個主題相關呢？有一定程度的關聯性，讓人有一種沒有其他總括方式的感受。當我們把它與「哲學始於印度、中國與希臘」並列看待的時候，使否也可以察覺到「世界與靈魂」的主題呢？

山內　納富先生針對起點的問題，也提出相當微妙的論述呢。雖然近代也提出了起點的問題，但和古代的論點還是有頗大的差異；因此與之相應、關於「世界與靈魂」的談論方式，應該也會不大相同吧？

納富　世界哲學史，不只是從歷史、更是要從「究竟該把起點放在哪裡」開始談起。定下起點，讓我們能夠從整體的角度，看清之後的方向性與願景。因為「不知何時就自然而然地開始」或是「究竟什麼時候開始，我們也不知道」，都無法描繪出一個整體樣貌，所以在西方哲學史上，我們總是透過確定起點來開始敘述。當思考哲學史的時候，即使不明說「從何年何月起，以怎樣的方式開始」，但以回顧性（retrospective）的方式，自我界定的起始，還是具有重要的意義；而我的主要研究對象希臘，本身就是以追問始源（arche）的方式開始發展哲學的。

另一方面，卡爾．雅斯培（Karl Jaspers, 1883–1969）曾說過，軸心時代其實並非從零開始。在此之前已有約兩千年的文明，雖不一定是最古老的，但關鍵在於我們應如何看待這一時代所共同建立的基礎。將這些基礎並列觀察，不禁令人感到神祕感愈發深邃。

在一個時代中，人們提出了「世界與靈魂」這個共通的問題，往前踏出一步、從而開始嶄新的思想活動，但這究竟是什麼呢？有人會著眼在農耕誕生、開始使用言語等象徵文明的事物進行類比式的思考，但也有一些視角對哲學本身的「始源」提出質疑，我認為這才是思考古代的核心問題。我認為，不只是希臘，關於印度和中國亦然，對這些問題的思考，或許就能讓這個時代變得更清晰一點吧？

作為起源的希臘

中島　不久前，納富先生在東京的國際研討會上發表了一場關於埃及與希臘關係的演說。

如果「起點」源於希臘，那麼我們就必須思考埃及的角色。埃及與希臘是如何分離的？希臘的哲學又是如何開始的？「開始」的時間至關重要。畢竟，如果哲學的本質是質疑「起頭」，那麼「起頭」的開端同樣重要。這是一種反思（reflective）的意識。有了這種意識，「世界與靈魂」才能以更清晰的形態被理解與呈現出來，不是嗎？

在中國近代，也有人曾提出疑問：哲學究竟是從孔子（西元前五五一—前四七九）開始，還是從老子（西元前五七一—前四七〇）開始的？若依據文獻實證來看，從老子開始的說法顯然難以成立，因為《老子》的文本在時代上比孔子與《論語》晚多了。然而，若不拘泥於文獻實證的問題，而是追問起源，腦海中浮現出孔子與老子，這本身就耐人尋味。正如埃及與希臘的關係一樣，孔子也受到前人思想的影響。他並非完全脫離之前的儒家言論而自成體系。如果我們進一步追溯，探尋那深深刻在孔子心中、作為某種「始源」的開端，那麼它究竟是什麼呢？

我在第四章〈中國諸子百家中的世界與魂〉中提到，「世界與魂」是一種針對與自身相異之物的態度發明。所謂「魂」，是用以接觸非自身事物的某種工具；世界亦是如此，若它本身已然自足，則即便沒有「世界」這種涵蓋形式也無關緊要。在這裡，可以看出一種明顯的分割意識。當我們仔細思考起源時，世界與靈魂便不可避免地成為我們的思索對象。

山內　「始源」的希臘語為 arche，這正是哲學的起點。從我們世界哲學史的角度來看，最根本的問題在於如何理解 arche。儘管總結世界哲學的視角有許多種，但我們不妨試著將此視為一種研究工作，探討它可能呈現的樣貌。正如雅斯培所提出的「軸心時代」或井筒俊彥（一九一四—一九九三）所主張的「共時的結構化」，有些現象確實是同時出現的，並在影響史的觀點上有所體現。雖然直接說「同時」可能顯得時間跨度過短，因此我認為「同時代」的說法或許更為妥當，但也確實存在幾乎在同一時期內形成影響關係的情況。此外，也有一些歷史性或歷時性的影響，可能要經過一百年、兩百年，甚至上千年才得以顯現。

當我們以世界哲學史的視角思考全球範圍時，或許可以嘗試區分三種影響史：同時代影響史、歷史性影響史與共時性影響史。迄今為止的西方哲學史大多以希臘作為起源，從同時代與歷史性影響史的角度來討論問題。然而這次，我們嘗試從共時性對應的時空來考量。換言之，我認為這是一種嘗試，並非將世界哲學史視為一個統一的整體，例如黑格爾（Georg Wilhelm Friedrich Hegel, 1770–1831）所設想的統一體，而是將其理解為一種多重網絡與組態（configuration）。

先前關於「世界與靈魂」的問題確實引人深思。亞里斯多德（Aristotle, 384–322 BCE）以「作為存在的存在」這一極為抽象的語彙，來定義哲學的起源。這不僅與「哲學是什麼」這一問題密切相關，也牽涉到中國是否僅有思想而無哲學、日本是否擁有哲學等爭論。然而，如果僅將「存在範圍內的存在」的質問視為哲學本身，那麼這種質疑可能是一種極為地域性的行為。相較之下，思考「世界與靈魂」之間的關係具有更廣泛的普遍性，並且其中可能包含著多樣的影響與交流（interaction）。因此，讓這些關係得以展現出來，無疑是一項非常重要的工作。

在閱讀有關朱子學的那篇文章時，我聯想到性與情的問題。「性」在拉丁語中是natura，「情」則是affectus，因此可以視為某種本質的存在，隨著情的變化而展現其形態。正如中島先生在第一冊中提到的，性會因情而發生變化。雖然我們可以將「世界與靈魂」視為哲學史的基本框架，但是否真能將各種不同的思想與觀點包容其中，這點實在值得深思。畢竟，從世界哲學史的視角來看，不論如何，第一冊都是最關鍵的開端，不是嗎？

作為生存原理的靈魂

中島　如此說來，我們或許就有了一個象徵性的起源了。正如山內先生所言，希臘被當成哲學的起源是有其歷史背景的。那裡有一種強烈的現代觀點，但是光憑著這種觀點並不意味著我們可以把哲學的起源放在希臘。我們對於希臘的這種印象，必須要更新才行。改變談論希臘的方式，就是改變談論起源的方式。

正如你剛才所強調的，中國概念下的所謂「性」，與其說是普遍不變的本質，不如說是自身也會產生變化的「生存方式」。雖然是有點激進的想法，不過若我們回顧一下古代，可能會發現這是出乎意料共通的思考方式呢！

納富　在兩千四百多年前的幾個世紀中，希臘常被視為焦點，但這並不僅僅是矯正十九世紀以後西方中心、雅利安人式希臘偏見的問題。正如山內先生所說，希臘在中世紀已經累積了大量的傳統，其「性」在許多方面受到折射影響。因此，並非「因為現代的看法有誤，所以讓我們直接回歸希臘」這麼簡單。我們需要以非時空的視角來審視這段以希臘為中心的歷史，並重新評估其影響，包括古代晚期、中世紀以及伊斯蘭文明中發生的種種事件。僅僅以「因為起源如此」為由，試圖從二十一世紀直接跳回希臘，這樣的做法並無太大實質意義。

山內先生所提的「作為存在的存在」這種說法確實非常抽象，若將其視為哲學，一般人可能難以融入其中。那麼，我們該如何理解其中的意義呢？若以「世界與靈魂」的框架來解釋，亞里斯多德與柏拉圖（Plato, 427–348 BCE）正好落在這個範疇之內。因此，我認為這或許也是一種值得探索的思考方式。

可是另一方面，若我們深入探討「世界與靈魂」這個問題，就會發現「存在」與「邏各斯」的交會點。這並不能單純以「西方的特殊性」來解釋，而亞里斯多德的哲學中也包含許多無法完全以這種方式吸收或納入的內容。

正如山內先生在第三冊第一章〈邁向普遍與超越的知識〉中所言，相較於中世紀的超越，希臘的超越顯得格外微妙且難以準確定位。關於希臘所謂的超越，或自巴門尼德（Parmenides of Elea, ca. 520-450 BCE）以來的超越這一問題，我們究竟應如何看待？這種超越並非那麼純粹，因為即便是亞里斯多德的思想，也混雜了促成超越的觀點與立足於超越的視角。例如，「作為存在之物而存在」的探討看似偏重於觀念性，但對亞里斯多德而言，「存在」指的卻是「某種生物活著」這樣的具體情境。問題的關鍵在於如何掌握這個「存在」的現場。「存在」並非僅是一門學問的抽象形式，而是與靈魂與世界密切相關。那麼，這樣的理解該如何延伸到您剛才提到的同步性呢？

中島　將靈魂視為一種生存原理是非常有意思的。哲學不僅需要處理高度抽象的概念，也必須像亞里斯多德那樣，深入探討生存的原理。從這個角度出發，我們或許可以嘗試更具體地掌握靈魂的意義。

靈、魂、魄

山內　亞里斯多德的思考範圍廣泛，抽象程度極高。他在《尼各馬科倫理學》中曾說：「不應該過於追求精確性。」然而他在生物學研究中卻又展現出細緻入微的觀察，幾乎無所不包。簡而言之，他是一位從抽象到具體，涵蓋所有存在領域的天才。即使是伊本・西那〔Ibn Sina, 980-1037，又名阿維森那（Avicenna）〕這樣的天才，也完全無法輕易理解亞里斯多德的《形上學》。據說他苦讀了四十多次，甚至通篇背誦。年輕時，他先背下全文，日後需要時再反覆研讀，並在腦海中一遍又一遍地加以註釋。亞里斯多德正是如此廣博而有趣的思想家。他能夠兼顧高度抽象的哲學思考與對具體事物的敏銳洞察，其非凡的程度令人難以言喻。然而，也正是這樣一個人，奠定了所謂「哲學」的基石。

當我們研究中世紀時，面對基督教與猶太教的既有架構，多瑪斯．阿奎那（Thomas Aquinas, ca. 1225-1274）等人費盡心力研究如何將這些宗教思想與亞里斯多德哲學聯繫起來。然而，作為原理的概念此時已轉向與魂（psyche）相對的靈（pneuma）。另一方面，在猶太教中，也出現了如魯夫（ruh）或魯阿巴（ruah）這類普遍的靈魂原理。要探討靈（魯夫）與個別魂（psyche）之間的關係，確實相當複雜。吉澤傳三郎（一九二四—二〇〇三）彙總來說：「希臘哲學（Hellenism）是以魂為中心，基督教（Hebraism）則是以靈為中心。」這樣的說法確有道理。

在第一冊中，靈與魂這兩個對立的概念雙雙登場，這點讓我感到相當有趣。這種對立似乎隱約暗示了宗教哲學在後續發展中的深遠關係，值得進一步思考與探討。

納富　雖然布魯諾．斯奈爾（Bruno Snell, 1896-1986）很早就提出了關於「魂」（psyche）的概念，但論爭一直持續至今（斯奈爾，《精神的發現》創文社，第一章），它並非單一的概念。荷馬（西元前八世紀）也曾用幾個詞彙來表示魂，但大概到蘇格拉底（Socrates, ca. 469-399 BCE）的時代，就已經變成以「psyche」為中心；這就是作為統一實體的「魂」。

這次我們選擇使用「魂」這個語彙，正是基於上述考量。然而，埃及在早期階段便已展現出多樣化的概念體系，而在中國和印度，是否存在類似於西方以 psyche 或 anima 統整共通事物的不同形式的語彙呢？對此，我們在此次討論中其實著墨不多。執筆的學者們在論述其他文明時，也普遍使用「魂」來表達相關概念。例如，探討印度與希臘在魂的概念上的差異，儘管不一定取得顯著成效，但若聚焦於「魂」，對這一領域的追究便顯得必要。中島先生專精於中國研究，而中國的「魂魄」與西方所指的「psyche」確實有所不同。在這種情況下，是否應避免使用「魂」這一語彙？不過，在彙整相關討論時，似乎大多數人仍認為使用「魂」並無太大問題，這點確實值得進一步探究與討論。

中島　在中國，有許多用來表達這個概念的語彙。正如納富先生所指出，中國有「魂」的存在，也有與之相對應的「魄」。據說，「魂升於天，魄歸於地」，呈現出天地分野的象徵意涵。當我們探討這類中國的議論時，與其單獨討論「魂」，我認為應透過某種對話，在多個概念之間展開討論，例如同時思考「魂」與「魄」這兩個概念。

此外，在魂的系列中還包含「心」這個概念，而我對如何翻譯這個詞也感到困惑。希臘語中的 psyche 也可以譯為「心」，但即便如此，我們依然無法明確了解這個「心」究竟是什麼。為了使理解更加成立，與其單獨使用某個語彙來表達這一概念，不如從「它如何在差異中成立」或「它在與哪些概念相對下得以成立」的角度來探討，這樣不是更為妥當嗎？在這樣的分析框架下，我們可以更清晰地看出「哪些問題可以成立」。換句話說，我認為，比起孤立地看待一個詞語，更重要的是理解它如何在特定配置中運作與呈現其意義。

「世界」這個概念

中島　這正是第一冊大膽設定「『世界與靈魂』的配置」作為副主題的原因。我認為，與其單獨討論魂（靈魂），不如將其與「世界是在怎樣的形態下得以成立」聯繫起來討論，這樣更能清楚地揭示其內在關係與意義。

在談到世界時，經常會出現「世界是被創造出來的」這種強有力的思考方式。世界並非一開始就存在，而是某種被造出的事物！既然如此，那麼靈魂又是如何出現的呢？如果我們以不同於「創造」的方式來設定世界，那關於靈魂的問題，又能以什麼樣的角度討論呢？

從這樣的思路觀察，似乎更容易理解。當然，古代並不存在現代意義上的「世界」概念，因此直接以這種方式或許難以切入；儘管如此，當時的一些事物確實與我們如今所稱的「世界」概念有一定程度的重疊。

山內　「世界」這個概念在拉丁語中並沒有完全對應的詞彙。例如，用拉丁語表達「世界哲學」時，philosophia mundi 所指的是「關於世界的研究」；而在德語中，哲學則被翻譯為 Weltweisheit，意即「世界知識」。

我們對於「世界」這個概念並沒有統一的認識。儘管我們以探究本質的方式詢問「世界是什麼」，但這其實是由與其他概念的關聯和組合所構成的。因此，當我們探詢世界時，理解世界與靈魂的關聯至關重要。儘管在單獨觀察時，它們看似彼此無關，但從整體配置的角度來看，卻能發現它們之間存在著對應的關係。有些問題，唯有回到當時的時代背景，結合古文辭學與文獻學的思想進入文本，才能真正理解其中的意涵。只有這樣，我們才能看清概念之間的關係及其內在的互動。

納富　雖然我們知道希臘以外的其他文明也在進行著各自的哲學探索，但就西方哲學而言，一個重要的特徵在於，他們往往是從一個語彙開始思考。例如，「universe」（宇宙、世界）這個詞，原本意指「秩序、裝飾」，據說畢達哥拉斯（Pythagoras, 572–474 BCE）是第一個以我們今日理解的意義使用這個詞的人。將各種文脈中難以言表的事物賦予概念，並對其剖析、定義與討論，對哲學的形成至關重要。這不僅使每個人都能使用共享的概念，還能圍繞這些概念展開對立的思維，進一步推動思想的深化與發展。

在古代文明中，關於世界的起源有各種不同的說法。有些認為世界並非被創造的，而是如亞里斯多德所言，由永恆的動機引發永恆的運動；也有一些認為世界是自然發生的，而非出自任何創造者之手。諸如此類的議論，形形色色，不一而足。我們可以立足於這些對立的概念，探討「世界是什麼」這一問題如何藉由「創造」（creation）這個語彙被引入辯論的核心。在我們日常生活中，所持的許多模糊觀點似乎都在向某幾種固定的世界觀模式靠攏。然而，僅僅因為處理這些複雜的組態很困難，就丟下一句「各種概念都有各自的文脈」而不再深究，這並不是負責的態度。我認為，關鍵在於我們接下來該如何以更深入的方式繼續思考這些問題。

用概念化改變世界

中島　德勒茲（Gilles Deleuze, 1925–1995）在晚年強烈質疑「哲學是什麼」。雖然他對哲學持批判態度，但對於「哲學是創造概念的學問」這一點卻堅持不懈。那麼，什麼是創造概念呢？這並不僅僅是將自己的想法注入其中，而是要藉由這樣的行為進行某種介入。若沒有介入，概念便毫無意義；唯有透過介入，才能改變世界的結構。這種引發變化的力量，正是概念創造的本質。當我們以介入的方式構思或使用概念時，我們便改變了看待世界的視角。同時，我們也可能將多個概念組合起來，創造出新的複合概念，甚至進一步改變世界本身。這種創造不僅是對世界的重新認識，更是一種對世界結構的重塑與再造。先前山內先生提到「改變『性』」，果然，世界與靈魂確實需要某種變貌。回顧整個古代，可以發現這種意識的確是存在的。只是，如何衡量這種「變」的程度，以及介入的形式，就顯得尤為重要。

納富　所謂「世界與靈魂」，給我一種介於中間的感覺。它並非完全被概念化的存在，也不是只有特定思想或哲學家才能接受的範疇。毋寧說，這些概念已經開始成形，並在不同文明與哲學家的塑造下逐漸發展。儘管「世界、靈魂」這類語彙並非近代以後的尖端哲學概念，但它們已經作為我們思考問題的起點而運作起來。正因為將這些概念網羅於此，我們才能透過它們看到更深層的事物。

中島　以中國為例，先前提到的 natura 一詞確實難以翻譯。雖然有人將其譯為意味著本性、本質的「性」，但說到底，它僅僅指「生的樣貌」這一層意義。若要引出一個強烈且嶄新的「性」概念，就必須將其置於「世界與靈魂」這一語彙所指涉的場域之中。與其關注「性」這個概念如何單獨運作，我們更應該把它作為一個整體領域來觀察。而現在，正如納富先生所言，一種將世界與靈魂本身概念化的運動正在出現。也正因如此，我們更應該嘗試這樣的視角。「世界與靈魂」不僅是一個場域概念，同時也是一個需要逐步完善的概念。在這種看似平淡的探索中，是否會因此激發出某些有趣而深刻的思考呢？

納富　兩者的確都能激發出有趣的發展呢。

中島　無論是普紐瑪還是psyche，我認為兩者都具有其獨特的發展性。一方面，它們本身需要被概念化；另一方面，它們也在支撐其他概念的形成與運作。我認為，同時關注這兩個方向，應該是一個不錯的選擇。

二、《世界哲學史2：古代篇II　世界哲學的誕生：建立與發展》

關於羅馬時代的評價

中島　第二冊討論了羅馬、基督教、大乘佛教以及古典中國等內容，雖然仍屬於古代範疇，但呈現出的景象已有所不同。無論是從希臘到羅馬的思想潮流，還是基督教的誕生，都帶來了一種開啟概念宏大旅程的時代氛圍。不知道各位對第二冊又有怎樣的看法呢？

納富　第一冊所涉及的時期，雖然眾多思想層出不窮，但尚未真正成為主流或體系。若從當時的人來看，柏拉圖與亞里斯多德或許也只是「眾人之一」（one of them），與現在許多不為人知的思想家別無二致。大致上，是在接下來的時代，他們的哲學才被繼承、發展，並逐漸成為核心，形塑出希臘哲學的完整面貌。在中國，這一時期也對應於由諸子百家到儒學正式成立的過渡，大乘佛教亦是如此。儘管這種寬泛的分類方式是否恰當仍值得商榷，但可以說，開端並不僅僅是「已經開始」。

山內　是啊是啊，那樣的話，很快就會消失了。（笑）

納富　結果，讓起點得以展開的，往往是那些平凡且不起眼的事物。羅馬時代的哲學，直到最近三、四十年間才逐漸受到矚目。在此之前，它在古代哲學研究中大多被忽視，甚至被視為「沒有比這更無聊的時代」。然而，近年來它卻廣泛地引起了關注。同樣地，對於教父哲學的研究也發生了變化，逐漸擺脫過去「基督教哲學只談中世紀經院哲學」的刻板印象，轉而深入探討希臘教父與拉丁教父之間的差異，以及奧斯定（Augustine of Hippo, 354-430）以外的其他多元思想人物。這是一個在地理與語言都極為複雜的背景下，各種思想剛開始起步並逐漸完善的重要時代。

事實上，我們正是肩負著這個時代遺留下來的擔子，不是嗎？傳承至今的希臘哲學文獻，幾乎都出自這個時代，此時期之前的文獻寥寥無幾。換言之，我們所擁有並使用的，主要是羅馬時期的文獻。因此，該如何評價這個時代，就成為一個更值得深思的問題。就哲學而言，無論是提倡新學說的人，還是將理論體系化的人，雖以名人為主流，但若有人認為「羅馬的哲學名人，勉勉強強也就只有普羅提諾（Plotinus, 205–270）而已」，這樣的評價該如何看待？我想探討的是，當我們思考世界哲學史時，應該以怎樣的態度來理解和評價這個時代的哲學地位與貢獻。

中島　讀了納富先生所寫的第一章〈哲學的世界化與制度、傳統〉，可以明白學派與文本正是在這一時期逐漸形成的。在此過程中，也出現了某種制度化的現象。哲學不僅僅是起步，還在某種層面上實現了制度化。當然，這裡所指的制度化，或許與現代意義上的制度化有所不同，但這種層面的制度化使哲學能與其他事物共享資源與觀念。若缺乏這種制度化，就難以實現共享。正因為如此，哲學得以從一個地方傳播到另一個地方，實現知識的交流與傳承。對於這一點，我們該如何評價呢？

山內　在哲學史上，羅馬時代的哲學經常被視為平凡無奇，但我認為這個時期在許多意義上都是一個重要的轉捩點與起源。首先，世界宗教的出現正是在這個時期，例如基督教、伊斯蘭教，以及稍早誕生的佛教。此外，隨著 Kosmopolites（世界公民，英譯為Cosmopolitan）思想的興起，世界哲學這一概念也在此時期逐漸成形並正式呈現。

從研究中世紀哲學的角度來看，像阿佛洛狄西亞的亞歷山大（二世紀）和奇里乞亞的辛普利休斯（五至六世紀）這些亞里斯多德的註釋者，看似平凡，卻極具意義。他們讓一度被視為靜態的亞里斯多德哲學，與新柏拉圖派思想結合，展現出強大的動能，甚至與政治學產生聯繫，這其中的演變非常有趣。康乃爾大學出版社目前正在理查德・索拉布吉（Richard Sorabji）的監修下推進《古代亞里斯多德註釋者全集》的英譯工作，讓這些古代註釋更加普及化。值得注意的是，這些註釋對伊斯蘭哲學產生了深遠的影響。法拉比（al-Farabi, 870–950）就是其中一個典型例子，他受到了這些註釋的啟發，而他的思想又進一步連結至西方中世紀哲學，形成了跨文化的思想交融。

在這裡，雖然亞里斯多德哲學經常被誤解，但實際上情況恰恰相反。它以具有驅動力的形式廣泛傳播。如果以料理來比喻，這就像是將優質的食材經過精心烹調，最後端出一道道美味佳餚。簡單來說，這個時代就像是餐廳的廚房——我的感受正是如此。

宗教的制度化

山內　那麼，羅馬時代的哲學該如何概念化呢？在這個時期，宗教興起，靈魂的救贖成為重要議題。然而，這種救贖是發生於現世的嗎？還是死後的世界？或者是在天堂中實現的？靈魂救贖的形式多種多樣，但我們能否將其單純侷限於宗教範疇呢？對此，我不禁感到疑惑。

在基督教中則有使徒保羅（Paul the Apostle）提出的「oikonomia」概念。oikonomia 被譯為「經綸」，但其核心意涵是將這個世界視為一個 oikos（家），並致力於使其正常運轉。耶穌被釘上十字架，為拯救全人類而犧牲自己，展現了救贖之路，這也正是神之子救贖的由來。與此同時，斯多葛派的 apathia（心靈平靜）亦是以宗教為前提的思想體系。那麼，靈魂與世界究竟如何產生關聯，又如何達到終結呢？所謂的討論，仍然圍繞著靈魂與世界的關係，以及靈魂如何在這個關聯中展現其價值與意義。我認為，以 oikonomia 為象徵的思想，正是在這一時期逐漸建立並成形的，並成為靈魂與世界相互連結的重要基礎。

中島　這確實相當有趣。這個時代包括了羅馬帝國與漢帝國，標誌著古代帝國的正式成立。我認為這一點非常重要。一方面，宗教的救贖成為關注的主題；另一方面，如果世俗的救贖問題未被提出，古代帝國是否仍能出現？在這裡，我們可以梳理王權與神權之間的關係。然而，王權以帝國的形式建立，並非易事，因為在此之前並未出現如此制度化的形態。隨著帝國的王權制度化，宗教也以世界宗教的形式逐漸實現制度化。事實上，這兩者是平行發展的，不是嗎？既然如此，從這個角度來看，制度化確實具有重要的意義。

剛才我們提到了「oikonomia」這一概念，在基督教中，oikonomia 可以翻譯為「攝理」。這種翻譯的原因在於，它不僅體現了經濟原理，同時也構成了靈魂救贖與上帝秩序的基礎。在古代帝國中，這兩者常常並存，因此，我們對於帝國原理的正統化不應輕忽。羅馬帝國與漢帝國幾乎同時建立的這一事實，其意義遠比人們所認知的更加深遠。

納富　談到帝國，我們必然會注意到它與政治史、社會史之間的關係。在《世界哲學史》中，正如山內先生與伊藤教授所言，中世紀到近代的演變並非如黑格爾所說，是絕對精神的發展，而是世界各種政治、社會與經濟結構的運動造成了時代的轉折，從而引發思想狀況的重大轉變。

古典希臘與羅馬時代對於世界的看法存在顯著差異。在柏拉圖與亞里斯多德的時代，如亞里斯多德在《政治學》中所描述，世界由小村落集結而成的城邦構成。城邦是最大的自足單位，其之上便是宇宙。柏拉圖同樣認為，個人、城邦與宇宙構成三層結構，並透過嵌套的方式形成某種秩序。然而，到了羅馬時代，這樣的框架幾乎完全瓦解。由於帝國規模過於龐大，原有的城邦式觀念不得不被捨棄。Kosmopolites（世界公民）中的 kosmos 雖意指世界，但同時也具有宇宙的含義。「我們是宇宙中獨一無二的存在者」，這正是當時的視角。在中國的秦漢時期，以及亞歷山大帝國與羅馬帝國的前後時代，這種世界觀都發生了巨大的轉變。

關於救贖的問題，羅馬時代湧現了許多新的宗教。伴隨著我們對生存的實際感受以及時代的波動起伏，一個無法單純以城邦與共同體倫理來解釋的存在層面逐漸顯現。簡單來說，「世界與靈魂」的理解進入了一個激烈動盪的時代。我認為可以肯定地說，在西元後的幾個世紀裡，這樣的現象以世界規模同時發生。「地方」（local）這種說法或許顯得狹隘，但它在具備普遍性的同時，也解放了各地區自身的特質，並促進了它們之間的共享。

中島　看來，當時的交流比我們現在想像的還要頻繁吧。

納富　是的，資訊也確實流通得很順暢。

文本的確定與正典的成立

中島　當我們討論制度化時，文本問題顯得尤為重要。在第二冊中，許多作者聚焦於文本的相關議題，例如下田正弘先生提到「不存在教團，存在的只有文本」，這一觀點非常具有說服力（第四章〈大乘佛教的成立〉）。當然，創造文本的人們可能形成了某些群體，但無論如何，文本本身作為核心的地位逐漸浮現。同樣的情況也發生在中國，漢代出現了許多學術運動，致力於文本的確定，並展現出極高的熱度。沒有這些運動，儒學的「國教化」是不可能實現的。將文本作為經典或正典（canon）確立的趨勢，在各地幾乎同時出現，形成了一股歷史性的潮流。

納富　由於現代已不再保留註釋這種文化，因此難以想像其形式，但當時的做法是先將文本置於紙面的正中央，然後在周圍書寫註釋。在中國，則是以大字與小字區分書寫。註釋並非僅僅記錄自己的想法，而是圍繞著處於中央的主文本，將相關的思考補充其上。例如，亞里斯多德的文章，若直接閱讀而無法理解其意義，就只能囫圇吞棗地接受。每一位註釋者根據原典來加以延伸，將其作為共有財產傳承下去，最終形成學派或流派。

從現代人的觀點來看，亞里斯多德與柏拉圖的文本定稿與註釋似乎是兩件分開的事，但實際上，這兩者是一體化的。換句話說，對於無法理解的文本，人們並不只是單純地抄寫下來而已。猶太教的經典也是如此，不僅僅是抄錄古老傳下來的經文，更重要的是我們應該如何理解它。註釋是一種帶有干涉性與創造性的工作，這一點絕不能被忽視。

山內　了解如何確立正典是一件重要的事。即使是基督教，也經歷了漫長的時間才確立了聖經。在思考「正典是什麼」時，不可避免地會涉及正統與異端的問題，而判斷正統與異端的依據正是文本。文本與由文本所產生的思想之間，是一種來回交互作用的關係，這一點非常重要呢！

中島　從這裡開始進入了文本的時代，但在中國，經書作為文本是以複數形式存在的。如果只有一本文本，問題會相對簡單，但當有多本文本時，彼此之間難免出現齟齬。然而，這些文本都被視為經書，亦即正典，因此如何調整它們之間的關係，便成為一個需要解決的重要課題。

納富　即使是複數文本，也仍然有各式各樣的型態。同一文本可能會有多個版本，同一作者的作品中可能包含互不相容的內容，甚至在同一學派內部也可能存在多樣性的觀點與解讀。

中島　當文本進行正典化時，我們無可避免地要面對多元性這一問題。一方面，帝國期望建立某種整體秩序，因此希望能彙整出「唯一的版本」。然而，越是試圖彙整，卻越容易向多元性敞開大門。我認為這個過程中的悖論相當有趣，你們又是如何看待的呢？

山內　在有文本的情況下，光是書寫就可能產生眾多分歧。文本或許會在單詞層次上出現各式各樣的多元性，也可能在拼寫上引發種種分歧。尤其是拉丁語，到了七、八世紀時，這種語言變得非常混亂，甚至幾乎沒有多少人能夠正確地使用拉丁語。在這樣的情況下，像阿爾琴（Alcuin of York, ca. 730-804）這樣熟悉正確文法與運用法的人挺身而出，發揮了重要作用。在這個時期，文法的正確性，以及準確理解與重構文本的能力，變得尤為重要。當面對各種解釋時，人們通常並不說「有十種解釋」，而是更傾向於指出「最正確的就是這一種」。因此，一個由權威人士確認的過程成為不可或缺的環節。

正統性與哲學的連續性

山內　關於中世紀的開端有各式各樣的看法，但在加洛林文藝復興時期，出現了一位具有權威的人物，他足以判定何謂正統與非正統；同時，也出現了真正繼承希臘羅馬傳統的人，以及一個能讓眾人信服的解釋：「啊，如果這個人這樣說，那就是對的！」我認為，中世紀之所以能夠成為中世紀，正是因為我們重新獲得了正確探尋文本正典的能力。就歐洲而言，地中海沿岸的希臘與羅馬傳統，終於在中世紀約八〇〇年的時候，越過阿爾卑斯山，傳播到北方歐洲。古代文化越過阿爾卑斯山這件事，從世界哲學史的角度來看，意義非常重大。在這個過程中，確實存在某種非連續的狀況；而在中國的情況，似乎與此有所不同吧？

中島　是的，剛才提到的文法確實非常重要。在中國，包括文法在內的文字與訓詁之學被稱為小學；如果沒有小學，文本就無法被明確地確定，因此這門學問必須受到重視。印度的情況也類似，梵文的文法相當早便已經確立。

納富　古代的言語基本上在日常生活中並不常用，例如拉丁語是如此，就連希臘語也不例外。隨著時代的變遷，古典希臘語中的阿提卡方言幾乎已經很少有人使用。因此，為了學習語言的運用，文法的學習確實是必要的。文本的多面性，也就是一部文本的多種變體以及文本確定的問題是一回事，另外還存在多重註釋的情況。關於正典，後者的問題尤其突出。以亞里斯多德為例，他的著作眾多，其中還包括被認為是偽作的作品，這在註釋上成為一個相當棘手的問題。柏拉圖主義者在研究柏拉圖的著作時，認為這些對話篇章各自創造了一個世界，同時在其中蘊含了多樣的事物。他們編寫了課綱，主張必須按照某個順序來閱讀，藉由這種方式整理文本的多樣性，試圖使其系統化與條理化。

雖然也存在如山內先生剛才所說的那種「這個是正確的、那個是錯誤的」的註釋，但更多的情況是對文本展開某種排位與順序的安排。這並不是告訴我們「這個地位比較高、那個地位比較低」，而是為了讓我們在閱讀與學習時能夠按照某種秩序來思考。亞里斯多德的註釋者幾乎都是柏拉圖主義者，但他們認為，在閱讀柏拉圖之前，如果沒有先讀亞里斯多德，就無法真正理解柏拉圖的思想。因此，他們一致主張應該先閱讀亞里斯多德。正是在這樣的框架下，多元的文本得以被繼承並系統化地閱讀與研究。

由於古代沒有像現在這樣精確的複製（reproduction）技術，在混亂的狀態中，一部文本究竟如何得以承襲下去？在這裡存在著多種模式，甚至一些文本時而進入正典，時而又被踢出正典。我認為，以不僵化的形式來發展傳統，是非常有意義的。多元性看似難以理解，但它絕非像我們想像的那樣零散，而是在比例與權重上呈現出不同的差異性。

中島　佛典也是這樣吧！要按照什麼順序來閱讀佛典呢？

納富　佛典也有核心與外圍的差異。

中島　中國的經書也是如此。以漢朝為例，《易經》的地位逐步提高，隨著文本的整飭，某種階層制度也隨之形成。這種基於文本的意義共享，或許比我們所想的還要深刻呢！

納富　其中一些經典被我們直接繼承至今，但也有許多在現代幾乎不再被閱讀的作品。例如《迦勒底神諭》與《赫密士文集》等偽作，這類文本數量相當多。誠如近代文獻學者所判定的，這些文本毫無疑問是在特定時代被創造出來的。然而，當現代人試圖理解當時的狀況時，如果不將這些文本納入視野，恐怕很難真正進入過去的世界吧！

中島　另外，剛剛提到的正統性問題確實非常重要。確定文本與正統性有著密切的關係。

在中國，關於正統性的討論在漢代達到高峰。究竟是什麼保證了王權，乃至皇帝政治權力的正當性？針對這一點，出現了各種建議，其中五行說便是一例。漢朝在武帝（西元前一五六—前八八）時期達到了巔峰，而武帝經過多次嘗試，試圖以儒家思想作為正統性的依據。為了樹立正統性的基礎，就必須確定文本。在羅馬和其他地區，類似的情況也屢見不鮮，不是嗎？然而，正統性的問題最終仍未解決。正統本身是缺乏終極依據的，這就是一個悖論（paradox）。無論在希臘還是基督教的背景下，都無法假設一個終極的依據。面對這種矛盾，我們又該如何思考呢？

山內　沒錯，在稍後的時代，世俗統治權（政權）與聖職權（教權）形成了一種相互依存的合作關係（cooperation）。兩者之間同時也存在著某種寄生關係：皇帝權被視為上帝透過聖職者所賦予的權力，而聖職者則藉由國王的支持，在現世中獲得行政權。羅馬時期，基督教成為國教，宗教事務與世俗事務因此形成了一種共犯關係，這構成了中世紀之前權力結構的基本形態。相比之下，伊斯蘭教等宗教自始便將宗教與世俗結合為一體；而基督教則是將原本分離的兩者加以融合。這與佛教以及中國的情況又有所不同，我認為這正是基督教歷史發展中的有趣之處。

納富　中國的情況在型態上似乎稍有不同。雖然朝代更迭，但政治、宗教、文化和哲學之間仍保有相當程度的連續性。從正統性的角度來看，儒教等思想體系具有高度的連續性。然而，在西方，當希臘羅馬的傳統在基督教的支配下被視為「異教」時，其連續性便被切斷了。柏拉圖與亞里斯多德的註釋，性質上不同於基督教將聖經作為正典的方式，但在拜占庭，閱讀柏拉圖與亞里斯多德的教育仍得以延續。正如前面山內先生所提到的，宗教與政治結合並進行正典化的行為不是基督教所獨有，哲學中也留下了這種強烈的影響痕跡。

在中世紀，「哲學家」一詞幾乎成了亞里斯多德的代名詞，但在亞里斯多德的哲學中，誰擁有真正的權威呢？神聖羅馬皇帝當然不具備這方面的權威，而基督宗教的教皇（羅馬教皇）也無需這樣的權威。在這裡，情況已經超越了二元對立的框架，形成了一種三分法的結構。相比之下，在中國，即使朝代更迭，政治、宗教與哲學仍然各自保持一定的連續性；但在西方，這些領域的發展樣貌則截然不同，呈現出一種更加複雜的動態。

拜占庭與東方世界

中島　這套《世界哲學史》的有趣之處在於它對拜占庭（東羅馬帝國）的強調。拜占庭的組織結構與西羅馬帝國截然不同。儘管我們經常將歐洲視為一體，但實際情況並非如此簡單。事實上，中國也分為許多不同的時代，其連續性並不如想像中那麼強。

納富　確實，一個龐大的國家未必會一直延續。

中島　是的，這正是問題棘手的原因！佛教從印度傳入後，唐朝以佛教為基礎建立了國家。佛教明明是異教，卻成為國家的基礎，這確實是一個相當令人困惑的問題。而日本又模仿唐朝的體制，因此這樣的麻煩問題在日本更是加倍了。

山內　在中國，儘管我們一向將哲學理解為具有普遍性的事物，但如同剛才中島先生所言，國家分裂的情況仍然屢見不鮮。在歐洲也有類似情況，阿爾卑斯山以南是拉丁文化圈，以北是日耳曼文化圈，而古代文化在九世紀之後才首次越過阿爾卑斯山。總之，這與拜占庭文化又有所不同。關於拜占庭文化的研究並不深入，我們掌握的知識也相對有限，但撰寫《羅馬史再考》（NHK books，二〇二〇年）的田中創先生便是這方面的專家。在拜占庭的傳統中，東羅馬皇帝以基督教的論點作為其政治行動的基礎。在四五一年的迦克墩公會議上，他們將三位一體論確立為正統，並賦予了自身的權威地位。歐洲絕非鐵板一塊，南方、北方與東方各有其立場，但迄今為止，對此的強調仍然不多。

納富　在這次的叢書中，對這部分的著墨或許仍然不足，畢竟日本的東歐研究者實在太少。此外，近來基督教與伊斯蘭對立的態勢成為熱門話題，但基本上仍然局限於「西歐的天主教對伊斯蘭」的架構之內。

即使是在山內先生負責的幾卷中，對於「希臘文明經由伊斯蘭傳入歐洲」的歷史理解似乎仍存在巨大的扭曲。當然，希臘哲學經由阿拉伯語傳入西歐所引發的衝擊無庸置疑，但我們不能忽視的是，亞里斯多德的著作全部都是以希臘語流傳下來的，即使到了今天，我們所閱讀的仍然是希臘語版本。由於伊斯蘭世界的人們不通希臘語，亞里斯多德的手稿與中世紀的註釋基本上是以拜占庭語（希臘語的一種形式）保存和書寫的。然而，由於高中世界史教科書普遍寫著「希臘文明是透過伊斯蘭進入西方」，導致許多學生誤以為「亞里斯多德哲學家是以阿拉伯語傳入的」。我們應再次認識到，亞里斯多德哲學得以整體性地以希臘語流傳下來，是拜占庭人的貢獻。

我們經常忽略了拜占庭在地理位置與歷史時代中處於世界歷史的中間地帶。西歐（即如今的歐盟）與伊斯蘭世界之間，還存在著東歐、土耳其與俄羅斯等問題，而這些領域正是我們尚未充分論及的部分。歐洲的東西方問題，具有重要的歷史與意識形態意義。當我們考慮東方問題時，便會聯想到亞洲。希臘文明已經在相當程度上傳入印度、中國與日本，但如果將這些因素排除在外，只聚焦於西歐的天主教事物與伊斯蘭的對立，可能會使問題過於簡單化。這次收錄了一些相關觀點，例如袴田玲在第三冊（第二章〈東方神學的譜系〉）中的論述，但若能收錄更多這方面的觀點就更好了。

山內　的確如此，我也希望能再多探討一些。第三冊中，袴田小姐提到東方基督教（東正教）與奧斯定模式之間存在著顯著的差異。奧斯定強調人類的原罪與罪孽深重，而東正教則更重視耶穌在他泊山的變貌。耶穌變成光，門徒們也跟著變成光；換言之，上帝寄宿在人類的身上，這使得世界與靈魂的關係呈現出一種完全不同的模式。這種東方模式後來延伸至俄羅斯，與俄羅斯思想史緊密相連，成為杜斯妥也夫斯基（Fyodor Dostoevsky, 1821-1881）小說中的主題與思想基礎。無論是對人性的基本看法還是神學架構，西方（天主教）與東方之間都存在著相當大的差異。這正是井筒俊彥在《俄羅斯人》中展開的討論。然而，在《世界哲學史》中，關於俄羅斯的論述卻相對有限，這確實是一個值得補充的部分。

納富　日本對東方基督教早期的研究已有一些成果，例如第二冊中土橋茂樹先生（第九章〈東方教父的傳統〉）以及第三冊中袴田玲小姐的論述，但對中期以後的晚期拜占庭時代及其後續發展的來龍去脈，幾乎沒有人深入研究。關於俄羅斯，雖然第七冊中有谷壽美小姐撰寫的專欄（〈十九世紀俄羅斯與共苦的感性〉），但井筒先生在這方面也展現了先見之明。畢竟，無論是在思想還是文學上，對井筒先生那個時代的人而言，俄羅斯的存在感一定比今天人們所感受到的更多。

另一方面，正教（Orthodox）包括希臘正教、俄羅斯正教、亞美尼亞正教等，雖然它們有一些共通點，但大多具地方性，語言也各不相同。這與羅馬教皇能夠號令全體天主教徒的情況在運作上確實有很大不同。例如，在喬治亞的基督教傳統中，希臘哲學長期以來透過拜占庭的影響被翻譯為喬治亞語並接納，而其所使用的文字則是我們不熟悉的形式。

東方是一個多元的世界，但它並非如我們想像般零星四散，而是在變貌等主題上展現出相當的共通性。在我們對這片領域的觀察尚且模糊不清的情況下，正教的相關問題自然籠罩在一片迷霧之中。這個地區同時也存在著強烈的政治對立，但我們需要更深入、細緻地研究這個問題。雖然接下來的話可能顯得失禮，但若缺少對歐亞大陸正中央地區的探討，便不足以構成完整的世界哲學。我認為，我們不能僅以中國與西方、伊斯蘭與西方這樣簡單的框架來討論。

三、《世界哲學史3：中世紀篇Ⅰ　中世紀哲學的革命：超越與普遍》

與世界哲學敵對的「文藝復興」

中島　我想再次強調，這套《世界哲學史》的特點之一，就是對中世紀的記述占比相當大。所謂中世紀，指的是羅馬帝國瓦解之後的時代。那麼，山內先生對於中世紀有著怎樣的見解呢？

山內　在前八冊中，中世紀占據了相當大的篇幅。伊藤教授也特別注意到中世紀在這套書中的重要地位，這正是本書的一大特徵。那麼，中世紀這個時代區分的意義究竟是什麼呢？其中實際上蘊含了相當程度的偏見。中世紀是西方創造出來的概念，在拉丁語中稱為「medium ævum」，意為「中間的時代」。這是一個介於兩者之間的時期，被視為虛無的過渡時代，位於充滿光輝的古代與發現世界與人性的近代之間。「中世紀」這個語彙正是在這樣的意義下被創造出來的。

在哲學史中，中世紀這個概念的確立，大約是在約翰・雅各布・布魯克（Johann Jakob Brucker, 1696-1770）前後的時代。然而，到了十七世紀末至十八世紀初，隨著黑格爾的哲學史觀的出現，一種以時代為序、透過考察思想發展的哲學史觀逐漸形成。在這個框架中，中世紀的概念被引入，但從一開始就帶有一種輕蔑（pejorative）的負面意義。事實上，文藝復興與宗教改革並未真正終結中世紀，或直接將我們引入近代；文藝復興之後還有巴洛克時代。那麼，我們應如何透過重新審視中世紀，來重新評估近代的開端呢？十七世紀是巴洛克時代，中世紀與近代之間的關係既是連續的，又是相互滲透的。我認為，這種關係能為我們帶來極具啟發性的思考角度和深刻的意義。

第三冊探討的是中世紀的開端。在這當中，雖然提出了許多論點，但其開端（與古代的聯繫）和終結（與近代的聯繫）究竟是如何界定的呢？首先，九世紀初的加洛林文藝復興是一個極為重要的突破口。阿爾琴的文法學顯得瑣碎，現代人閱讀時或許覺得乏味，但從正統性與傳統繼承的角度來看，它對於培養能夠正確閱讀拉丁語的人才具有相當重要的意義。

在探討希臘註釋的傳統與繼承方面，我們特別邀請周藤多紀小姐撰寫了一篇精心之作（第七章〈希臘哲學的傳統與繼承〉）。關於傳統的繼承，我們將中世紀作為主軸，但其中又融入了不同的傳統，例如東方神學的譜系等。因此，第三冊的內容有些許大雜燴的感覺。

納富　若以卷數的分量來看，的確如此。山內先生重新提起了關於中世紀的問題，並針對其終點發表了極具衝擊性的看法（第一章〈邁向普遍與超越的知識〉）。我們在討論哲學史時，通常將笛卡兒（René Descartes, 1596-1650）視為近代的起點，但如果重新排列與組合，會發現文藝復興與笛卡兒只是過渡階段，而直到康德（Immanuel Kant, 1724-1804）為止，實際上仍處於經院哲學的範疇。在這套叢書中，有關中世紀的部分共占三冊，其中第五冊則涉及通常被視為「近代之始」的時代。這種對傳統哲學史的重新排列與組合，我想也是這次企劃的一大賣點吧！

直到現在，我們通常認為「文藝復興終結了中世紀，而近代始於笛卡兒」，但山內先生卻以完全不同的方式推演。第二冊結尾的兩章（第九章〈東方教父的傳統〉、第十章〈拉丁教父與希波的奧斯定〉）與第三冊的第三章（〈教父哲學與修道院〉）之間其實是密不可分的。從四世紀奧斯定的時代到中世紀，拜占庭作為帝國始終延續著。中世紀雖處於古代與近代之間，但古代的終結並非「好，這樣就結束了」那麼簡單。為了方便而這樣劃分或許有其實用性，但實際的歷史並不能如此簡單地歸結。隨著歷史的推移與種種事件的發生，九世紀與十三世紀前後都出現了重大的變動。雖然哲學史的敘述有時難免顯得牽強，但讀者應該能在第二冊與第三冊之間，讀出某種內在的聯繫吧！

中島　在第三冊中，山內先生說「文藝復興這個詞，是一個與世界哲學敵對的詞彙」呢（笑）！

納富　但無論如何，我們仍然不得不用「文藝復興」這個詞彙，例如「十二世紀文藝復興」就是一個典型的例子……

來自邊陲的尖端思想

中島　我們希望克服這種文藝復興史觀，並藉此重新詮釋巴洛克與中世紀。我們應該如何重新定義九世紀到十二世紀的特徵呢？在中國，這個時期正是唐到宋的過渡時代，帝國秩序得以重新恢復。唐朝與此前的漢朝完全不同，成為一個更龐大的帝國。在這樣的文脈下，例如日本，則出現了以空海（七七四—八三五）為代表的獨特思想。簡單來說，這類思想正是從邊陲（Periphery）陸續登場的。邊陲並非無用之地，而是孕育普遍性尖端問題的重要誕生地。正如第三冊的標題所揭示的，在這個時代中，普遍問題被再次掌握並重新討論。關於這方面，各位又是怎麼看的呢？

山內　從九世紀到十二世紀，伊斯蘭在物流與交易方面迅速向西方與中亞擴展，從群雄割據的時代逐漸建立起廣泛的政治統治，形成了所謂的世界體系。雖然在經濟與政治上可以看出統一的趨勢，但在文化方面，最激進的事物卻往往出現在邊陲地帶。例如，基督教吸收了愛爾蘭與蘇格蘭的傳統，並回流到中央；在伊斯蘭文化中，許多創新也是從周邊地區開始擴展，例如西班牙的安達魯西亞產生了許多激進的思想，而伊本・西那（阿維森那）則出生於布哈拉（現今的中亞）。那些在中心地區不被重視的問題，往往會在邊陲地區浮現，人們對這些問題的關注也因此提升。這是一個極為重要的現象。

在城市中心，展現出各式各樣的多元性，但在強調個性的邊陲地區，卻呈現出對普遍性的關注。這個時代正是在這種氛圍下運作的。在第三冊中，我們討論了許多不同的主題，但總體來說，這些現象多半同時發生在邊陲地帶。

中島　所以說，邊陲是一個充滿疑問之地，也是思想張力的聚集點。納富先生對此有什麼看法呢？

納富　這個時代因為跨度相當漫長，因此視角不同會有不同的觀察，但在其極盛時期，大體上是安定且文化繁榮的。正如山內先生所說，政治經濟的核心聚集了各式各樣的思想，而更為激進的思想則往往出現在邊陲地區。菊地達也先生也在第六章〈伊斯蘭的正統與異端〉中討論了伊斯蘭的正統與異端。不過，從思想的角度來看，異端似乎更具趣味性。

在此前流傳下來的傳統與權威中，最壞的情況是某些領域出現僵化，但為什麼激進的思想反而從外圍湧現呢？從世界哲學史的角度來看，若沒有一個與其他事物相遇的場域，新事物的出現便會變得極為困難。邊陲地帶之所以可能孕育出某種運動，是因為這裡更容易接觸到不同的事物，從而促進思想的活力。然而，若要創造異質性，中心的存在依然不可或缺。如果一切都是異質的，那麼整體就無法運作。因此，正是因為有中心的存在，在其外圍產生了種種有趣的現象，我認為這正是這個時代的特徵所在。

看透超越的變化

中島　還有另一個問題是標題中提到的「超越」，這是一個具有多重意義的概念。回顧過去，您是如何看待它的呢？

山內　是的。「伊斯蘭思想傳入歐洲」這樣的說法過於簡化，但隨著十三世紀左右歐洲大學制度的建立，伊斯蘭世界確實陷入了停滯與衰退。不僅如此，科學技術也出現了顯著的變化。我認為這與第三冊和第四冊的差異有一定關聯。不過，在我看來，超越是一種超脫於世界之外的存在，用「無限性」來表達，或許更加簡明易懂。

那麼，十三世紀究竟發生了什麼呢？如果世界與精神共存，那麼感知世界的行為本身也是世界的一部分。雖然強調反省契機（意向性）的人有很多，但其中最具代表性的人物是伊本・西那（阿維森那）。隨著伊本・西那的出現，本體論的對象發生了變化。亞里斯多德或許在當時已持有類似的思考方式，但伊本・西那的影響改變了歐洲人的看法，也使他們感知世界的方式隨之轉變。

關於這一點，我們可以說是可能世界論的介入，也可以說其重點在於作用性與意向性。在世界外部的意義上，超越被視為「非存在」，但我們該如何將這種「非存在」對象化呢？所謂非存在，意指將其視為「不存在的東西」，但事實上，它卻是由人類創造出來的概念。這種思維方式導致了契約、法律制度等的形成，以及經濟制度的變革，並開始對利息概念加以肯定。

超越的基本模式最早在九世紀至十二世紀之間出現，而到了十三世紀，超越的觀念開始發生變化。

事實上，德勒茲在《意義的邏輯學》中試圖處理的正是這個問題。該書涉及里米尼的貴格利（Gregory of Rimini, ca. 1300-1358）與奧特庫爾的尼古拉（Nicolaus de Ultricuria, ca. 1300-1350）等中世紀後期的唯名論者，他們對「命題表示的事物是什麼」抱有濃厚的興趣。在他們看來，命題的對象並非世界中的複合物，而是只能透過命題本身來表現的事物。這正是意向性，即對世界與個人行動的描述，將心理活動也視為世界的一部分。在這一背景下，唯名論與唯意志論開始出現，而其思想的繼承者則是耶穌會。唯名論並不僅僅是「普遍只是名字」這麼簡單的概念。如果我們將其與十三世紀的典範轉移結合來解讀，對其理解也會隨之產生新的變化。

中島　在九世紀到十二世紀的中世紀，外部的問題顯得極為重要，超越也被視為某種外部性。以空海為例，梵文與中文作為外部存在，雖然各有差異，但面對這些語言時，需要相當程度的鑽研與思考。換言之，空海在探索外部事物的同時，也在反思日本自身的文化與特質。正因如此，將中國與日本作為一種複合語（compound）來思考，實際上是一條不得不走的危險鋼索。而這正是空海對普遍性提出的深刻質問。

從十三世紀開始，人們逐漸探索如何重新定位世界的外部性。前面提到的唯名論，在普遍性論爭中，要求進行龐大的作業，以重新敘述九世紀到十二世紀提出的普遍性。在中國，同樣也出現了類似的問題。例如，朱子學在受到佛教的強烈衝擊後，從自身角度重新接納了佛教提出的問題，並加以重組。由此引入了「理」的概念，進而重新討論外部性與世界的關係。

四、《世界哲學史4：中世紀篇II　中世紀哲學的重生：個人的覺醒》

超越性的內在化

中島　話題已經進入第四冊，十三、十四世紀期間，主要概念逐漸趨於完善，其中意向性便是如此。第四冊中，本間裕之先生以阿奎那的《論存在與本質》為題展開了討論（第三章〈西方中世紀的存在與本質〉）。讀到這篇文章時，我不禁回想起過去曾經在宮本久雄教授的研討會上曾經閱讀過。在這裡，存在與本質等概念雖經過精細的雕琢，但推動這份熱情的，或許正是那股「要將世界中的超越再一次清晰闡明」的強烈欲望吧？另外，第四冊的副標題雖為「個人的覺醒」，但我認為這種討論其實為個人創造了一個新的位置。而這兩者之間的關聯又是什麼呢？

山內　如果將此與第三冊的主題「邁向超越與普遍」結合起來，我們可以說，在十三世紀，「如何將超越性內在化」這一問題已經得到了確立，而這正是中世紀經院哲學的核心概念。特別是阿奎那，他無疑是一位非凡的人物。關於阿奎那，實在難以用一句話概括，但如果你閱讀《神學大全》，會發現他以連初學者都能理解的方式講授亞里斯多德的概念，同時將正統基督教與異教思想並列，一一指出「後者這點是錯誤的」。正如只有經過扎實的訓練才能正確運用神學一樣，這也是基礎性的準備工作。這正是激情論第二部分的發展過程所在。

撇開激情論不談，在討論超越問題時，亞里斯多德《靈魂論》（*De Anima*）中提到了主動知性這個概念。雖然關於主動知性有多種理解，但羅馬時代的註釋者、阿佛洛狄西亞的亞歷山大（Alexander of Aphrodisias）認為，主動知性是「超越的事物、普遍的事物，位於遠離個人的地方，而且是不滅的存在」。這一觀念被伊斯蘭學者繼承，並傳入歐洲。然而，阿奎那則對此提出不同的見解，他認為主動知性是人類內心中既有的內在存在。

我們不僅需要解釋文本，還必須重新配置文本，使其與基督教、人類的定位以及靈魂與世界的關係相一致。阿奎那繼承了希臘哲學的課題，並著手將其與基督教加以整合。他將主動知性視為人類內心既有的存在，為個人概念的發展奠定了基礎。阿奎那的個性概念與個體概念，與後來方濟各會的思想，以及鄧斯．司各脫（Duns Scotus, 1265/66–1308）和奧坎的威廉（William of Ockham, ca. 1285-1347）所強調的個體概念，雖在層次上略有不同，但某些方面卻彼此相連。相較於十二世紀之前個體趨於消解於超越的方向，自十三世紀起，則更強調今生的有限性。我認為這正是關鍵的差異所在。

中島　這意味著需要思考如何將超越作為一種外部性來看待。確實，這可以說是超越的內在化。僅僅擁有外部性是不足的，關鍵在於我們如何接近並理解超越。當然，這並非易事。

這或許在中國也是類似的情況。我認為，若沒有佛教，朱子學是不可能誕生的。佛教立佛，而朱子學則深入思考「我們應如何立佛」。由此，「理」這一概念應運而生。我們該如何以一種能與佛相媲美的方式接近「理」？他們對此深入思考，但結果似乎不成功。從理論上來看，這應該是可行的，但在現實中卻極為困難。阿奎那的情況亦然，他在當時提出了一些幾乎被視為異端、極具危險性的思想，但正因徹底堅持這些思考，才得以改變接近問題的方式與途徑。

味覺與道成肉身

納富　這個時代究竟發生了什麼事呢？先前山內先生提出了一個相當有趣的觀點。如果人類擁有的是被動知性，而非主動知性，那麼我們的知性將受外部事物的影響，換言之，它經常與超越性相結合。自亞里斯多德率先提出這一論點以來，如何解釋這一問題便成為重要的課題。然而，超越者的定位極其微妙，究其根本，它是否真的能被稱作外部呢？普羅提諾所開創的新柏拉圖主義也認為，超越者並不能被視為存在的事物，但他們主張，超越實際上是唯一者，是神，並且不處於我們自身之外，而是與主動與被動關係的原初緊密相連。如果這層關係被切斷，或超越了這種關係，那麼基督教中的上帝問題也將陷入近乎極限的困境。甚至連阿奎那也不得不面對這種宗教與哲學的對立。

中島先生剛才提到的看待外部問題的方式，究竟是從何而來的呢？若進一步探討，這似乎與近世的新教有著密切的關聯。我認為，這種趨勢在歐洲尤為強烈。

山內　所謂外部與內部的關係，是思考這個時代的一個重要架構。若將外部視為上帝，又該如何將超越者內在化呢？在十二世紀之前，從文本的角度來看，修院神學通常是透過「品嘗」（拉丁語：gustus；英語：taste）與靈魂的味覺（spiritual taste），而非理性，來實現內化。到了十三世紀，大學制度逐漸形成。一二一一年，巴黎大學在法律上被正式承認為大學，使得在統一的基準下閱讀聖經文本、希臘語文本與亞里斯多德著作成為可能。透過這種方式，一個人能夠教授許多人，而這些人又可以將他們的知識標準傳播到世界各地。識字率的提升與對文本的統一理解使這一過程成為可能，這是一件極其重要的事情。

十三世紀時，阿奎那的立場曾被視為異端且極具危險性。將亞里斯多德與基督教置於同一框架內討論，被普遍認為是荒謬的。我認為，能夠有效抵制這種觀點，主要得益於大學制度的建立以及知識共同體的穩定發展。當超越性逐漸內在化時，識字能力、文本閱讀能力，以及知識共同體之間的相互作用，或許在其中發揮了關鍵作用。

納富　關於剛才山內先生提到的味覺問題，我有一個實驗性的提案。相較於柏拉圖主義者透過捨棄肉體形式來談論超越，奧斯定等人則主張，超越包含在自身之中，並試圖藉由肉體達成超越。此後，像靈魂出竅這類的超越形式逐漸失去流行，取而代之的是透過進入自身肉體與內在所產生的超越，而奧斯定正屬於後者。

相較之下，像阿奎那這樣強調文本共享的觀點，在形式上顯得稍有不同。那麼，這種品嘗／味覺與文本之間究竟有何關聯呢？雖然這樣的劃分方式可能不夠嚴謹。

山內　道成肉身（incarnatio）是相當重要的議題。奧斯定認為，道成肉身是人類罪惡的基礎，但在基督教的架構下，它卻成為救贖可能性的前提。我們不因他人有罪而貶低他們，正因他們是罪人，我們才試圖救贖他們。奧斯定認為，上帝讓耶穌道成肉身，肉身既是罪的基礎，也是救贖的重要起源。在十二世紀的修院神學中，對味覺與感官描寫的重視相當突出，其原因除了繼承奧斯定的傳統外，或許也在於認為若不透過人類的肉體性，要掌握外部世界是幾乎不可能的吧！

進入十三世紀後，亞里斯多德主義與伊斯蘭形成了對抗關係，必須立足於既有的奧斯定框架來討論，而不能將其捨棄。當時，巴黎大學掀起了一場研究阿拉伯語的運動，試圖透過論證使伊斯蘭教徒皈依基督教。然而，由於伊斯蘭教徒無法接受奧斯定關於道成肉身的論點，特別是在上帝成為耶穌的這一觀點上，因此需要在另一種架構下討論。隨著十三世紀之後的發展，肉體性與道成肉身的問題逐漸從檯面上消失，這也成為宗教改革的契機之一。

鄰域與個人的覺醒

中島　關於味覺的問題稍後還會提到，但對於第四冊，我有一個無論如何都想請教山內先生的問題。十三世紀，「鄰域」的概念得以確立，有關鄰域與超越的關係也受到了質疑。然而，還有一個更令人頭疼的問題，那就是他者。我們能與他者的鄰域建立什麼樣的關係呢？如果不深入討論這個問題，恐怕無法單獨論述鄰域的成立。

朱子學最大的問題在於他者論。為什麼我們的鄰域能夠成立？如果還有其他鄰域存在，又該如何理解彼此的關係呢？針對這個問題，我們進行了長時間的討論。之所以能夠展開這樣的討論，是因為我們並未將佛教僅僅視為一個概念。畢竟，儒學與佛教之間必須以某種方式交流，而儒學若有可能，更希望能超越佛教。我聽了剛才關於巴黎大學的故事，對基督教而言，伊斯蘭作為一種他者的存在，正是為了讓某種鄰域得以成立，這種方式似乎不可或缺。不僅如此，還需要進一步改變這種鄰域的關係。那麼，關於這方面的論點究竟是什麼呢？

山內　我認為鄰域是一個非常重要的概念。從現實的角度來看，十三世紀隨著城市的發展，密集的群居生活逐漸形成。然而，這種密集的生活也帶來了瘟疫等流行病的蔓延問題。但值得探討的是，鄰域為什麼會與個體性的問題產生關聯？根據歷史學家對當時專有名稱的研究，在巴黎，大約有四成的人被叫做約翰或約翰尼斯。如果同一個街區有五個約翰尼斯，就需要用外貌特徵來區分，例如高個子的約翰或胖約翰等。隨著農村人口向城市遷移的現象越來越普遍，同名同姓的人數也急劇增加，這使得人們可以輕易掩蓋自己的犯罪記錄或過往經歷，這也是當時都市化帶來的特殊社會現象之一。

伴隨著城市的建立與聚居的開始，鄰域中也逐漸凝聚出他者的存在，有些人認為這是個人覺醒的重要契機。由於人們的名字常常相似，個體便更加追求屬於自己的獨特權利。雖然這其中涉及許多因素，但一二一五年的第四次拉特朗公會議規定，每年至少一次告解，即向神父坦白自己的罪惡與煩惱並請求寬恕。個人的概念正是在這樣的內部情境中逐漸確立起來。這是傅柯（Michel Foucault, 1926-1984）所強調的觀點，也是阿部謹也（一九三五—二〇〇六）認為西方世間論中構築個人概念的起源所在。

在鄰域之中，個人透過作為個人的反省契機，逐漸生成內在性與自我意識。然而，告解規定書的形式化，使其淪為規範外部煩惱的僵化工具，從而被視為問題所在。因此，西方個人化的起源在某種意義上帶有扭曲性，並引發了各式各樣的弊端，這一點值得深入探討。在個體化與鄰域成立的框架中，是否還存在其他可能的架構可供參考呢？

中島　是的，就算不走這條路，或許也不錯呢！

五、《世界哲學史5：中世紀篇Ⅲ　巴洛克時代的哲學：新世界的衝擊》

中島　那麼，讓我們來看看第五冊吧！第五冊的副標是「巴洛克時代的哲學」。

納富　它通常被視為現代哲學的開端。

中島　在第五冊中，相較於第四冊對中世紀的討論，其架構又有了新的變化。首先，以耶穌會士為代表的傳教士奔走於世界各地；透過他們的足跡，歐洲人得知了中國、印度、埃及等擁有比《聖經》記載更為悠久的歷史，也因此不得不正視其他地區的「古老」。關於這一點，我認為非常重要。

當時歐洲的經濟規模可能與中國相差無幾，但卻經歷了劇烈的變動，這正是我們先前討論中世紀爭論中混淆之處的核心。面對這種情況，我們試圖以「巴洛克」這一關鍵詞來重新呈現當時的局勢。

十五世紀與十六世紀的斷絕

納富　這個時代發生了重大變化，堪稱世界歷史的分水嶺。首先是大航海時代，一四九二年哥倫布自西班牙啟航，抵達西印度群島與古巴，帶來了地理上的巨變。與此相呼應的是宗教改革的興起，而在這期間還出現了印刷革命及人文主義的復興。我們通常將這一連串事件統稱為文藝復興，並視為近代的開端。然而，近代哲學的起源卻晚於這些變革整整一個世紀。因此，我們此次並未過度強調這種轉折，而是將其視為中世紀的延續。儘管這種見解非常深刻，我仍然對此抱持矛盾的心情……。

山內先生在第三冊引用了麥克魯漢（Herbert Marshall McLuhan, 1911-1980）的媒體論，但果然印刷術的發達還是很重要。人文主義者對希臘和羅馬古典的復興不只是帶來了新文本的發現，還透過活版印刷讓古典得以普及。因此，十五世紀末左右確實是很大的變革期，您如何定位這個時期呢？

山內　這次雖將巴洛克時代納入中世紀範疇，但重點並非十五世紀與十六世紀的連續性。隨著大航海時代的開啟，印刷術迅速發展，宗教改革與人文主義也隨之興起。在此過程中，我認為出現了一場巨大的斷裂。過去主流的觀點認為，這場大斷裂徹底淘汰了中世紀的一切，天主教的時代走向終結，新教崛起，資本主義逐漸形成。然而，為平衡這一觀點，我們特別聚焦於耶穌會的角色。參與巴洛克運動的人中，有半數以上與耶穌會及西班牙相關，這或許在某種程度上存在過度強調的情況。然而，當我們探討現代的連結及資本主義的形成時，我認為這仍然是一個極為重要的議題。

耶穌會的爆發力

山內　馬克斯・韋伯（Max Weber, 1864-1920）的《新教倫理與資本主義精神》也是如此，至今的主流看法仍然認為資本主義是新教繼承了扎根於中世紀神祕主義的產物。然而，近二三十年來，隨著耶穌會相關經濟學書籍的陸續翻譯出版，我們得以窺見耶穌會成員的世界觀，並因此開啟了一片新視野。他們在大航海時代的背景下，伴隨著人類活動的擴展，深入新大陸、日本、中國等地，開展了與此相呼應的活動。為培養大量學生，耶穌會創辦了大規模學校，並運用印刷術製作了相當重要的教科書。儘管耶穌會屬於天主教，但其思想具有現代性，對笛卡兒的影響尤為深遠。笛卡兒出身於耶穌會學校（拉弗萊什學院），並且在其論述中還顯露出神祕主義的一面。關於這一點，可參考渡邊優先生的論述（第二章〈西方近世的神祕主義〉）。

在經濟思想方面，雖然阿奎那積極探討營利與利息的問題，但耶穌會的著作則更明確地傳達出「賺錢是好事」的觀念。正因如此，在近代的起步階段，耶穌會的貢獻可謂相當顯著。然而，第五冊似乎在這方面著墨過重，反而讓笛卡兒的角色顯得有些輕描淡寫（笑）。

納富　不，我覺得這樣的方向很好。（笑）

山內　連文藝復興都沒有。

納富　不，我認為這樣旗幟鮮明，反而很好。在阿奎那的階段，以「伊斯蘭對抗基督教」這樣的模式，可以找到相當具說服力的論述，但耶穌會的活動範圍則更加廣泛。他們不僅深入中南美洲，也來到了中國和日本。雖然他們積極展開各項活動，但其內在理論實際上具有極大的彈性。特別是在初期，他們的行動總能配合當地的風俗民情，在這一點上，他們的影響力與適應力令人驚嘆。然而，在我們的印象中，耶穌會常被視為保守而刻板的存在，修正這種觀念，無疑是件重要的事。

中島　查爾斯．泰勒（Charles Taylor, 1931-）曾說過：「我們的理想是利瑪竇。」第一次看到這句話時也大為驚訝（笑）。

納富　耶穌會的傳教目標極為強烈，幾乎以生命投入於傳教與說服之中。

山內　翻閱十七世紀德國大學的教科書，可以發現弗朗西斯科．蘇亞雷斯（Francisco Suárez）等耶穌會成員的思想構成了這些教科書的基本架構。當時，耶穌會的影響力即使在德國也十分深遠，但這一點卻鮮少受到強調。緊接著，在十七世紀，楊森主義者（Jansenist）帕斯卡（Blaise Pascal）對耶穌會展開了批判，特別針對其決疑論（kasuistik）。然而，「決疑論」在拉丁語中實際是指 casus conscientiae（良心的事例）。當出現無法僅依一般規定書中的原則來判斷的情況時，就需要基於其他原理以及對個別特殊事例來深入考量和應對。這種能力被稱為良心的實踐應用能力，但需要注意的是，良心的概念本身也是隨時間和情境而變化的。

當利瑪竇來到中國時，他不得不進一步深入探討有關良心的問題。耶穌會的強大之處在於，在大航海時代中，他們展現出極為靈活的適應能力，這一點尤為值得關注。

利息的問題

中島　即使在中國，耶穌會的影響力也相當深遠，並對中國哲學的論述方式帶來了顯著的改變。例如，在經書註釋中開始出現可稱之為現代哲學書的形式。耶穌會士抵達中國的時代正值明清之交，他們透過深入的議論，對中國的概念體系進行了相當程度的重新塑造與鍛造。

剛才提到味覺的問題，事實上，在耶穌會士來到中國的同時，相關的論爭也隨之展開。例如，在討論是否應該殺害動物並食用其肉的議題中，甚至出現了對「這種肉究竟何等美味」的更深層探討。雖然中國本身早已有關於味覺的相關議論，但透過利瑪竇等人的影響，這類討論得到了進一步的深化與延展。

山內先生在第三章〈西方中世紀的經濟和倫理〉中所探討的利息問題，確實相當重要。在這一章中，他提到了彼得・奧利維（Peter John Olivi, 1248-1298）。讀到這裡，不禁讓人感嘆：「原來資本這個概念是這樣來的啊！」在這個段落中，我們終於能夠理解這一點。拉丁語中的 interesse（介於兩者之間）演變為 interest（利息、關心），從「介於兩者之間」這一哲學與神學中的深刻概念，我們推導出了利息的問題。如此一來，interesse 便被視為 oikonomia（經濟）的根本所在，這點也成為一大爭議。

雖然有些偏離主題，但像伊曼紐爾・列維納斯（Emmanuel Levinas, 1906-1995）也曾探討過這個問題。Interesse 究竟是如何被超越的呢？他在這個概念的基礎上加上否定字首 des，提出了

desinteressement（不關心）這一問題，然而這自然會涉及到對 interesse 的討論。因此，必須在概念上確立一種不依賴於 interesse 的方法。然而，正如山內先生所提到的，有關 interesse 的這些迫在眉睫的討論，其實蘊含著極為深刻的意義。關於這個 interesse 的問題，我也希望能夠再深入談談。

山內　以奧利維的情況來說，他提出了利息的問題，但首先強調的是公共利益（bonum commune）。重點並非每個人如何累積資本，而是如何共同儲備資本。奧利維身為南法人，卻在當時的義大利建立了公會。隨著公會的成立，如何共同分擔風險、如何公平分配利益，成為需要解決的關鍵問題。在這種情況下，金錢不再只是用來積蓄，而是成為一種投資的工具。既然是投資，就必然伴隨風險，因此需要考慮未來的時間性，並管理賺取或虧損的可能性。在這過程中，我們會思考如何促進財富的流通，而公共利益的理念也因此顯現，聖靈隨之彰顯。這正是作為一種流通經濟模式的起源，雖然部分與亞當・史密斯（Adam Smith, 1723-1790）的理論相關，但其實它正是以這樣的方式出現的。

奧利維非常重視清貧的思想。亞西西的方濟各（Francis of Assisi, ca. 1181-1226）是一位完全不願觸碰金錢的人。然而，在這樣一個厭惡金錢的方濟各會中，竟然出現了「賺錢不是為了個人，而是為了整個社會」的觀點，這一點實在令人深思。我們認為，這裡隱含著一種與近代思想相關的啟示。

聯合與巴洛克

中島　在第四冊中，討論了勤勞與個人的問題，但除此之外，還涉及另一個值得注意的議題，即關於聯合（association）的問題。個人並非直接進入國家或宇宙的框架之中，而是在此之間經歷了所謂的聯合。這種聯合在巴洛克時代是否具有特別重要的意義呢？耶穌會本身就是一種聯合的形式。他們重新詮釋了羅馬「公共利益」的概念，並成為這一時代構建特有聯合模式的推動力量。

Interesse 關乎聯合的問題。在當時的歐洲和中國，都存在一種既非國家、也非個人的中間層級聯合。在某些情況下，這些聯合甚至擁有比國家更強大的力量。在這裡，也隱含著先前提及的「他者」問題。然而，即便最終無法徹底解決，我們又該如何達成某種妥協，進而與他人合作呢？例如，利瑪竇為我們指引一條可能的道路，表明即使文化與語言不同，依然能夠共同創造某些事物。那麼，對於作為聯合象徵的巴洛克，各位有什麼看法？

在中世紀，人類的社群與宗教教會組織及村落密切重疊，宗教與經濟共同體幾乎合而為一。然而，隨著物流的繁榮以及大航海時代地理與空間的擴張，社群的範圍也隨之擴大，進而催生了「公司」（company）的概念。company 的語源來自晚期拉丁語 companion，意指「一起（com）食用麵包（panis）」。這在某種程度上可以看作是一種公會，但 company 卻具有更大的靈活性，能分布於許多不同的地點。例如，一家公司可以在佛羅倫斯、巴黎、倫敦、布魯日等地設立分公司，雖然地處各異，但它們仍屬於同一個 company。隨著物流的進一步擴張，這些公司開始使用支票與匯票，促使社群與聯合的網絡更加廣泛地傳播與延展。

另一方面，耶穌會在大航海時代向全球廣泛傳播。雖然耶穌會並非經濟組織，但他們在果阿、長崎等地設立學校與教會的運作方式，實際上也帶有 company 的模式，推動著組織的全球化發展。這一點實在令人深思。或許我們可以這麼說，聯合邁向世界性發展的時代，正是巴洛克時代！

中島　在此補充一點，那就是法人這個概念，據稱也是來自歐洲的大學。大學正是聯合、也是公司的一種型態。大學是耶穌會所代表的公司或聯合成為可能之前的一種存在方式。這既非教會也非村落，而是一種獨特的形式。美第奇家就是一個很好的例子，他們在歐洲各地擁有公司，負責處理匯兌問題、並收取利息。可是，這是有公司以後才可能發生的事。公司和聯合這種型態，是巴洛克時代的大前提。

大學與哲學

納富　歐洲大學的前身基本上是一種公會，當然各地大學成立的情況各不相同，並非由某人一聲令下而建立，而是以人群聚集的形式逐漸形成，並可視為修道院的延伸。然而，到了巴洛克時代，大學的誕生已經過去數個世紀，那麼此時的情況又是如何呢？撇開耶穌會等活動不談，當時的大學究竟扮演了什麼樣的角色？哲學家是否一定隸屬於大學體系，也值得進一步思考。

山內　直到十六世紀，文藝復興的確呈現出這樣的特徵：有相當多的學者並不隸屬於大學體系。

納富　我們往往會不自覺地關注那些出類拔萃的人物，但正如山內先生所提，大學的存在必然與教育密不可分。然而，當時的大學教育可能與我們如今對大學研究的印象截然不同；康德便是其中的一員。我認為學術界本身也是一種聯合的產物，但這究竟與哪個時代相呼應，仍然令人疑惑不解。

中島　在中國，也有類似於大學的書院。從那時起，便出現了所謂的朋黨論，對基於友情的聯結（朋）與基於利害的聯結（黨）展開討論。特別是在明代，人們深入探討了朋與黨作為不同類型的人類聯合的區別。當時的觀點認為，我們應該朝著朋的方向發展，而非走向黨的方向。這樣的議論實際上也是對當時政權的一種批判。那麼，人們究竟應該如何連結在一起才是理想的呢？書院正是朋的集合體，因此，或許正如納富先生所描述的那種情況，便發生在書院之中。

納富　說到底，「學校」（school）的語源來自希臘語 schole，意指閒暇或休閒時間，因此自然同時具備朋與黨兩種面向。學校是一個開放的公共場域，但其中難免會出現彼此對抗的黨派。而在這種情況下，往往會有某個人站出來，試圖掌控局勢，化解衝突。

山內　我不確定這是否是巴洛克時代特有的問題，但在大學裡，早就存在由道明會、方濟各會、奧斯定會等各修會所掌控的教職席位，以及隸屬於這些修會的 college（學生宿舍）。由於是宿舍，學生必須居住其中。此外，大學內還按照勃艮第和法蘭德斯等地區劃分為四個「國民團」（natio），每個國民團都有自己的印章，若未能集齊所有國民團的印章，就無法在大學內達成共識。整體來說，這是一個由此組成的體系。在這樣的情況下，大學實際上呈現出四分五裂的狀態，這種本位主義與分裂的格局甚至延續到了十五、十六世紀。隸屬於某一派別的成員，不得發表與其派別立場相悖的思想。例如，耶穌會因需要提出與道明會不同的觀點，往往會與道明會的對立方方濟各會走得更近。從這個角度來看，大學作為一個組織，也存在其獨特的內部動力學。

此外，自十三世紀以來，普通市民的識字率逐漸提高，許多人能夠自行閱讀和學習。特別是隨著女性教育水平的提升，十四、十五世紀湧現出許多女性神祕主義者。因此，從事哲學的人並不一定局限於大學內部，尤其是在德意志地區，許多神祕主義者選擇遠離大學的體系。

中島　在這一點上，渡邊優先生對亞維拉的德蘭（Teresa of Ávila, 1515-1582）的研究，特別是在第二章〈西方近世的神祕主義〉中，寫得相當精彩。

六、《世界哲學史6：近代篇Ⅰ　啟蒙時代的思想變革：理性與情感》

自然科學的發展與感情論的深化

中島　第六冊是關於近代，但我們的重點是以情感為導向，而非理性，這一點並未特別強調。我覺得，像這樣有這麼多關於情感的討論，或許是比較罕見的吧！從這一卷開始，主要由伊藤教授負責，因此我真的很想向他請教許多問題。不過在這裡，我們就先以蘇格蘭啟蒙運動作為思考的核心吧。

在蘇格蘭啟蒙運動中，大衛・休謨（David Hume, 1711-1776）經常強調「理性是感情的一種」，並試圖在感情中尋求建立道德基礎。歐亞大陸的東邊也採取了類似的方法。在中國，幾乎與休謨的蘇格蘭啟蒙運動同時期，感情論也得到了徹底的發展。關於這一點，石井剛先生在《中國的感情哲學》一書中寫得相當精彩。單純將「性」作為生活方式來討論是不足夠的，因此引入了「情」的概念。雖然中國自古以來就十分重視情的問題，但如何將情加以完善並構建其規範呢？

就中國的情況來說，儘管有「孟子文藝復興」這樣的說法，朱子學的發展也起始於對《孟子》文本的重讀。孟子（西元前三七二—前二八九）的性善理論，將道德規範建立在某種同情與共感的基礎上。他曾提到「惻隱之情」和「不忍心」這樣的概念。自朱熹（一一三〇—一二〇〇）以來，透過重新閱讀《孟子》，所掀起的孟子文藝復興正是在這一層面上得以實現。正如高山大毅先生在第十章中所指出的，日本在閱讀朱子學的過程中，產生了對朱子學的批判（〈江戶時代的「情感」思想〉），而其批判的根基依然圍繞著情的問題。

在這裡值得注意的是，十八世紀，情感問題幾乎同時出現在歐亞大陸的東西兩端。我們該如何理解其中的意義呢？

納富　理性與感情的結合，雖然是自古希臘等時期流傳下來的觀點，但感情論是否自古以來就存在，還是直到這個時代才首次成為焦點，這是一個有趣的問題。如果要深入探索，我們可以追溯到斯多葛派或柏拉圖，但當時並未在感情論的問題背景下探討。那麼，為什麼十八世紀會出現這樣的新問題呢？我認為，最關鍵的原因是自然科學的重大發展。在我們對哲學史的理解中，理性與感性是主要的脈絡。正如先前提到的「世界與靈魂」，理性與感情、激情的對立成為這一卷的主軸，也是剖析這個時代的關鍵所在。

雖然過於簡化並不理想，但我認為，對情感問題的關注，正是在科學革命經過一段時間，而且自然科學形態日益明確的階段中，西方最重要的事件之一。那麼，朱子學與日本的議論究竟是基於相同的邏輯，還是稍微存在不同的架構呢？您對此有何看法？

中島　這就是所謂李約瑟問題了。李約瑟（Joseph Needham, 1900-1995）提出的問題是，為什麼中國明明不缺科學思想，卻沒有出現近代科學呢（第二冊專欄三）？比方說在朱子學當中，科學的探究以嚴謹的方式一一展開。他們透過這種方式，試圖反駁佛教的言論。這就是從格物致知出發，對事物正確地認識與定義；這樣的努力一直持續不輟；可是，為什麼近代科學沒有出現呢？

關於這方面的思考，我認為應該從歐洲自然科學的發展與感情論深化之間的關係來探討。人們往往對感情持否定態度，認為感情不穩定，因此不能作為規範的基礎。然而，另一方面，也有觀點認為，若排除感情，就難以真正理解人類。在中國，討論規範的基礎時，將「依循性而成立的場合」與「依循情而成立的場合」加以區分，但自明代以後，人們逐漸認識到情感是無法忽視的。在基督教與摩尼教引入所帶來的思想混沌中，人們明確意識到，在思考人類的依據時，感情是不可或缺的。

當然，感情的不穩定性確實是一個問題，因此無論如何都需要對其加以釐清。在中國，人們結合他者論，探討基於感情的弱規範；但從某種科學方法來看待人類時，會發現感情始終存在，無法被忽視。那麼，在歐洲，自然科學與感情又是如何相互關聯的呢？

西方的激情論譜系

山內　我們從很早以前便開始關注西方的激情論與情感論譜系，尤其是關於中世紀的部分。前面已經提到，亞里斯多德的《論靈魂》經過伊斯蘭學者的註解，再傳入歐洲。關於情感，斯多葛派主張不受情感影響是最理想的精神狀態。然而，隨著斯多葛派發展到中期，他們轉而認為人類無法完全沒有情感。即使是哲學家，遇到船隻搖晃時也難免臉色發青；因此，即便是哲學家，也無法完全駕馭情感。最終，他們認為應該排除極端的激情，保留中間地帶，即人的基本喜怒哀樂，並強調「有節制的感情」，這種平穩的情感才是可取的。

當我研究情感論在中世紀的起源及其在斯多葛派中的發展時，我發現這裡存在兩個主要的流派。一個是蓋倫（Claudius Galenus, ca. 129-216），他基於醫學中的四體液說來討論情感如何形成，認為情感是人類身體狀態的自然結果，是必然發生的現象。與此不同的是，克律西波斯（Chrysippus, ?-208/204 BCE）的情感論，他並不依賴這種生理學的框架，而是討論各種情感的本質，人類在何種情境下會產生情感，並如何加以控制，從而建立了哲學上的情感論。在這個過程中，從初期重視apathia（無感情）到強調穩健的metrio-pathia（適度的情感）逐步轉變，這一思想最終在西塞羅（Marcus Tullius Cicero, 106-43 BCE）的《圖斯庫路姆論辯》中達到頂峰，並一直影響到中世紀。

雖然有「作為人類必然會產生激情」和「究竟該如何駕馭激情」這兩種取向，但進入中世紀後，一種思想將激情視為更積極的力量，將其理解為passion，即基督在十字架上受苦的表現形式。簡單來說，在中世紀，希臘和斯多葛派的激情論經歷了一次轉變。

在第四冊中，松根伸治先生討論了阿奎那的激情論（第五章〈阿奎那激情論與傳統的理論化〉）。對於阿奎那而言，激情並非基於觀察，而是以先驗的形式劃分為十一種。他將人類對善的渴望和對惡的厭惡分為最初狀態、中間狀態和獲得狀態，並且從觀察對象的情況來區分六種情感，從與對象的關聯和手續的角度來思考，又有五種情感。這樣，六種加五種共構成十一種情感。雖然這樣的劃分顯得有些不完整，但卻相當有趣。當時的人覺得僅有十一種激情很奇怪，阿奎那的對手、羅馬的吉爾斯（Aegidius Romanus, 1243/47-1316）大約在一二六〇年左右提出，激情應該有十二種，並認為應該將憤怒的相反概念——「習慣」加進來。阿奎那認為憤怒並沒有相反的概念，而吉爾斯則認為「不對，憤怒的相反概念是習慣，是無感。」

目前，研究阿奎那激情論的學者眾多，但關於憤怒的分析仍然不足。在約翰・羅爾斯（John Rawls, 1921-2002）的正義論中，提到了所謂的indignation（激憤），這是一種對社會不公不義的憤怒，並且帶有公共性，屬於一種復甦的情感模式。然而，阿奎那提出的十一種情感分類至今仍未有定論。不僅如此，十四世紀的尚・熱爾松（Jean Gerson, 1363-1429）等人提出的激情論，也呈現出另一種理論體系。我曾閱讀過熱爾松的激情論，但覺得它有些複雜。熱爾松認為，動物的激情本質上都是美的，因為動物的情感源自本性的需求，所以它們的情感是純粹且美好的。相比之下，人類的情感則是醜陋的，但人類可以透過修正來改變這些情感。如果情感本身是醜陋的，就必須將其轉化為美好的，這正是他所提出的觀點。

熱爾松的思想在十七世紀的德意志廣泛傳播。這些激情論大多是中世紀獨立發展出來的，彼此間並未相互影響。進入十六世紀後，隨著人們開始閱讀蓋倫的著作，生理學和醫學中的激情論開始大量湧現。當時，如德．拉．尚波爾（de La Chambre, 1594-1669）、庫菲托（Nicolas Coeffeteau, 1574-1623）等人也提出了許多關於激情的理論。然而，笛卡兒在《論靈魂的激情》中直言不諱地指出，激情論在哲學中從未被認真討論過，這一點的確令人耳目一新。

笛卡兒不只完全無視尚波爾《激情的性格》等同時代的激情論，當然也無視阿奎那。他在新的生理學架構內再次說明激情。

在這之後，休謨發表了偉大的宣言：「理性是激情的奴隸，並且應當持續是奴隸。」這是和笛卡兒「我思故我在」足以匹敵的革命性發展，但常遭到無視。休謨是個了不起的人，可是卻常遭到無視，這點也很有意思。

第六冊中，柘植尚則先生探討了休謨道德感情論的發展（第二章〈道德感情論〉），以及石井剛先生對中國「情動轉向」的論述。在將哲學史中被忽視的激情論重新呈現的意義上，這一冊具有相當的特色，我讀起來也深感趣味。

為什麼激情論會受到矚目

納富　首先，激情論並不是一成不變的。神崎繁先生曾在《對靈魂（anima）的態度》（岩波書店，二〇〇八年）中討論過克律希波斯，但這並非單純的理性與感情的對立，而是理性中的兩種作用彼此交織。感情並非反理性，而是理性的一種形式和系統，這一點與將理性和感情視為兩個獨立系統的觀點在立場上截然不同。在這其中，生理學與思辨之間的差異也相互交織，構成了一個相當複雜的局面。

從這裡我們可以繼續探討憤怒，它屬於靈魂三分說中的勇氣部分。憤怒並非勇氣的相對概念，因此它與像慾望這樣具有對立概念的情感，屬於不同的架構。既然如此，是否可以將這些情感統稱為「感情」呢？這裡便出現了是否應該譯為「激情」或「感情」的問題。正如先前提到的，感情是否本質上是與理性對立的存在，這是一個值得深思的重要問題。正如山內先生所說，哲學家對這些情感有不同的理解與架構，但到了十七、十八世紀左右，這個問題突然成為焦點，並迅速引起廣泛關注，這一點無可置疑。

中島　為什麼激情論在這個時代會如此受到矚目呢？例如，憤怒到底能不能說成「我的憤怒」，這其實有點微妙，不是嗎？畢竟，在不受任何影響（affect）的情況下，感情是不可能成立的，對吧？

納富　是呀，說到底，這仍是一種激情（passion）。

中島　從定義上來看，感情是超越自我的，只有在與非自我的關係中才能夠成立。換言之，感情無法獨立存在。那麼，我們該如何培養原始的情感呢？換句話說，如何才能正確地悲傷，正確地憤怒呢？

中國有「禮」這個概念，它被視為一種情感修養的方式。由於人類無法恰當地表達自己的感情，因此必須透過「禮」來豐富自己的情感，除此之外別無他法。這正是一種（弱）規範。正因如此，禮的概念在十八世紀得以復興。石井先生提到的戴震（一七二四—一七七七）的理論中指出，「人類中最糟糕的莫過於薄情的人，人必有情」。我認為戴震在提出這句話時，也在思考基督教的影響。在利瑪竇等人的影響下，他徹底改變了自己的哲學論述，並且放棄了傳統的經書註釋方式。從「人不能薄情」這句話中，我們可以看出，在十八世紀，情感已經成為決定性的重要層次；同時，我們也能夠注意到，我們看待人的方式發生了相當大的變化。

山內　進入十七、十八世紀，人們對感情的定位與評價不斷提高，並且有許多關於情感的著作問世。儘管也有像笛卡兒這樣批判「迄今為止沒有人認真討論過激情」的哲學家，大部分人還是關心「究竟該聚焦於激情／感情的哪一部分」這個問題。例如，史賓諾莎（Baruch Spinoza, 1632-1677）所談的悲傷（tristitia）伴隨著身體性的受苦，但如果像前述的戴震一樣，以基督教為範本來看，這其實也可以視為一種愛（amor）。雖然有amor、caritas、dilectio等多種表述，但基本上這些術語的含義相近，因此我們可以以amor為基礎來探討。至於對amor的理解，盧梭（Jean-Jacques Rousseau, 1712-1778）將其分為amour propre（自重／利己愛）與amour de soi（自保／自愛）。認為，amour並非完全負面的東西，為了維持生命，人們必須擁有這種如泉源般的力量；對於自我存在來說，它可以被視為一種原則。

回到拉丁語，所謂 amor proprius（自重／利己愛），在十六、十七世紀被認為是一種惡劣的情感。在當時的英法地區，笛卡兒所忽略的激情論開始大量出現；雖然現在仍有人研究這些內容，但實際閱讀時往往會覺得稍顯冗長。儘管 amor proprius 被視為不良的情感，當我們試圖調查盧梭是否是微妙的 amour de soi（自保）這個詞的創始者時，會發現這類詞彙其實很少出現。

然而，奧斯定在基督教教義中主張，對自己的愛並不是壞事。他認為，對鄰人和對上帝的愛，其實都源自於對自己的愛。一個不愛自己的人，是不可能真正去愛鄰人或上帝的。他之所以不強調這一點，是因為每個人天生都會愛自己，這是他的大致看法。

近世初期湧現大量的激情論相關著作，這是否意味著我可以依循奧斯定的思想脈絡來尋找一種概念化的框架呢？儘管我們希望在這點上加以探究，但實際上卻很難看出明確的線索。激情論本身是不可預測的，充滿了個別性與多樣性。其標準並非依據亞里斯多德，而是柏拉圖在《理想國》中所提示的思想，透過靈魂三分說中的勇氣來引發憤怒。然而，基本上並沒有一個固定的模式可循，這正是其有趣之處。如果我們追問休謨的激情論究竟是建立在何種基礎之上，結果可能也會非常出人意料吧！

理性的不安

中島　雖然我們這次強調的是情感，但一般都說十八世紀是理性啟蒙的世紀。當然，這也沒有錯。如果我們重新解讀情感，再回過頭來看理性和啟蒙的問題，我們又能說些什麼呢？

納富　就像伊藤教授在第一章〈啟蒙的光與影〉中所述，將啟蒙視為光明與陰影的集合或是融合是非常有趣的。人類並不只是憑著理性行事，當光變強的時候，相反的一面也會跟著浮現。說到底，對理性的掌握方式，本身就不是那麼單純。

剛才我們提到激情是複雜的，實際上，與之相應的理性也是複雜的。就像「世界與靈魂」一樣，用一個單一的概念來掌握它們是非常困難的，畢竟我們不能將單純的概念完全抽離，而是必須徹底地在整體結構中運作。當我們以理性與感情／激情為核心來審視十八世紀的哲學形勢時，有些問題會變得更為清晰。我感興趣的地方，無非是理性究竟是如何被重新詮釋的？

中島　對我們而言，坂部惠教授的《理性的不安》是非常重要的參考作品。坂部教授認為，理性絕不是穩定和紮實的東西，而是一種不安定、如影隨形、緊密糾纏的存在。

這種理性概念本身就存在於翻譯的歷史當中；不僅如此，它並非單純的翻譯，而是經歷了許多迂迴曲折，才逐漸形成了十八世紀的理性概念。基於這樣的議論，如果我們重新評價十八世紀的理性與啟蒙，是否會開啟新的契機呢？

山內　在十八世紀，知性與理性的地位關係發生了變化；但在中世紀，儘管有作為直觀能力且處於上位概念的 intellect（知性）存在，ratio（理性）卻並未有太多出場的機會。ratio 這個語彙，通常用於定義、比較、推理等含義上。儘管奧坎使用了 ratio 這個詞，但對我們而言，將理性與坂部教授的模式連結起來的關鍵人物，是蘇亞雷斯。

正如我在課堂上所提到的，有一個概念叫做 ens rationis，它被翻譯為「理性的存在」，或者佐藤一郎先生在翻譯史賓諾莎時，將其翻譯為「道理上的存在」，我認為佐藤先生的翻譯非常巧妙！然而，我想強調其虛構的一面，因此我更傾向於將其翻譯為「理虛的存在」。簡單來說，儘管否定、欠缺和道理上的關係與左右、大小等相對概念類似，但正如前面所說，這是一個純粹的反省概念。當我們認識某個對象時，透過認識行為本身會產生一個有內容的反思概念；而不涉及對象本身的作用，也會以對象化的方式呈現，這就是 ens rationis。換句話說，理性概念是無對象的，它純粹是關係性的。

這正是康德所謂的 vernunftbegriff（理性概念），也就是理念的形成。對康德而言，理念是先驗的泉源，是世界的開端、世界的極點、靈魂的不滅、上帝的存在，它存在於感知的彼岸和邊緣。這些對象是人類無法認識的，但又無法忽視。在這裡，顯示了人類知性的有限性，而提出這些非存在、對象性、關係性和意向性問題的，正是蘇亞雷斯。

蘇亞雷斯不僅考慮了世界的內部結構，也思考了我們與世界的關係。這一點成為了阿奎那後來逐漸浮現的唯意志論以及自由問題的基礎。即使這些問題本身並非具體存在，它們卻無法被忽視，必須加以探討。因此，理性的焦慮由此產生。在德意志，耶穌會的傳統經歷了一些曲折，但最終流傳到了康德。而對我們而言，基本上是受到坂部教授關於「理性引發不安」的深刻洞察所影響。

中島　山內先生在論述普遍性問題時，關注的焦點是關係而非實體。有趣的是，這一關注透過蘇亞雷斯的思想，轉化為一個理性概念。ratio 從根本上來說，就是一個比較的問題，而在比較中，比較的對象本身雖重要，但如何描述它們之間的關係性，才是更為關鍵的問題。

但與康德將理性引向實體的做法相對，這裡的觀點則是相反的。康德常說他被休謨「從專斷的沉睡中喚醒」，但我們真的清醒了嗎？我們能否不朝康德的方向發展，而是根據休謨對感情的討論，進而探索關係性 ens rationis 的議題呢？對此我非常關注，不知道各位有何看法？

山內　當時的人們對 ens rationis 這個概念並不完全理解，甚至有許多人疑問，為何要使用「ratio」這個詞？在這種情況下，intellectus 和 ratio 反而展現了一種難以理解的合作關係。Intellectus 原本是 inter（從內側）與 lego（解讀、認識）的組合，指的是對事物本質的理解；而 ratio，正如先前所說，是一種比較和對應的關係，因此在內部性上有些許不同。以蘇亞雷斯的觀點來看，知性是建立感知場域的工具，若以電影院為例，它相當於銀幕；而 ratio 則是對這些感知予以認識、關注其關係的工具，類似轉動膠片進行投影的過程。知性與理性在這裡各自扮演著不同的角色，隨著時間的推移，知性被康德稱為「悟性」，其地位逐漸下降。儘管我們今天在學習中或許也會這樣區分，然而知性與理性同時出現、相互確認立場的情況仍然相當複雜。在十八世紀，隨著啟蒙時代的到來，理性的位置才逐漸上升。關於這一點，我認為今後仍有持續研究相關文獻的價值。

啟蒙與世俗化

中島　接下來，十八世紀需要深入思考的問題便是啟蒙問題。康德曾主張，宗教是啟蒙的敵人，並認為宗教處於未成年狀態。他提到，我們應該擺脫這種狀態，成為成年人。但實際上，這到底是怎樣一回事呢？

耶穌會走向世界，發現了比聖經記載更古老的事物。例如，前往中國的耶穌會士發現了比創世更古老的歷史，令人震驚的是，這些歷史似乎甚至不需要上帝也能解釋。十八世紀上半葉之前，中國在歐洲的地位相當高，但隨著時間的推移，這一地位發生了劇變，中國和印度的地位逐漸下降。隨著這種新的框架出現，黑格爾便成為了這一框架的典型代表。

換言之，在以精神方法為主的發展過程中，像中國這樣位於歐洲外部的事物被視為「原始」。畢竟，比聖經更古老的東西，還是需要有某種處理方法。康德也提到了普遍史，但他的觀點仍然是以歐洲為中心，至於歐洲外部的世界，則被視為附加物。當然，康德是一位對地理學研究極為精通的學者，因此他對世界的布局有清晰的認識，但在啟蒙框架中，宗教的邊緣化使得歐洲之外的世界也隨之被貶低。我們被十八世紀這種方法所牽制，直到相當長的一段時間。

一神教（Monotheism）這個概念最早出現在十七世紀左右，是由英國劍橋的柏拉圖主義者創造的。到了十八世紀，一神教的概念急遽興起，多神教（Polytheism）則被認為是糟糕且難以理解的論述。在十八世紀的歐洲，知識的結構發生了相當重大的變化。這種變化的痕跡也體現在康德對知性與理性關係的思考中，但後來的觀察者往往難以察覺。第六冊也聚焦於這個問題，那麼納富先生對啟蒙問題有何見解呢？

納富　的確如此，過去「啟蒙」這個詞本身被認為是過時的，但我們必須重新思考其中到底發生了什麼。正如中島先生剛才所說，我們並不完全清楚在這裡所指的宗教究竟是什麼，也不像過去那樣強調世俗化與科學化。剛才提到的感情，因為它與理性對立，我認為這也是一個需要進一步探討的問題。

我們剛剛提到 intellectus 與 ratio 的關係，那麼從哲學史與歷史學的角度來看，這個時代又是如何的呢？哲學史大致上是在這個時期建立起來的，孔多塞（Nicolas de Condorcet, 1743-1794）的《人類精神進步史》便是這個時期的重要著作之一。啟蒙思想將歷史置於一個進步的框架中，認為歷史有一個連貫的潮流，並能以理性地表達和精神發展的形勢來建立一個自立的模式與架構。這樣一來，處於這一哲學史之外的西亞、中國等地，當然就失去了其在歷史中的位置。即使是偉大的他者，如果在這種歷史發展的框架中沒有相應的定位，必然會被排擠到外部。這種歷史觀的強化，似乎與世俗化的進程是相互關聯的。儘管我們對這個時代中國的情況較為熟悉，但依然無法避免這樣的現象。或許正因為我們親身經歷過，掌握了第一手資料，便不再抱有幻想，所以中國的地位才會逐漸降低。正因如此，若僅僅批評啟蒙這個概念「不適切」，我認為這樣的看法未免過於簡化了問題。

超越十八世紀的哲學史

中島　十八世紀正是東方主義（orientalism）形成的時期，同時也是納富先生所提到的「以歷史學來處理歷史」這一概念被整合的時代。根據萊因哈特・寇瑟萊克（Reinhart Koselleck, 1923-2006）的概念史，正是在這一時期，Geschichte（歷史）被確立為一個集合名詞，並作為我們今天所理解的「歷史」的基礎。因此，了解我們心中的歷史敘述，對於關注世界哲學史中的歷史來說，是非常重要的。在這個過程中，我認為有必要對十八世紀建立的歷史學進行相對性的思考。當時，包含中國在內的歐洲以外地區被明確定位，而當時的歷史學不僅允許這一定位，還將其納入哲學的框架中。這一切共同構成了啟蒙思想的結構。對於這一點，我們該如何理解，這無疑是個重大的問題。

山內　啟蒙這個概念或許與普遍流傳的哲學史概念有相當程度的契合。我們通常認為，哲學史是在某個特定時代確立的。在日本哲學會中，柴田隆行先生也就「哲學史究竟何時出現」這個問題發表過論述。（〈哲學史區分再考〉，日本哲學會編《哲學》五〇號，一九九九年）

聽了剛才的論述後，我認為哲學史大致可以歸納為以下三個論點。首先是學說史（doxography）。在希臘和中世紀都有學說史的存在，尤其是在十五世紀，若閱讀約翰・卡普羅盧斯（John Capreolus, 1380-1444）等人的著作，就會發現其中充滿了學說史。這些學說史寫得非常詳盡，但並未按時代順序排列，而是從與自己最為敵對的立場開始，將與自己接近的立場放在最後。換句話說，它是以與自己立場的思想距離作為排序的基準。

耶穌會也不例外，這種排列方式正是經院式學說史的特徵。這種學說史在十四世紀後半逐漸成形，至於按時代順序排列的觀念，直到稍後的時期才出現，大概是在十七世紀左右。從十七世紀處理唯名論歷史的書籍來看（如尚・沙爾伯特的《唯名論哲學擁護》，一六五一年），確實已經開始按時代排列，例如從貢比涅的羅塞林（Roscelin of Compiègne, ca. 1050-1125）唯名論開始。按思想距離排列的學說史、按時代順序排列的哲學史，隨後又有基於單一理性和理念潮流的黑格爾式哲學史。由於理性是一個極為西方化的概念，那些沒有致力於或促進其發展的思想體系，便被視為他者。

中島　也就是理性的他者吧！

山內　十八世紀的哲學史主要由學說史的配置、時代排列的配置，以及基於西方理性發展的配置三種論點組成。我們所生產出來的哲學史，能否說具有與這些傳統結構不同的面貌呢？或許我們應該不僅僅拘泥於狹隘的理性，而應該致力於朝著更廣泛的理性邁進，這樣或許會更符合當代的需求與思考。

七、《世界哲學史7：近代篇II　近代哲學的演進：自由與歷史》

美國的超驗主義

中島　伊藤邦武教授的缺席漸漸變多，但我們還是來討論第七冊所處理的十九世紀吧！在十九世紀，人們開始對歐洲產生懷疑，而美國的崛起成為一個重要的關鍵。在亞洲，日本、中國、印度等國家重新與歐洲建立聯繫，期間伴隨著高度緊張的局勢。我們應如何從哲學角度來思考十九世紀呢？這對我們來說是一個極為重大的主題。透過閱讀第七冊，或許可以看到我們對西方提出的強烈批判。我們清楚指出，全面繼承十九世紀的現代性是遠遠不夠的，事實上，其中包含了許多相互交織且矛盾的層面。對於這些問題，各位又是如何看待的呢？

山內　十九世紀，馬克思主義的誕生引發了一波社會批判的浪潮，而令人感到有趣的是，弗洛拉的約阿希姆（Joachim of Fiore, 1135-1202）所提出的末世論世界觀，竟然演化為一種現實的理論。首先，我們可以從「十九世紀是帝國主義時代」這一突破口開始探討。雖然剝削的現象早在大航海時代便已萌芽，但十九世紀的歐洲為了石油資源，不僅刻意分裂中東地區，還進一步展開大規模的開採行動，這不僅激起了伊斯蘭民族意識，也引發了各種運動。在這當中，出現了建立沙烏地阿拉伯的伊本・沙烏地（Ibn Saud, 1875-1953），以及中田考先生所提及的薩拉菲運動。這一運動以薩拉夫（Salaf，初期伊斯蘭時代的原始教團狀態）為理想，試圖回歸先知穆罕默德所描繪的世界，帶有極為強烈的基本教義傾向。

從哲學史的角度來看，十九世紀有黑格爾與馬克思（Karl Marx, 1818-1883）的重要貢獻，但整體上給人一種未竟全功的感覺。若硬要歸納幾個特徵，或許可以說，十九世紀為二十世紀的兩次世界大戰鋪墊了前提。此外，在世紀末，尼采（Friedrich Wilhelm Nietzsche, 1844-1900）和叔本華（Arthur Schopenhauer, 1788-1860）相繼登場，標誌著思想上的重要轉折。相較於啟蒙時代的光明，十九世紀常被視為一個黑暗的時代。然而，第七冊的副標題為「自由與歷史」，這與我們對十九世紀的普遍印象似乎並不完全契合。我思考的是，我們該如何整理與理解這一點，才能在腦海中建立更清晰的脈絡。

中島　伊藤教授的研究主要以美國哲學家珀斯（Charles Sanders Peirce, 1839-1914）為核心，果然，美國在哲學上的崛起具有相當的重要性。其中尤為值得一提的是美國的《獨立宣言》，它實際上是一種對普遍性的讚頌。相比之下，法國大革命的人權宣言更多針對少數群體，而美國則展現了一種更加擴大且開放的風土格局。

實用主義思想在美國的誕生背景，與東海岸的超驗主義（Transcendentalism）運動息息相關。這場運動再次將哲學與非宗教的宗教性結合，對珀斯與詹姆斯（William James, 1842-1910）產生了深遠影響。回顧十八世紀，康德的啟蒙思想認為「宗教是敵人」，從而推動了世俗化的進程。在法國，世俗化以世俗主義的形式推動。然而，隨著世俗化的不斷推進，宗教性反而開始重新被評估。這種趨勢表現在浪漫主義和美國超驗主義等形式上，澤加奈小姐在第九章〈近代印度的普遍思想〉中提到的印度靈性（spirituality），也是這個問題的一環。即便在法國，唯靈主義（spiritualism）也在理性與啟蒙壓迫的邊緣地帶浮現。十九世紀正是這樣一個充滿對立與競爭的激烈時代。

古代的發現與基本教義派

中島　正如山內先生所言，十九世紀歐洲統治世界的方式是非常可怕的，毫無疑問地它導致了遺留至今的禍根。他們假借普遍性之名，行各式各樣的作為，結果只是造成壓迫，並為二十世紀的兩次世界大戰埋下了伏筆。

納富　雖然我們習慣將這個時代概括稱為「十九世紀」，但它實際上展現出極為多元的面向。在叢書後半部，每一冊幾乎涵蓋了一個世紀，但十九世紀的序盤、中盤、後半乃至世紀末，無一不充滿瞬息萬變的特徵。此外，三宅岳史先生對於法國唯靈主義的研究（第八章〈唯靈主義的變遷〉）涉及一個尚未被廣泛了解的領域。然而，由於十九世紀各階段在不同國家之間的差異極大，因此我認為，單純以「十九世紀就是這麼一回事」來概括，未免過於粗略。

關於山內先生一開始講到的帝國主義問題，我個人深感興趣的是，中島先生一再強調的「古代的發現」，主要就是在這個時代。拿破崙遠征埃及後，出版了《埃及誌》（一八〇九－一八二二年）這套龐大的史料集，即使在拿破崙失勢後，這套書仍然以他的名義持續刊行。法國史的研究者幾乎都會參考這套書，包括金字塔的實測圖與羅塞塔石碑的摹寫等，都非常有意思。作為啟蒙主義、理性主義化身的法國，蒐集了埃及的一切遺物，從而首度發現了古埃及文明。不只如此，他們也理解到那是比聖經更古老時代的產物。

雖然我不確定這樣的連結是否合理，但這種對古代的發現，其實具有相當基本教義派的特質。這讓我們回到了更純粹的事物，並引出了「純粹的歐洲性是什麼」的問題。以德意志為例，這種探討體現於所謂的古代學（Altertumswissenschaft），讓人覺得德意志彷彿成為希臘文明的繼承者。因此，這不僅僅是資本主義、科學發展、征服世界或支配殖民地這些看似無謀的行動，而是一場環環相扣的哲學思想運動！重視啟蒙與理性的歐洲，走向埃及的聖書體和印度的梵文，形成了歷史主義的基本教義派傾向。在這種向前推進的面向之下，同時也存在著叔本華和尼采提出的「意志」這種宛如泥沼般錯綜複雜的思想。我認為，十八世紀與十九世紀的思想運動在某種意義上是連續的，但到了二十世紀，這種連續性開始出現了嚴重的問題。這正是我在朦朧中所察覺到的結構。

語文學的時代

中島　我注意到，語文學（philology）是十九世紀的一大特徵。剛才提到埃及，事實上，早在一六六三年，法國便設立了碑文－文藝學院，不僅研究埃及，還涵蓋希臘、中國等古代問題。那麼，當我們掌握了古代知識後會發生什麼呢？例如，梵文的發現及其與希臘文的相似性促成了比較語言學的建立；同樣地，從佛教與基督教的對比中催生了比較宗教學。這種「比較ＸＸ學」的興起，成為十九世紀學術研究的鮮明特徵。而在這些學科的背後，隱藏著十九世紀特有的知識運作機制，而語文學似乎正是這一機制的核心。

雖然我們也常將 philology 翻譯為「文獻學」，但在我看來，它並不能被如此狹隘的框架所涵括。這是因為這個詞本身由 philo 和 logos 組成，也就是對 logos（邏各斯）的一種深刻而奇妙的依戀。尼采便是其中的典型例子。他在作為 philologue（古典文獻學者）的同時，也深入探求古希臘這樣的古老事物。而當這些研究與思想結合後，便催生出了系譜學的概念。

那麼，被視為十九世紀特徵的語文學究竟是一門怎樣的學問呢？關鍵在於這裡再次登場的「邏各斯」一詞。例如，十九世紀法國人在翻譯《老子》時，便將「道」譯為「邏各斯」。我認為，這正是十九世紀 philo+logos（語文學）的具體展現與歸結。當然，十九世紀的邏各斯，另一方面也以精緻的邏輯學（logic）形式展開。然而，與邏輯學中冷峻理性的邏各斯並存的，還有一種充滿依戀與情感的邏各斯。該如何理解這樣的並存呢？

納富　語文學起源於伊拉斯謨（Desiderius Erasmus, 1466-1536）活躍的十五至十六世紀，經由十八世紀荷蘭與法國的傳承，最終在十九世紀的德意志蓬勃發展。語文學的發展根源在於聖經文獻學，這是一場長期的學術運動，從伊拉斯謨開始，到理查德．本特利（Richard Bentley）與卡爾．拉赫曼（Karl Lachmann），都圍繞聖經修訂的問題展開討論。基本上，這場運動表現為反抗教會權力的學術抗爭，但我們不能忽略其中透過學術手段復原上帝的話語／邏各斯，並試圖接近它的深層意圖。語文學並非單純以科學方式對待世界並促成其世俗化，而是試圖追本溯源，發掘邏各斯本身的原貌。在這過程中，其實也包含了濃厚的宗教動機，這是一個不容忽視的重要面向。

此外，批判文獻學在十九世紀的德意志也逐漸興起。「批判」這個詞彙在康德等人的著作中隨處可見，而所謂人類理性，基本上便是批判精神的體現。透過否定，我們得以淨化（purify），剔除不純粹的部分，使事物變得盡可能簡單，語文學本身就包含了這種批判性的要素。十九世紀的德意志文獻學不僅承襲了十八世紀以前的運動成果，也融入了帝國主義等近代文明與近代社會的精髓（essence）。語文學的定義極為困難，我認為不能僅以「文獻學」這樣的日語詞彙來簡單概括，正如石井剛先生所意識到的那樣，語文學的實踐在世界各地的文明中都有相似之處，日本也有史料編纂的傳統，體現了這門學問的共通性，這是一門世界共通的學問，卻以西方特有的形式得到發展。

中島　語文學逐漸與某種實證主義相結合。乍看之下，它似乎是一門中立的學問，但細究之下卻可以發現，語文學與赫密士主義（Hermeticism）[1]存在某種一體化的面向。簡而言之，它與這類神祕事物有著某種相似之處。這正是我認為十九世紀無法以一般方式論之的原因。剛才提到的唯靈主義問題，也與語文學有著密切的聯繫。

山內　語文學展現出多采多姿的面向，但就德意志的語文學傳統而言，當他們在梵文文獻學中發現古代印度竟然存在著凌駕歐洲經院學派的精緻體系時，應該不免感到驚訝吧！語文學讓我們能夠閱讀並理解跨越兩千年以上時代的事物，與此同時，隨著比較語言學的出現以及對世界各地語言認識的日益廣泛，也催生了發現相似事物的比較思想。坂部惠教授長期在授課中關注赫爾德（Johann Herder, 1744-1803）的研究，我也一直參與相關課程。赫爾德特別重視民間故事與民謠這種地方性的文藝。他對地方民間故事的思考，亦即「乍看之下沒有文化的地方，其實蘊含著高度文化」的文化人類學發想，與語文學實際上有著緊密的聯繫。

1　譯註：赫密士主義（Hermeticism）是一種融合哲學、神祕學與宗教思想的傳統，起源於希臘化時期的傳說人物——赫密士・崔斯墨圖（Hermes Trismegistus），其思想核心見於《赫密士文集》和《翡翠石板》。赫密士主義強調萬物一體，認為物質與靈性世界相互影響，著名格言「如上，如下」即體現此理念。其目標是透過內在智慧的啟發達成與神聖力量的合一，並與煉金術、占星術等神秘學密切相關。這一傳統融合古希臘哲學與古埃及宗教思想，自古羅馬時期開始流傳，對文藝復興、近代西方神祕學及哲學思想產生深遠的影響。

將語文學歸為文學在哲學上的延伸，雖然這是一種簡化的說法，但我認為它實際上具備超越時代與地區的特性，並蘊含著嶄新意義的普遍性。同時，它也可以作為探索世界哲學普遍性的重要工具。這是一門在大學學術體系中難以準確評價，但實際上極具重要性的學問。

重視原型的意識形態

納富　我跟剛剛山內先生所言的感覺有點不同，所以姑且在此提出一個論點。當然，中國、日本都和西方一樣，有著尊重文獻的文化，但彼此是可以對等比較的嗎？

中島　不，它們是不對等的。

納富　在第一冊中，赤松明彥先生曾介紹過保羅・多伊森（Paul Deussen, 1845-1919）對印度哲學的研究（第五章〈古代印度的世界與靈魂〉），但這裡所謂的印度思想，其實是在西方印度學（Indology）的架構下建構出來的。其中涉及梵文，但基本上仍屬於歐洲的印度學。同樣地，他們對中國的研究在某種程度上也是如此，將印度哲學與中國哲學改裝為西方的語文學與歷史學（history）。就《世界哲學史》系列而言，這個問題必然是核心所在，特別是在談論印度等地時，似乎別無他法。雖然我們幾乎沒有強烈意識到這一點，但指出上述問題仍然具有相當重要的意義。

說到底，以這種方式談論歷史或許反映了十八、十九世紀西方人的心態。我對印度的了解有限，但對早期佛典的回歸顯然是從歐洲觀點出發，試圖挖掘過去未被重視的一面。簡單來說，如果佛陀創立了最初的佛教，那麼相較於後來的佛典，佛陀本身的話語應該具有更為重要的地位。若以基督教作比，就是福音書的發現。中村元教授等人認為，沒有福音書就無法理解基督教，因此將精力投入到早期佛典的解說與翻譯上，這種做法明顯帶有西方式的思考模式。在此之前，佛教界並未關注早期佛典，但他主張若不研究早期佛典，就無法真正理解佛教。這固然是語文學的成果，但也反映了某種文化偏向與不對稱的現象。

中國的情況又稍有不同，似乎存在與傳統的衝突，但相比之下，印度顯然更強烈地融入了西方的架構。至於日本，原本在這方面幾乎沒有什麼討論的基礎。值得注意的是，語文學作為一種學術上的希望，同時也承載著自希臘、羅馬以來的意識形態。

中島　在比較語言學中，例如對印歐語族祖語的設定，正如納富先生所言，這樣的發想往往會導致一種不對稱性。不僅如此，在宗教方面，他們也懷抱著一種信念，認為應該能夠找到宗教的原型。

納富　起初有一個簡單的原則，就像希臘的「始源」概念，這樣的發想本身也是西方的傳統。猶太教只有摩西，但基督教卻有一個叫做耶穌的人。為了了解耶穌究竟說了什麼，人們研究福音書，並試圖復原其原始版本。這種對原始版本的執著，有可能引發類似「其實孟子是這麼一回事」或者「孔子是個謎」的論述，但最初似乎並沒有人在意這些問題，不是嗎？有些問題不能一概而論其好壞，但我們仍需根據這些問題來深入思考。

演化論的衝擊

中島　這種思考方式延續至今，但十九世紀同時也是達爾文（Charles Robert Darwin, 1809-1882）的時代。演化論的提出依然具有相當大的衝擊性，沒有演化論，就不可能有實用主義。達爾文打破了作為十九世紀知識基礎的因果論，提出了一個關鍵問題，即「是否可能存在不符合因果律的連續現象」。杜威（John Dewey, 1859-1952）便是實用主義在這方面的典型代表。他原本是黑格爾研究者，後來卻放棄了這條道路，完成了一個重要的思想轉向，認為因果律不能被設定為一個絕對強大的定律，因此必須深入研究偶然性。像這樣的達爾文衝擊，究竟該如何衡量呢？柏格森（Henri-Louis Bergson, 1859-1941）也受到類似影響，因此，達爾文的影響或許比我們想像中還要深遠也說不定。

山內　達爾文演化論的影響極其深遠，而佛洛伊德（Sigmund Freud, 1856-1939）精神分析的衝擊同樣巨大。雖然達爾文無法完全揭示世界和生物發展的全部歷史，但他確實對基督教關於生物發展的穩定觀點提出了有力挑戰，認為事實並非如此。至於達爾文的演化論與佛洛伊德的思想，當時的人們或許比我們今天所能想像的更加恐懼，甚至憤怒也未可知。

中島　如果是這樣，我們應該如何看待當時的生物學呢？在這個架構中，雖然達爾文可以說是一位具有某種程度革新精神的學者，但在十九世紀，是否已經出現了一場重新認識生物（包括人類）的運動？這或許顯示，達爾文的演化論並非孤立的突破，而是更大範圍內思維變革的一部分。

納富　演化論的影響是多方面的，它與演化倫理學等各種現代話題和問題，甚至包括如何面對理性這樣的核心問題，都有密切的關聯。如果人類也是物質按照某種順序演變而來，那麼就不再需要強調人類具有特殊的特權。既然理性並非僅為人類所獨有，那麼問題的核心仍然在於，我們應如何解釋理性本身的起源與作用。

我們的信念，例如適者生存的理性思考，將會發生什麼樣的變化？即使是在生物學領域，「人是什麼」這一問題仍未得到完全解答。或者更進一步，關於言語和理性的問題，究竟應該如何處理？無論我們採取靜態觀點還是演化觀點，對於至今一直被加上引號的「人類」、「理性」等問題，該如何認真思考？這對哲學而言，無疑是一個極具挑戰性的課題！

中島　十九世紀同時也是人文主義的時代。人在此獲得了前所未有的地位，取代上帝（神）而成為世界的中心。雖然我們以高昂的熱情宣告這一觀點，但在這片聲浪中，也出現了「不，並非如此，人才不是世界的中心」的批判之聲。人類處於世界的中心，究竟只是偶然，還是僅僅一個碰巧發生的狀況？或許直到今天，我們仍無法完全衡量這種觀念所帶來的深遠影響。

如何評價效益主義？

中島　十九世紀另一個備受關注的是效益主義的問題。譬如福澤諭吉（一八三五－一九〇一）就曾說過一句有意思的話：「今後是效益主義的時代，但我們從江戶時代起，就已經在實踐效益主義了。」福澤是看遍了形形色色的世界，才會這樣想的吧！儘管現在我們已經開始大規模地重新審視邊沁（Jeremy Bentham, 1748-1832），但對十九世紀的效益主義，又該怎樣評價才好呢？

山內　在倫理學中，批判效益主義與擁護它的流派一直爭論不休，至今仍是熱烈討論的焦點。自二十世紀下半葉以來，效益主義常被批評為具有享樂主義（hedonism）的一面，但邊沁提出的效益主義並非單純追求個人快樂，而是一場旨在改變社會的運動。儘管社會整體的貧富差距日益擴大，但貧民作為「眾人之一」，擁有自己的發言權，自然也會受到效益主義的影響。當我們將效益主義視為一種個人邏輯時，它在倫理學中常遭批評，但實際上，它的本質是民主主義，或者說是一種矯正差距的社會運動。我認為這一點尤為重要。

雖然這是第八冊中出現的議題，但伯納德．威廉士（Bernard Williams, 1929-2003）便從道德倫理學的觀點批判了效益主義。從某個角度來看，道德倫理學可以被視為一種個別主義（particularism）。與基於啟蒙與理性、或康德普遍性立場來思考倫理學的方式不同，道德倫理學主張人類的價值標準是多樣的，因此不能按照單一標準來評價，而應從多元的角度來看。不僅如此，選擇何種價值基準因人而異，因此「我要這樣做」的決定便以道德倫理學或個別主義的形式表現出來，而這與威廉士所提出的「道德運氣」（moral luck）問題有著密切的關聯。

儘管現今仍存在許多批判效益主義的觀點，但有趣的是，邊沁本人的思想並不局限於此。邊沁試圖讓大眾同時成為倫理學考察的主體與客體，以擺脫當時僅針對菁英的倫理學論述方式。然而，從另一個角度看，這本身其實也帶有某種個別主義的特徵。在十九世紀，效益主義作為一種帶有必然性的有趣思想，卻在當時受到批判，甚至成為眾矢之的。我認為，從效益主義敘述方式的歷史轉變來看，這無疑是一個非常值得深思的現象。

中島　在現今的日本，正是形成了義務論 vs 效益主義的架構。

納富　世界上也是這樣呢。

中島　我聽說，邊沁對於當時英國對同性戀者的惡劣待遇持批判態度。正如山內先生所言，邊沁的效益主義確實展現出某種社會改良的面向。然而，這一點並未被人們清晰地理解。或許，這正是我們需要反思的問題吧。正因如此，十九世紀成為了一個多種力量線交錯並存的時代。

八、《世界哲學史8：現代篇　全球化時代的哲學：現代與後現代的對話》

如何看待二十世紀？

中島　那麼，我們終於要來到二十世紀了吧！二十世紀是戰爭的世紀，兩次的世界大戰幾乎可以說是連綿不斷的。進入二十世紀後，於十九世紀達到顛峰的歐洲文明遭到了嚴厲批判，而我們該如何重新省視「人」本身，也成了被提起的問題。

正如檜垣立哉先生在（第二章〈歐洲的自身意識與不安〉）中所提到的，所謂歐洲的不安，其實觸及了相當根本的事物。借用山內先生的論述，大眾真正開始浮現在二十世紀。另一方面，二十世紀也是全球化的時代，世界以前所未有的高密度與高速度聯繫在一起。在這樣的背景下，我們能明確感受到思考世界哲學的意義，但這樣的討論究竟應該從哪個角度開始呢？

納富　那就取決於我們是在討論二十世紀，還是整個現代。由於我們身處二十一世紀，是時候將二十世紀視作過去加以回顧了。對我們而言，二十世紀後半的後現代與我們仍然同處一個時代，因此從歷史角度談論它並不容易。然而，隨著二十一世紀的來臨，我們致力於推動一部《世界哲學史》，因此我們仍須有足夠的覺悟，認真地重新審視二十世紀。

另一方面，我們現在究竟在多大程度上脫離了二十世紀？或者說，我們是否已經站在可以俯瞰二十世紀的高度了呢？對於這一點，多少還存有一些疑問。第八冊與前幾卷略有不同，其中的內容大都為正在以現在進行式展開的事件，而我想作者們大概也是抱著這樣的意圖寫作。包含其他卷在內，對過去的敘述本身就是一種現代哲學的實踐，但在第八冊，當下的視角被推到了最前排，並被整合在敘述之中，這正是其重要的特點之一。

當然，戰爭在各地經常爆發，但一般所指的兩次世界大戰距今已經將近八十年，那麼「戰後」是否仍適合作為一種概括形式來討論呢？將「二十世紀是戰爭世紀」的階段與戰後的各個階段聯繫起來，是否真正合適？還是應該將二十世紀的初期劃分為更小的單位會比較妥當？如今，我們應該如何看待二十世紀？我認為，如果對這些問題沒有一個明確的答案，就難以繼續前行。本次我們邀請各位作者從自身的角度來撰寫，但對於這樣的安排是否恰當，我們也不免存有疑問。

中島　確實是相當困難呢。

納富　我想，大部分的問題已經被討論過了，但說到底，二十世紀這個時代，真的能夠用這樣的安排輕易掌握嗎？關於這一點，我認為有必要從多個角度深入反思。

尾隨極權主義與科學技術的哲學

中島　令人頭痛的是，從我們開始構想這個企劃（二〇一八年）到現在，情況已經發生了翻天覆地的變化。自新冠肺炎大流行以來，我們不禁將當前形勢與一百年前的第一次世界大戰及

「西班牙流感」時期進行比較，同時也不得不反思：「我們是否真的有多大的改變？」然而，即便如此，我們並不希望再次引發世界大戰，因此這種類比也不能全然成立。那麼，銘刻二十世紀的印記究竟是什麼呢？二十世紀最大的問題莫過於極權主義，以納粹為代表的這種趨勢在各地萌生，這與哲學有著千絲萬縷的聯繫。甚至有人提出質疑：「理性的終點是法西斯嗎？」在這種情況下，哲學究竟應如何應對，才能勉強邁向更好的結果？關於這一點，各位又有什麼看法呢？

山內　這與整體平衡有關，但若以目前主流的方式來看，八冊中應該有三冊聚焦於現代，而中世紀僅需一冊就夠了。然而，我們卻大膽地將現代濃縮為一冊。在僅用一冊進行彙整的情況下，實在難以全面展現全貌，例如我們未涉及現象學，遺漏的內容不少，這確實值得反省。然而，這同時也是我們的策略。換句話說，我們必須懷抱著「這是我們關注的部分」這種強烈的意識。二十世紀的歷史以第一次和第二次世界大戰為基礎，因此極權主義的問題尤為突出。至於二十世紀與二十一世紀的關係，九一一事件的發生及「伊斯蘭轉向」（Islamic turn）這一語彙的出現，我認為正是宗教權威復甦的一個契機。

切入二十、二十一世紀的方法多樣，無論是極權主義還是宗教權威的復甦，我們可以明確指出，這些現象並非僅局限於特定地區，而是與全世界息息相關。值得強調的是，我們也希望選擇一個能夠涵蓋整個世界的理念，作為探討的核心方向。

中島　確實，在「後世俗化」的時代，宗教復興已成為隨處可見的現象。儘管如此，我們仍難以斷言已經對其內涵和意義有了準確的理解。關於宗教與世俗的關係，十八、十九世紀形成的知識組態依然在延續，但在現實中，作為近代基礎原理的世俗化正受到質疑，社會的樣貌也因此逐步發生轉變。

關於如何看待極權主義的議論眾多，但我認為，使人能夠將暴力發揮到如此徹底的地步，必然與某種官僚體制的制度運作密切相關。我們正生活在這樣一個社會中，這已不再是某一地區的問題，而是整個世界都會受到立即影響的局面。在這種情況下，雖說這是哲學的使命或許有些誇張，但今日我們應該向哲學提出的問題又是什麼？或許，這正是《世界哲學史》第八冊所必須面對的課題吧！

納富　第八冊還指出，與科學技術之間的平衡與距離也是一個重要的問題。隨著科學技術的不斷進步，哲學似乎逐漸被擱置一旁，但科學技術並不能解決所有問題。這次新冠肺炎的危機便是如此，面對迫在眉睫的狀況，仍有許多讓人束手無策的地方。

政治在人的理性判斷下運作，革命發生，科學技術的進步使生活變得更加豐盈。雖然存在著這種一體化的幻想，但極權主義卻證明了，人類並非單純地有意識、有目的地不斷向前邁進。物質的進步帶來了大量的破壞，甚至使人在不會感到良心不安的情況下進行屠殺，而哲學依然被擱置一旁，這一現象一直延續至今。隨後，人們對此有了各種反思，但有些人認為「哲學實在是讓人無語」，也有人指責「這都是哲學的錯」。然而，實際上，很多人應該都會認為「這與哲學完全無關」吧！儘管哲學在社會中所擁有的力量與可能性或許有限，但它到底能做些什麼呢？在二十世紀，這個問題變得更加明確。

概括來說，我們發現最重要的問題在於，哲學與政治及科學技術之間產生了距離，導致原本應該駕馭與監督這些事物的哲學，反而成為了在後頭苦苦追趕的角色。儘管現在情況或許有所不同，但當我們試圖邁向更深層的探索時，哲學思考的意義究竟是什麼？這是時候重新面對的問題。

如何掌握巨大的事物？

中島　當我們涉足現實，所採取的方式或許需要更加完善。我的看法是，哲學，尤其是其中的概念，可以對現實產生重要的貢獻。我們往往用僵化的概念來理解世界，並將其強加於人。因為人們渴求意義，總希望能迅速掌握並控制它，若能如此，便會感到一種安心。在這方面，我們可以說，這種安心與安全的意識形態，實際上是哲學的一種貢獻。然而，哲學本身也包含了反問與批判，因此它並非這麼安定。我們是否能以更精巧的方式與世界建立關係？或許我們應該追求的哲學，實際上是一種更精細、更巧妙的存在。各位如何看待這一點？

山內　例如，針對當前的新冠肺炎，西浦博教授在三月初便提倡「為了防止疫情蔓延，必須減少八成的人際接觸」，並在網路上自稱為「八成大叔」。這樣的發言最初源於政治和個人層面的行動原則，並最終波及到社會層面，但實際上，由於幾乎已經系統化的慣性（inertia）運作，要用一句話來打動現實，實際上是非常罕見的。

福澤諭吉先生創立慶應義塾時，因為系統規模較小，變革相對容易實現，但像現在這樣規模龐大的機構，一旦系統建立起來，就需要五年、十年的時間才能改變。雖然我們容易進入惰性狀態，但因為外部很難進入這樣的體系，而且一旦啟動，就很難停下來。資本主義正是一個龐大的慣性體系，極權主義與史達林主義也是如此。史達林主義的起源之一是馬克思主義，雖然我們無法確定它在史達林主義形成過程中占據了多大比重，但當這個體系變得龐大，就難以阻止。然而，即便難以阻止，我們也不應該感到絕望。即使一個系統的慣性無法停止，我們仍然可以扣下新的扳機。即使無法直接發揮影響力，種下新的種子仍然是必要的。

自泰勒斯（Thales of Miletus, ca. 625-548 BCE）以來，哲學常被認為是無用之物，但事實並非如此。儘管或許會有無法發芽的種子，但播種本身總是有益的。或許有一天，這些種子會成長為具有巨大慣性的事物！從事哲學的人正是如此，執著於探索那微小的種子（即始源），並嘗試加以栽培。即使這些種子沒有發芽，栽培的過程本身也是一種樂趣，並且是一項非常重要的任務，不是嗎？我們面對世界體系這個龐然大物的態度，實際上已經成為世界哲學史的一部分了吧。

納富　剛才提到了一個非常重要的觀點，從時間軸的角度來看也是如此。當我們說「世界正在全球化」時，實際上看到的卻往往是狹隘的世界與有限的視角。無論在哪個時代，人們都可能很難正確看待世界，但如果對大局缺乏基本的認識，就容易被眼前的狀況所左右。即使有些事情無法改變，至少我們需要一個視角來理解它是什麼。正是有了哲學，我們才有可能透視大局，並從不同角度出發，擁有多元的視野與時間軸。

再次省思靈魂

中島　在第八冊的終章〈世界哲學史的展望〉中，伊藤教授提出了一個問題：「再次思考世界與靈魂」。正如納富先生所言，從不同的規模來看待事物，正是哲學的使命之一。在第八冊結束之際，回顧第一冊中提出的「世界與靈魂」這一主題，我們該如何討論呢？伊藤教授留下了這樣一句話：「世界與靈魂並非兩個獨立的領域，而是世界之於靈魂，靈魂之於世界。」我們應該如何理解這段話呢？

山內　在《世界哲學史》中，雖然出現了「世界」這個概念，但世界的尺度往往因人而異。世界與靈魂的關係對我們來說之所以重要，是因為我們必須與世界共存。如果能順利融入社會，就能與世界共存，但對於即將步入世界的年輕人來說，他們必須首先接受世界。在這種情況下，我們必須做好各種準備，而這與我們如何修習或積極看待世界有著密切的關聯。那麼，靈魂究竟是什麼呢？如果我們把人生視為一個自我控制與自我發現的過程，每個人都必須擁有一個足以控制和駕馭它的架構。如果說世界哲學史是世界與靈魂的關係史，那麼這或許正是每個人應該具備的工具與能力。

納富　就像最初所提到的，「世界」一詞有許多不同的用法。在我的記憶中，二十世紀下半葉，人們幾乎一度拋棄了「靈魂」這個詞。人們試圖用心靈、精神或大腦等語彙來解決哲學中的靈魂問題，但靈魂問題依然存在。不同的時代有不同的視角和觀點，因此對它的理解也各異，但我們知道，這依然是一個未解的問題。自人類誕生以來，一直存在的「世界與靈魂」問題，今天仍然是個重要的議題。在將框架挪開而進行思考後，我們必須重新審視應該從「世界與靈魂」的角度思考哪些問題，否則我們可能會忽略我們真正討論的問題，以及未來該做的事。

剛才我們提到了效益主義。如果只考慮局部問題，我們可能會將其簡化為效益主義與義務論的二選一選擇題，但繼續這樣討論其實毫無意義。「世界與靈魂」、「自由與超越」、「理性與激情」等議題，構成了我們思考的巨大競技場，至今仍保持著生命力，並以此作為哲學活性化的基礎。此外，我認為這些問題不僅限於西方或歐洲，而是具有開放性的哲學問題，讓人思考是否還有其他可能性。然而，我們是否能夠完全跳脫西方及其哲學框架來討論「世界與靈魂」呢？這或許是我們人類的極限，但我們仍然需要根據各種歷史的曲折來回顧這些問題。我想，保持這樣的心態是十分必要的。

我使用「靈魂」這個詞已經有很長一段時間了，但當面對學生或哲學家時，我是絕不會說「多談談靈魂」的（笑）；畢竟在現代，這樣的說法實在很難讓人接受！我的背景是古代哲學，因此我能賦予這個詞以意義，但在現代，要以不引起誤解的方式談論靈魂，確實相當困難。儘管如此，我仍然認為它是一個極為強大的概念。

中島　在這個時代，重新思考靈魂，或許是一件相當重要的事。透過對靈魂的重新思量，我們或許可以在擺脫人類中心主義的框架下，重新對「人」這一概念提出質疑。這或許是一個促使世界變得更好的契機！

納富　剛剛中島先生的發言非常精彩。儘管世界的束縛已經是事實，但我們依然可以用自己的方式來形塑世界。不論是透過這樣的討論，還是透過介入、行動等方式，都是在塑造這個世界。如果我們不以這種方式來掌握世界，那將是令人窒息的。如果我們只會說「這個冷酷的世界讓人絕望」，那就無法成為真正的哲學了。

山內　儘管世界因其龐大而難以掌控，但各種原理和學問依然參與並影響著世界的運作。哲學有許多任務，可以剖析世界、品味世界，並促使世界做出回應。儘管在哲學概念中，有許多過時的概念不再使用，但這些概念仍是雕塑世界的線索，幫助我們剖析各種世界，並尋找適合自己的事物。我認為，在參與世界的過程中，哲學概念仍然是重要的工具和道具。

日本哲學的可能性

中島　在《世界哲學史》中，我們介紹了人類迄今為止發掘出的各種線索與痕跡。其中有些可能是有用的，有些則未必。然而，即便如此，我們應該還是盡力將先人在迂迴曲折過程中的努力與成就呈現出來吧？

納富　一般聽到《世界哲學史》這個主題，大家可能會期待看到一個按照統一規劃，詳盡且無懈可擊的呈現。然而，在這套書中，情況卻完全不是這樣。事實上，我們從一開始就表明，這並非我們的目標。而且，由於每位執筆者都是各自領域的專家，因此也存在局部性和限定性。作為編輯的我們同樣無法俯瞰全局，談論整體。我們所能做的，是將自己所擁有的部分匯集起來，並以「這樣如何」、「可以這樣用嗎」等形式，品味各式各樣的內容，並藉由分享的方式討論世界。然而，在每個部分的討論中，我們依然意識到世界哲學的整體性，並以此為討論的目標。儘管這套叢書有超過一百位作者參與，但即便如此，可能仍然不夠。即便作者再多也未必足夠，但我認為，作為一個樣本，這套叢書已經證明了「這樣做會得到某些成果」的可行性。

中島　這項計畫相當幸運地在此完整告一段落，但我仍希望能夠基於我們至第八冊為止所做的嘗試與努力，對未來做一番展望。那麼，就請各位說幾句話，分享你們的看法吧！

山內　這次我們採取的方針是盡可能邀請年輕人來撰寫文章，我認為有很多三十到四十歲的作者參與，實在是一件好事。這次的目標並不是要完成各領域的研究，而是將這些文章作為年輕人的課題，作為他們「這就是我想做的事情」的宣言，藉此進行寫作。我希望這能成為他們的墊腳石，讓他們在未來的企劃中，能夠更進一步地書寫哲學史。

另外，我並非日本中心主義者（Japanist），但由於我們是日本人，無法超越日本人的視野去學習日本的事物，因此我認為這其中蘊含著引出日本思想和日本哲學的潛力。托馬斯・卡蘇利斯（Thomas P. Kasulis）專攻日本的宗教與哲學，然而對於他所提出的「integrity」（誠實、真摯、高潔）和「intimacy」（親密）等分類，我總是有些排斥。我認為，這樣的分類也許不是唯一的，未來仍有可能出現新的日本哲學。

要建立日本哲學，我們必須重新思考「哲學究竟是什麼」。它是原本就存在於日本之中的，還是從現在開始需要創造的？思考的方式有很多種，但既然我們今後仍將繼續生活在日本，那麼我們更應該重視日本哲學，這樣才能讓人更有信心。

不管怎麼說，這次我們討論了世界層面的各種哲學。包括像非洲哲學（第八冊第十章）這樣，若沒有這次機會可能很難觸及的領域，許多內容都已經呈現出來了！日本哲學也展現出相當充分的可能性，如果今後能在這方面進一步發展，那就太好了。

如何超越言語？

納富　我想借用剛才山內先生的話說幾句話。這次在邀請撰稿時，我們編者向所有參與者提出了一個問題：「在世界哲學史中，你如何定位自己的研究課題？」我想，大概沒有人曾經被問過這樣的問題吧？例如，研究近代笛卡兒的人，往往不會去思考「在世界哲學史中，笛卡兒的所作所為有何意義」，而是只專注於討論「在笛卡兒《沉思錄》的第幾頁第幾行有這樣的議論」。現代大學中的哲學研究，似乎已經陷入了某種自我封閉的狀態，因此對這樣的問題，很多人可能無法清晰意識到其重要性。不過說起來，或許也有一些人抱持著這樣的問題意識。

這次有些作者流暢地回應了我們的問題，也有些作者感到相當困惑。或者說，有些人認為無法立刻回答這個問題，但我認為這正是這次成果的一部分。今後如果持續提出這樣的問題，世界哲學與世界哲學史就能逐步建立起來。我自己從來沒有被老師問過這樣的問題，與山內先生共同的老師坂部惠教授或許曾經有過這樣的思考，但也未曾明確表達過。我認為，能夠邀請如此多的人，尤其是來自我自己專業領域的人，來到這個廣闊的場域，並在此提出這個問題，正是我們的成果之一。我相信，未來我們必須繼續以這樣的方式討論。

還有另一個問題，是我在第二冊中提到的，認為「還有待完成」的事情；這個問題與山內先生提到的日本哲學也有關聯，那就是翻譯的問題。關於如何確保普遍性，我在第二冊中提出了一個暫定的提案，即「可否透過翻譯來達成？」有一種法則可以超越單一語言與文化，橫跨全球，在跨文化、跨語言的過程中創造普遍性，並且在應用到其他文化時能夠廣泛普及。從這個層面來看，西方哲學確實具有相當的普遍性，而日本哲學和非洲哲學也可以透過各種翻譯而實現普遍性。我認為，這其中蘊含著相當的活力（dynamism）。

雖然這次可能有些傲慢，但我們其實打算用日語書寫世界上的所有事物，這也可以算是一種形式的翻譯吧！（笑）未來，我們需要嘗試反向輸出，或者更確切地說，不論是用法語、英語還是中文，我們都必須向外發出。如今，英語已經成為全球通用的語言，因此，當我們談論世界哲學時，別無選擇，只能以英語來討論。這雖令人沮喪，但我想問的是，我們如何看待普遍性這個問題呢？中國等東亞地區屬於漢字文化圈，而在西方，拉丁語、法語以及學術世界中某段時期的德語，都曾是所謂的通用語（lingua franca）。這次我們也試圖關注那些非母語者在邊陲地帶所掀起的新思想，但我們該如何超越語言的限制呢？創造新的語言，這也是世界哲學的一項重要任務。

運動必須繼續

中島　世界哲學或世界哲學史究竟是什麼，老實說，身為編輯委員的我們也不太清楚（笑）。我覺得從這種不確定的狀態開始是非常好的，畢竟哲學並不是對已知問題的提問，而是對未知問題的探索。我認為，從根本上來說，正是因為我們在對未知提問，所以我們也不太清楚該如何提問，因此必須自己創造問題。這是相當愉快的過程，沒有比這更有趣的經歷了。

「世界」與「哲學」可以說是兩個毫無直接關聯的詞彙，然而我們將它們組合成了複合詞「世界哲學」，不僅如此，我們甚至將歷史也加諸其上。這樣一來，它們之間產生了極大的張力，成為一個讓人無法安心的概念。事實上，我們正是投身於這個充滿不安的領域，並在其中跌跌撞撞地前行。不僅如此，一百多位作者共同承擔了這項任務，沒有任何人退出，對此我感到非常欣慰。

哲學並不是依靠某位英雄式的思考者來創造體系的模式。這整整八冊、超過一百位作者所共同構成的著作，正是某種智性（nous）的運作，從中創造出了一部不可思議的作品。我認為，接下來它將以不同的方式延續，或者說，以更細緻的方法呈現出各式各樣的型態。韓文、中文譯本的出版邀約似乎也在陸續增加；在翻譯的過程中，雖然可能會出現誤譯的情況，但這同時也會帶來嶄新的機會。我希望，在這個過程中，如果能結識更多夥伴，並讓更多人能夠共享「對靈魂的思量」這一形式，那將是極好的。

從一個略微超脫的角度來看哲學，會讓人感覺到，它在擺脫西方中心主義方面，確實比其他學術領域晚了許多。儘管有人認為哲學是無用的，但它的某些層面卻讓人覺得它過於有用。我認為，與自己所做的事情保持距離，並對其批判，確實是相當重要的。而這套《世界哲學史》正是一種這樣的嘗試。

如果我們能透過某種方法，呈現出對靈魂思量的形式，我會非常高興，但這件事必須持續下去才能實現。這個版本並非最終版本，畢竟我們本來就不是在製作最終版本。這是一場運動，我覺得，這個運動的持續本身就蘊含著某種哲學意義。我們的極限或許顯而易見，但我們仍希望在這樣的基礎上繼續前行，讓對靈魂的思量形式以更好的方式得到完善。

二〇二〇年八月二十五日

於東京山之上飯店

CHAPTER

two

第二章 邊境所見的世界哲學

山內志朗

辺境から見た世界哲学

一、邊境所見的世界哲學

邊境的新穎處

世界哲學究竟是什麼樣的概念呢？不，這個問題本身或許就會將世界哲學狹隘化。與其說世界哲學是一個具體的概念，不如說它更接近康德所描述的理性概念，即理念。理念並非能夠被記述性命題的述語所完全涵蓋。理性試圖超越知識的邊界，向前邁進。理念的本質存在於經驗認知的外部，即便它在現實中並不存在，但它依然擁有在非存在的情況下推動現實的驅動力。

如果說世界哲學是一種理念，那麼世界哲學史也不僅僅是過去事實的累積，而應被看作是一種著眼未來、對既有課題的追究。只有當我們不僅關注古代的成就，還提出對新事物的設想時，追求課題的運作才能真正成立。當我們不再把邊境視為遠離中心的邊陲地帶，而是將其視為一個連接外部、促使新事物進入的領域時，邊境這個概念便能與世界哲學產生關聯。

所謂的「全世界」，在拉丁語中稱為「orbis terrarum」，這是一種將各個地區（terrarum）排列成圓形（orbis）的形象。透過將世界表現為一個圓形，便納入了「中心與邊陲」的概念架構。這樣的架構喚起了哲學史中的「邊境」問題。自古以來，邊境常常以新思想潮流的泉源出現在哲學史中。或許，邊境本身就隱含著革新的屬性，也說不定。

邊境是內部與外部交錯的領域。齊美爾（Georg Simmel, 1858-1918）在《橋與門》中發現了圍繞外部與內部、分離與結合的模式。他指出，牆壁是無語的，但門卻是會說話的；這樣的表現方式揭示了其中的深層含義。如果我們以類比的方式來看，邊境絕非無言的領域。

話雖如此，若只是單純位於遠離中心的事物，似乎很難在那裡誕生出新的東西。那麼，從邊境誕生出的新穎之物，究竟是什麼呢？

作為旅人的精神

松尾芭蕉（一六四四—一六九四）在《奧之細道》開頭寫道一個膾炙人口、傳頌千古的句子：「月日者百代之過客，來往之年亦旅人也。」這句話源自唐朝李白（七〇一—七六二）的漢詩，廣為人知。在西方中世紀的神學中，人類也被視為旅人。離開天國＝父之國＝故鄉、在現世漫步的人，被認為是「旅人」。隨著科學、技術和醫學的發展，人們常常忽略了這一點，但將這個世界視為一段不舒適的旅程，正是這個時代的本質。

「旅人」（viator）中的 via 意味著「道路」。旅人是走在道路上的人，是遠離家園（domus）、持續行走的人。將人生看作是一場旅行，旅人便是那個在旅途中的人，這一概念似乎具有普遍性，成為人類生活方式的一種表達。人生是一場「自我探尋」的旅程，即使這種探尋可能無果，但這種思想反映了渴望漂泊的人的心靈。旅人離開了熟悉的家園，無法入睡、進食或穿衣，在非日常的狀況中面臨各種艱難險阻。無論東方還是西方，許多人都以靈場或聖地為目標，踏上了自己的旅程。人生的本質即是旅行，而這場旅行並非追求像效益主義那樣具體利益的事物。

與為了特定目的而進行的遷徙或搬運物資不同，旅行是為了實現某個特定的目標或利益。即使朝聖者可能會為了到達巡禮的目的地——靈場祈願而出發，但在旅行的過程中，依然存在著明確的目的性。

巡禮在拉丁語中稱為「peregrinatio」，由per（表示全面或穿越的接頭辭）和ager（田地）組成，意思是在自己的領地裡巡迴一番。然而，如果是前往遙遠的目的地巡迴，那麼這便是「巡禮」。

做學問也是如此，身處學術邊境，往往更能自學成才，不受中央學術機構的束縛，能夠開展自己的研究。在這樣的意義上，邊境的獨立學者同樣是不可或缺的。

邊境不僅僅是學問的環境而已。耶穌基督便是出生在拿撒勒，儘管猶太民族的傳說預言「救贖全民族的王會誕生在伯利恆」，但耶穌卻選擇在邊境的拿撒勒誕生。此外，耶穌也在拿撒勒附近的他泊山達成變貌，這個故事在東方正教會的傳統中，還被視為一個決定性的重要事件，並持續被傳頌。讓邊境充滿光芒！

以奧斯定為源泉之一的西方天主教強調原罪，而東方正教會則更加強調光與聖靈的力量對人間的影響，兩者立場的差異從這裡便可見一斑。既然如此，那麼他泊山緊鄰拿撒勒或許也並非偶然。邊境不僅是內部與外部的分界，它或許也成為了兩股巨大潮流的分水嶺。

二、邊境是什麼？

中心與邊境

邊境該如何定義，總而言之，我們只能姑且以「遠離中心的場所」這樣模糊的解釋開始。另一方面，中心又是在什麼意義上稱為中心，也有很多可能的看法。

在古代赫密士主義的傳統中，宇宙被描繪為一個無所不在的球體，中心無處不在，卻沒有明確的邊界。然而，當我們思考世界的普遍可傳遞性時，世界的中心似乎不再以「我」為出發點，而是會不斷向邊界延伸。而在邊界之外，又會形成更廣大的邊界——我們是否可以如此理解呢？

在西方傳說中，地中海通往大西洋的出口——直布羅陀海峽，矗立著兩根海克力斯之柱，被視為歐洲最西端的極限。據說，上面刻有「無法再往前進」（Non Plus Ultra）的標示。無論這個標示是否真實存在，作為世界極限的一種象徵，人們擁有這樣的印象，無疑是一件值得重視的事。

地球並非球體，而是一個平面。基於這樣的理解，若航行至世界盡頭，便會隨著溢出的海水墜入深淵。在這種邊緣的正前方，有插畫描繪出刻著「無法再往前進」的標示。世界的盡頭與極限，象徵著一種毀滅的意涵。

傳說在直布羅陀海峽外，曾經存在著以強大與繁榮聞名的亞特蘭提斯大陸。然而，因物慾橫流而逐漸衰敗，最終在戰爭失利後沉沒於海中滅亡。這個未遵循「無法再往前進」規則的民族滅亡故事，蘊含著深刻的教訓意味。

提倡超越極限、追求探究的法蘭西斯．培根（Francis Bacon, 1561-1626）曾撰寫《新亞特蘭提斯》。在該書的封面上，海克力斯之柱之間高掛著「邁向更遠方」（plus ultra）的標示，這樣的設計再自然不過了。

作為拒絕理性之物的無限性

自古希臘以來，「無限」一直被視為忌諱且遭人嫌惡之物。之所以如此，大概是因為它對理性的排拒與蔑視吧。所謂無限大，可被理解為「最大」。然而，這種「最大」的概念卻意味著，無論多大，只要在其基礎上再加上一些，就會產生更大的事物，於是立刻陷入矛盾。不管多大，無限只能以「沒有極限」這種否定性的方式被認知。在此情境下，無限停留於可能性之中，永遠無法成為現實。無限是一種有終點的概念，不屬於經驗所能賦予之物。就如同「死」

一樣，它被認為是經驗之外、無法體驗的存在。在中世紀，人們不僅畏懼真空，無限同樣被視為禁忌。「邁向無限」這件事，本身即是不合乎理性的。

在十七世紀，萊布尼茲（Gottfried Wilhelm Leibniz, 1646-1716）進一步賦予無限以積極的意義，將其從意味著「最大」或「無邊無際」的概念，延伸到「不管位於何處，都可以持續進行操作」的可能性。即便在中世紀，人們並未完全否定上帝所具備的無限的積極面，但普遍將其視為被造物的世界無法知悉且超越邏輯的存在。隨著進入近世，無限的積極意義開始被認為是被造物與人類可窺見的事物，從而引發了「無限的內在化」現象，而這正是發生於巴洛克時代的變革。

在這個時期，西班牙國王卡洛斯一世（Charles I, 1500–1558，即神聖羅馬帝國查理五世）於一五一六年將「邁向更遠方」作為家徽上的座右銘，以彰顯其野心。在中世紀哲學中，無限是一個禁忌，但到了巴洛克時代，卻被積極引入。從天動說轉向地動說，從封閉的世界走向開放的無限宇宙，表象的框架發生了劇烈變化，而「邁向更遠方」這句話正成為這場巨變的典範象徵。

這也是將分隔內部與外部之物——界限、極限、閾（門檻）內在化的一種嘗試。

三、作為泉源的邊境

追求邊境的心

儘管從哲學角度來看，邊境與邊陲是不具價值的，但對交易者與冒險者而言，它卻是財富與榮譽的泉源。

在中世紀，人們編纂了許多地圖。其中，許多製圖師認為，應許之地應位於地表或大洋的正中心，或者是在遙遠且難以抵達的地方，總之不是輕易可及之地。人間樂園通常被描繪在亞洲的東邊。然而，他們並未將未開發之地描繪成怪物棲息的恐怖之地。

無論東方或西方，人們對於未曾涉足之地（terra incognita）都懷抱著無限憧憬，遊記因此被大量撰寫、刊行並廣泛流通。

馬可波羅（Marco Polo, 1254-1324）是東方貿易的先驅，他的《東方見聞錄》使人們重新認識了東方與世界。那片原本被視為未開化、野蠻且充滿怪異與威脅的土地，其傳統形象隨之土崩瓦解，東方轉而成為傳教與通商的舞台。

所謂東方（Orient），是一個沉默的他者，是無法為自己發聲，必須藉由他者來代言的存在。至少長久以來，人們總是如此看待東方。我們以一種映像（counterimage）來觀看東方，即透過鏡中所反映的自身樣貌來認識它，並將這種認識作為工具加以運用。薩依德（Edward Said,

1935–2003）在《東方主義》中，揭示了這個沉默的他者以及被貶抑的「東方」（薩依德的「東方」主要指中近東，並不包含印度與遠東）。長期以來，東方始終被視為一片可供交易與剝削的領土。

中心與邊陲的模式可能導致差異的擴大。中心—邊陲的架構只有在中心得以形成的前提下才能成立。如果沒有權力的集中以及人口向中心的聚集，中心與邊陲的分化便無從談起。基於這層意義，我們可以理解雅斯培為什麼將世界各地文明興起的時代稱為「軸心時代」。若考慮到多個中心的存在，也可以以流散（diaspora）的形式來理解。當一個民族未能形成單一國家，並因貿易活動而分散時，我們必須以此視角加以看待。

在由冒險故事與傳說構築的印象中，人們想像著東方與西方海上的樂園。而關於東方樂園的形象，亞歷山大大帝的東征則成為其原型。

然而，隨著蒙古人的入侵，西歐人對東方的認識也隨之改變。他們不再將東方視為夢幻般的樂園，而是將其看作貿易的夥伴。自十三世紀起，西歐人逐漸開啟通往亞洲的大門。隨著時代的轉移，人們對世界的認識在十五世紀發生了顯著變化。哥倫布抵達美洲後，一扇通往西方的新大門正式開啟。

進入大航海時代後，那些遠赴邊境與當地人交易的人，被稱為「涉足邊境外的人」。他們所組成的共同體在十七世紀的南美洲屢見不鮮。這些長途跋涉的商人遠赴世界邊境，建立起流散式的生活方式。大航海時代標誌著核心國家在掠奪世界經濟邊境（邊陲）地區的框架下，為確保這些邊境的從屬地位而展開競爭的開端。

即使邊境、邊陲與掠奪的歷史密不可分，但在以大學和宗教組織為核心展開的哲學活動中，中心與邊陲的架構仍是一種有效的分類方式。用中心與邊陲的架構來思考表象之力相對簡單，或許是因為我們傾向將自我視為中心的緣故。而邊陲的形成，並非向四面八方均等展開。

世界體系論中的邊境

華勒斯坦（Immanuel Wallerstein, 1930–2019）的世界體系論強調了邊境的重要性，這一點頗具啟發性。在他的理論中，地區被分為核心、半邊陲與邊陲三類。從勞動管理的形式來看，核心以僱傭勞動和自營業為主；半邊陲則採取收益分成式耕作（Sharecropping），即使是佃農制，只要收穫量增加，佃農也能獲得更多的利潤。邊陲則以奴隸制（為栽培經濟作物而強制勞動）與封建制為主。所謂半邊陲，可以看作中世紀以前西歐的封建莊園制，範圍涵蓋從具勞役性質的農奴身分到僅受生產物與貨幣地租約束的自由佃農身分。至於邊陲，則是近代迅速發展的一種殖民地統治形式。

從經濟交易的角度來看，邊境展現出財富的落差。由於距離遙遠與物資稀缺，交易本身便具備了價值。正是距離與時間的隔絕，賦予了交易特殊的意義。經濟活動之間的落差越大，交換就越頻繁，而經濟的本質正是流通與交換，這種落差因此創造了巨大的財富。邊境不僅是文化的盡頭，更是邊疆（frontier），是一個新物品流入的境域。人們爭相前往邊境，不僅因為金銀財寶與交易品的吸引，還因為他們具備了踏足邊境的條件。

邊境是經濟價值的泉源。正因如此，西方中世紀的人們紛紛在東方尋求那閃耀光輝的邊境。馬可波羅的《東方見聞錄》與約翰．曼德維爾（John Mandeville, ?–1372）的《曼德維爾遊記》均成書於十四世紀，並於十五世紀刊印，廣為流傳，受到眾人熱讀。書中充滿了對東方的驚異，以及對從那裡獲取巨大財富的嚮往。不僅如此，傳教的理想也在遙遠的射界另一端得以釋放。

追求精神邊境的人們

隨著物流的發展和人們移動的便利化，道路與交通方式得到了改善，沿途的旅宿設施也隨之整備，讓非以貿易為目的人們也能輕鬆往來。邊境並非由單一層次構成，而是在人們離開熟悉的中心居住地、反覆越境的過程中，逐漸擴大了行動的範圍。同時，由移動帶來的外部與內部交流，經常引發新鮮事物的出現。

有時，人們因對日常生活感到厭倦而踏上旅程。若旅程的目的地是杳無人煙的荒野，那非日常性的體驗便更加強烈。而經歷精神上的遍歷後，往往能在精神的荒野中捕捉到光芒。哲學，正是一次在廣闊荒野中進行的精神漫步。

即使在人類遺棄的土地上，神的恩惠依然無所不在，無私地延展著。正如黑暗中仍存在光芒一樣，人類之光難以觸及之處，恰是恩寵之光最為明顯的所在。修士原為 monachus，意即孤獨生活的人，他們的旅程是在荒野與邊境中漫步，不僅是為了遠離人群，更是為了邂逅自己所追尋的事物。修道院建於陡峭的岩山上，佛教寺院則立於深山幽谷間，因為唯有在這些地方，方能挖掘出精神的豐饒。

荒野並非僅僅存在於遠離人類的地方。精神中魑魅魍魎出現的場景，同樣是一片荒野。神祕主義在精神的核心中發現了這片荒野。而我們可以將井筒俊彥視為其典型的思想家之一。

四、哲學中的邊境

精神的邊境

人們通常認為，文化具有向心性，傾向集中於大都市、城鎮或大學。然而，哲學思潮，尤其是新觀點的出現，從邊境誕生的例子卻屢見不鮮。當新事物從邊境湧現時，往往伴隨著某種意外性。雖然難以全面羅列，但僅舉我所關注的部分人物，就包括愛留根納（Johannes Eriugena,

810–877，愛爾蘭）、伊本・西那（阿維森那，中亞布哈拉）、伊本・阿拉比（Ibn Arabi, 1165–1240，西班牙穆爾西亞）、伊本・魯世德（阿威羅伊，西班牙安達魯西亞）、弗洛拉的約阿希姆（義大利卡拉布里亞）、鄧斯・司各脫（蘇格蘭邊區）、康德（哥尼斯堡）、安藤昌益（一七〇三－一七六二，秋田縣）、三浦梅園（一七二三－一七八九，大分縣）等人。

基督教誕生於巴勒斯坦，對古羅馬而言，那是一片邊境之地。而耶穌基督則誕生於拿撒勒，更是邊境中的邊境。出身於邊境的革新者並不罕見，例如加洛林文藝復興之祖阿爾琴，來自英格蘭的約克；為近代哲學開啟端緒的司各脫，出生於英格蘭與蘇格蘭交界處的鄧斯村；而康德則在普魯士東端的哥尼斯堡，建構出最前沿的哲學體系。

當然，新的思想並非全都誕生於邊境。然而，從邊境萌生出新思想，並不令人感到意外。作為思想舞台被追尋的，往往不是中心或都市，而是邊境與荒野。

伊本・魯世德出生在西班牙安達魯西亞的哥多華，伊本・阿拉比則是出生在西班牙的穆爾西亞。這兩位哲學家雖然出身於遠離阿拉伯文化中心的地區，卻各自在思想的舞台上展現了輝煌的成就。

哥白尼（Nicolaus Copernicus, 1473-1543）出生於波蘭的托倫，而蘇格蘭常識學派之祖里德（Thomas Reid, 1710-1796）則活躍於蘇格蘭的亞伯丁。在西歐圈中常被視為邊境的俄羅斯思想，忠實地展現了邊境哲學的特徵。以索洛維約夫（Vladimir Solovyov, 1853-1900）為例，他那種延伸至杜斯妥也夫斯基與列寧（Vladimir Lenin, 1870-1924）的俄羅斯中心性思想，蘊含了許多重要的觀點。

在意識到邊境的同時，「帝國遷移」成為一種以邊境意識為核心的理論。以《但以理書》中「他改變時候、日期，廢王、立王」（《但以理書》二：二一）這節經文為基礎，羅馬帝國的統治與傳播被賦予了神聖的依據。在西方中世紀，這段經文成為查理曼（Charlemagne, 742-814）加冕為羅馬皇帝的理論依據。進一步延伸這種論點，便形成了俄羅斯的精神架構。莫斯科作為繼羅馬與君士坦丁堡之後的「第三羅馬」，與「東方邊境具有世界中心性」的主張相結合，最終成為俄羅斯革命的思想導火線。邊境不僅被視為中心來加以探討，還藉此獲得了正當化。

雖然這裡未提及印度與中國的邊境思想家，但可以確信，邊境並非思想遲滯之地。在許多情況下，邊境反而成為向中心傳遞思想的重要場域。當然，邊境並非總能帶來耳目一新的變化。然而，邊境所展現的嶄新之處，往往能孕育出劃時代的事物，這正是我們應該關注的焦點。

所謂遍在性

從知識社會學的角度來探討邊境所具備的嶄新特質，的確是一種相當有說服力的觀點。在此，我想進一步思考一種先驗的解釋方式，也就是「遍在性」（ubiquitous）。知識並非真正無所不在，但「無所不在」這一概念架構，似乎象徵了思想在邊境中運作的場景與形式。

談到中世紀哲學，「遍在性」是一個長久被討論的主題。當時，人們認為三位一體中的聖靈是基督教神學的核心基礎，它具備普世性，為所有人所能接受。聖靈充盈萬物，實質簡單而充滿力量，無所不在地存在於萬物之中，並將自身與萬物共享，同時毫無瑕疵地存於每一個場所。

菲利浦・狄克（Philip Dick, 1928-1982）在《尤比克》（*Ubik*）中所描寫的「遍在性」，可以透過聖靈論來討論。聖靈的運作被描述為「發出」（processio）。這種「發出」不同於由外向內的出發，而是一種內在的自我展開。聖靈的贈禮，雖然以「聖靈」之名被人談論，但其實媒介本身即是一種資訊；所傳達的內容本身正以媒介的方式運作，並進一步傳遞到其他地方。這是一種自我傳遞的媒介，即使接受者消逝，依然會永遠流傳下去。這正是睦鄰友愛的表現，是一股永遠吹拂、穿越整個世界的風。

聖靈如風，有時也展現為光。這種光被視為靈性而非物質的存在，無形無狀，肉眼不可見。肉眼無法看見的狀態稱為 lux，而肉眼可見的狀態則為 lumen。這兩個概念至今仍應用於光度測量中。人們認為，lux 具有從中心向周邊擴散的特性，當它達到邊界的極限時，離心的擴散力會逆轉，開始向心凝聚。隨著 lux 抵達極限，其方向發生改變，並在向心過程中逐漸物質化。在中世紀方濟各會神學家羅伯特・格羅斯泰斯特（Robert Grosseteste, 1175-1253）的論述中，可以見到這種光的形上學。我認為，這正是哲學史中對「邊境」運作的絕佳表現。

格羅斯泰斯特發展出獨特的光之形上學，他將非物質的光（lux）與物質化的光（lumen）對立運用，從而構建出極具特色的宇宙論。光具有自我驅動的特性，能夠均等且無限地向各個方向擴展。當其擴展至最外層時，光會被稀釋到極限，並在最外層的球面上完成物質化的可能性。這片最外層的領域，便是支撐並環繞光之球體的蒼穹：

> 當第一物體（即蒼穹）形成時，它會從自身的每個部分向整體的中心發出其流明（lumen）。換言之，光（lux）是在第一物體的完整性之下，憑藉其本性不斷增殖的存在。因此，光必然會向整體的中心擴散，形成內外互動的統一結構。（格羅斯泰斯特〈論光〉，《基督教神祕主義著作集3 聖維克托學派及其周邊》教文館，二〇〇〇年）

邊陲與邊境似乎是思想傳播的終點，但在這裡卻出現了一個轉折點，從而呈現出中心的樣貌。邊境的中心性在思想史上並不罕見。遍在性，作為一種無所不在又無所不在的存在，正是哲學傳播的邊境，也是那些看似尚未擁有哲學的地區所等待的邊境。理念正是這樣一種非由一元全體構成的普遍性。

外部與內部之間，邊界是一種連續性的表現領域。當外部與內部產生差異時，異質性便會形成落差與暴力，並顯現於這片領域之中。

內部與外部的形上學

關於內部與外部的政治模式，我們不妨從卡爾・施密特（Carl Schmitt, 1888-1985）與喬治・阿甘本（Giorgio Agamben, 1942-）的論點切入探討。

根據施密特的觀點，政治的本質始於界線的劃定，區分出「這邊」與「那邊」，也就是「我方」與「敵人」的對立。然而，當暴力與正義超越了「秩序之閾」時，兩者便失去效力，進入一個無法被清晰識別的模糊領域。

阿甘本將權力區分為合法且符合正義的暴力，以及非法且脫離正義的暴力，這構成了其思考的起點。他將外部的生命視為不受保護的赤裸生命，並在此架構下，將外部定義為一個可被殺戮的領域。阿甘本在界定權力與暴力的架構上展現了深刻的洞察力。確實，他對「閾」在異邦人政治層面的思考相當引人注目，但若將邊陲部，即作為「通往可能到達之外部」來理解的邊境，阿甘本的觀點則未必完全適用。

無論是萬里長城還是哈德良長城，即便其初衷是為例外者劃定界線，但與其說是為了阻止外敵入侵，更像是一種懷柔政策，為邊境的居民提供雇用機會。無論牆壁多麼宏偉，在實際防止外部入侵方面，其效果往往有限。邊境與邊疆，其實更像是一種招引外部進入的要素（element）。

作為中心的邊境

兩者的關係不僅在於分離和距離，有時還在於接近時也會產生直接性。在中心形成的各種喧鬧思想，在傳播到邊陲的過程中變得純粹，而且其蘊含的問題意識，也會不時變得更加鮮明且強烈，最後在邊陲開花結果。這就是世界哲學的樂趣之一。

將最遙遠的事物感受為比自己更加接近的存在，這種感覺雖然在理性層面難以接受，但在心靈的邏輯中，卻貫穿歷史，被廣泛述說於各個時代與場所。神祕主義也探討了類似的主題。穆罕默德曾說，真主比喉結還更為接近；而在日本，妙好人[1]稱阿彌陀佛為「至親」，視其如家人一般。這種直接性的契機，往往在宗教體系化、複雜化以及組織龐大化的過程中，促使人們產生回歸原初姿態的傾向。然而，當思想與組織愈加龐大時，對一般民眾而言，反而成為難以跨越的障礙。

在中世紀基督教神學中，強調直接性與無媒介性的思想不斷湧現，例如「榮福直觀」（拉丁語：Visio Beatifica），它描述了與上帝的直接相遇及其帶來的幸福狀態，包括作為這一認識論基

1 譯註：妙好人是日本淨土宗或淨土真宗對念佛行者的美稱，為「五種嘉譽」之一，源自《觀無量壽經》所述「念佛者乃人中之分陀利花」。分陀利花象徵稀有、純淨之美，《涅槃經》更以此比喻佛的殊勝。善導大師在《觀經疏》中稱念佛者為「人中妙好人」等，表現其卓越與希有之德。

礎的直觀認識，以及在無需功德的情況下獲得救贖的「上帝的絕對能力」等。這股思潮在哲學中被總稱為「唯名論」，但與其從哲學理論的角度切入，不如從以庶民為中心的社會宗教思想來理解，會更加貼近這股思潮的本質。

將唯名論與神祕主義結合起來討論並非令人意外，反而是理所當然的事情。唯名論思潮的基本精神，雖然展現出懷疑主義、理性與信仰分離、邏輯性及破壞性等特徵，但其核心仍是一種試圖「縮短上帝與造物之間距離」的嘗試。隨著宗教改革引發政教分離與寬容精神的興起，宗教也開始出現以非理性方式重新組織的趨勢。同時，充滿一元化精神的科學主義隨之迅速擴張，形成主流。

切斷與分離是西歐近代精神的特徵，而俄羅斯思想家索洛維約夫所提出的「全一性」，並非要消除所有個體的特性，而是將其包容於整體之中。大馬士革的約翰（Iohannes Damascenus, ca. 650-750）關於「實體無限之海」的思想至今依然充滿生命力。時空隔閡觀念的消失，並非基於抹消個體性的普遍性，而是開啟了一條邁向保留個體性的整體性之路，也就是「全一性」的實現。世界哲學史正是這條道路的延續。

五、作為對非中心之渴求的世界哲學

作為課題的非中心

人類社會中經常存在差距，有時這種差距甚至會不斷擴大，並透過對受其折磨者的剝削來推動文化發展。因此，救濟那些生活在社會邊緣的人們，一直是普世宗教的重要信念，其目標正是幫助人類社會中的弱者，即聖經所稱的「地上之民」，例如稅吏、病人和異邦人等。佛教與伊斯蘭教亦是如此，透過慈悲、恩寵與愛的延展，將救贖之願延伸至邊境，並透過制度化的實踐，實現今生與來世的雙重救贖。那些僅謀求來世救贖的人，往往被視為具有破壞性的異端，而專注於今世救濟的宗教，則易陷入腐敗。因此，在普世宗教的核心中發現對非中心的祈禱，並非不可能之事。

邊境的本質是什麼？它是否僅僅是空間上遠離中心、位於最邊陲的地方？我認為，邊境之所以為邊境的本質，可以在基督教的聖靈論中找到啟示。聖安博（Ambrose of Milan, 339-397）在《聖靈論》中，對聖靈的性質有以下的整理：「它在本性上或許無法接近，但因其善性，使我們每個人都能接受它。它的力量充盈於萬物，並為正義者所共享。聖靈在實體上純粹無瑕，但其力量卻無比豐饒。它展現在每個人眼前，為所有人所分享，其存在無所不在，遍及全體。」聖安博的這一論點，被彼得・隆巴（Peter Lombard, 1095/1110–1160）在《四部語錄》第一卷第五章中引用，從而成為西方中世紀風格化的表現形式。而「及於全體」的觀念，實際上也體現了「世界哲學史」的核心本質。

知識不僅存在於物質和經濟的領域中，其本身也具有流通的一面。忽略這一點，就會錯失知識的實際樣貌。在哲學中亦然，如果僅關注其概念架構與內容，哲學就可能淪為一種抽象的天使主義（angelism）[2]。流通對哲學而言至關重要。教育組織如大學、知識的再生產體系、出版與網路等媒介，書籍與電腦等工具，教授方法與課程設計，以及支撐學習的場所與人數，都是不可或缺的要素。無論哲學多麼先進、精確或具系統性，若缺乏流通，便無法真正存在。知識是流動的，同時也與邊境密切相關。邊境並非流動的終端，而是與外部交界的臨界點。

無限與有限之間的相鄰地帶，正是中世紀經院哲學所立足的位置。那裡並非如牆壁般死寂無生，而是充滿永續生命交流的活躍場域。

哲學是一種源於邊境意志的知識形態。當哲學安居於知識的中心時，必然走向衰退，這是歷史帶給我們的寶貴教訓。

邊界並不限於地域與文化層面。精神的邊境是無法具體現實化的事物，卻同時是精神超越現實限制的驅動力。如果非洲與南美象徵著地理上的邊境，而世界哲學的目標是邊境，那麼世界哲學史便是一次在時間上抵達邊境的嘗試。如此涵蓋時間與空間的哲學，或許正是所謂的「世界哲學史」。

版圖、邊境與外部，無論其範圍多麼廣闊，或彼此間有多少摩擦與差距，它們始終共享著共通的基礎。世界哲學同樣具備這種大地性。如果世界哲學不是靜態的全體普遍性，而是持續生成、動態變化的普遍性，那麼即使是小小的企劃，也能蘊含偉大的意義。這正是我們這套《世界哲學史》叢書所由衷祈願的目標。

延伸閱讀

薩依德，板垣雄三、杉田英明監修、今澤紀子譯，《東方主義》上、下（平凡社library，一九九三年）——對西歐而言，東方（orient）究竟是什麼？東西方間有著本質的差異，東方被認為是西方完全模糊、敵對、遙遠的象徵。東方是「沉默的他者」，是自己不能代表自己，必須由別人來代表的存在。這是一部重要的作品，展示了現代邊境出現的新事物。

康托洛維茨（Ernst Kantorowicz），小林公譯，《國王的兩個身體》上、下（筑摩學藝文庫，二

2 譯註：天使主義（angelism）指一種過於抽象、脫離實際的思想傾向，專注於哲學的概念與理論，忽視與現實生活及實踐的聯繫。這使哲學如天使般純粹卻脫離人間，失去互動性與影響力。強調知識的流通與實際運作，才能使哲學具生命力。

〇〇三年）——這本名著展現了中世紀神學與早期現代政治思想之間的神祕關聯。在國王具有「可死的身體」與「不死的身體」這種近世初期的政治理論背後，可以看到它是來自中世紀教會對基督神祕身體的發想。這個以聖俗對立為媒介、解讀宏偉理論的架構，讓人驚心動魄。

赫伊津哈（Johan Huizinga），堀越孝一譯，《中世紀的秋天》上、下（中公文庫，一九七六年）——以范・艾克（Jan van Eyck）為代表的北方文藝復興，以法蘭德斯為中心展開，其繪畫則與神祕主義有關。神祕主義是一種宗教形式，它在精神核心直接感知離自己最遙遠的事物呈現。這本書鮮明地展現了中世紀末期民眾的狂熱騷動與神祕主義並存的狀態。

谷壽美，《索洛維約夫的哲學：圍繞俄羅斯的精神風土》（理想社，一九九〇年）——俄羅斯的精神性似乎在杜斯妥也夫斯基與索洛維約夫的思想之中得到具體體現。這是一本鮮明呈現出索洛維約夫「全一性」概念樣貌的著作。

CHAPTER

three

第三章 作為世界哲學的日本哲學

中島隆博

世界哲学としての日本哲学

一、對空海的riff

空海渴望知曉一切

「空海渴望知曉一切」。這是托馬斯・卡蘇利斯在《日本哲學小史》（夏威夷大學出版會，二〇一八年）中寫下的一句話。卡蘇利斯接著又說，日本的哲學傳統只是「對空海的riff（不斷反覆的樂句）」。這是依循懷海德（Alfred North Whitehead）在《過程與實在》（一九二九年）中所說「歐洲哲學傳統最安全的整體特徵，就是對柏拉圖的一系列註釋」吧！換言之，日本哲學不是對空海的註釋，而是對空海反覆致敬的演奏。

誠如阿部龍一在第三冊中所指出的，從世界哲學史的角度來看，空海（七七四—八三五）是東亞第一個實現「以儒教輔佐佛教」構想的人。在大學學習儒教的空海並不因此滿足，於是轉向佛教——特別是密教，試圖透過囊括儒學來認識一切。

與複合語相即的邏輯

那麼，空海是如何追求知曉一切的呢？根據小林康夫的說法，他是透過與「複合語」相即的邏輯來思考的。「複合語」是梵文文法中的概念，指透過相異語彙的組合產生新的意義。空海在《聲字實相義》中詳細探討了複合語的問題，但這並非僅限於文法層面的討論。據小林指出，空海透過《聲字實相義》這個標題，將聲音、文字、實相視為複合語，並以「相即」的概念將三者聯繫起來。在此，「相即」不僅是形式邏輯中「A是B」的相等關係，更包含了一種實踐。這是一種參與，能在完全不同的層次上，確實地結合看似異質的概念。若缺乏這種介入，聲音、文字與實相三者的統一將毫無意義可言。正如小林康夫在《解放日本》中所評價的：「儘管如此，這是何等的飛躍，不，是何等令人驚異的獨創啊！」（小林康夫、中島隆博，《解放日本》，東京大學出版會，二〇一九年，頁六七）

這種與複合語相即的邏輯，同樣適用於身、口、意，也就是身體、言語與心的「三密」，以及作為真言的梵文、中文與日語之間的關係。重要的是，知識透過這種聯繫呈現出全新的樣貌。如果世界哲學代表著這種參與式的知識形式，那麼空海無疑是世界哲學的實踐者。

卡蘇利斯認為，後來的日本哲學並未將「激進」的空海經典化為單純的註釋對象，而是以各種方式重新演繹他。這顯示他們並非以文獻實證的方式理解空海，而是將他視為一個可以引發共鳴與共舞的存在，就如音樂與舞蹈般。如果不試著發出聲音，音樂會存在嗎？如果不嘗試起舞，舞蹈會出現嗎？這些問題無法確定，而它們迫使我們徹底改變對文本及其閱讀的學術態度。

二、語文學

邏各斯與道

直到現在，我們依然受到十九世紀知識體系的影響，其中語文學（philology）占據了重要地位。「語文學」常被譯為「文獻學」，但這個翻譯容易引起誤解。語文學的核心在於「philo-logos」，即「對邏各斯的愛」，這是一種極為特殊的態度來研究文本的學問。它並非完全中立的實證研究，而是基於熱愛與深刻共鳴的探索方式。

例如，我們可以看看法國現代漢學的第一代學者雷暮沙（Jean-Pierre Abel-Rémusat, 1788-1832）。雷暮沙於一八二三年出版了名為《前六世紀中國哲學家老子之人生及其主張：老子與畢達哥拉斯、柏拉圖及其弟子們有著共通的主張》一書，正如其冗長的書名所示，他在書中將《老子》與希臘羅馬哲學加以比較和研究。語文學正是以比較研究和對「起源」的渴望為基礎發展起來的學問。

另一方面，雷暮沙將《老子》中的「道」翻譯為「邏各斯」，這個詞是個複雜的概念，涵蓋了「至上的存在」、「理性」和「話語」三重意涵。有趣的是，雷暮沙在此也借鑒了赫密士主義的神祕思想，這使得我們可以略微窺見十九世紀語文學獨特的學術氛圍。

名為「古老」的問題

那麼，為什麼語文學會將目光投向中國呢？其中一個線索是，雷暮沙在一八一六年被選為「法蘭西銘文與美文學術院」（簡稱法蘭西文學院）會員。這個學院至今仍是法蘭西學會的四個學院之一，但它最初於一六三三年創立時名為「小學術院」（La Petite Académie），直到雷暮沙成為會員的那一年，才更名為現在的名稱。該學院的目的是探索古代文明，並包括對東方、希臘、拉丁和中世紀文化的深入研究。

我們不妨回顧一下，尼采作為一位研究希臘的古典文獻學者。在本叢書的第七冊中，竹內綱史對尼采的「上帝之死」有啟發性的分析，並對推翻「上帝之影」、即形上學的含義提出質疑。有趣的是，這個「上帝之死」與「上帝之影」其實是以佛陀的涅槃為背景的。考慮到印度哲學對叔本華的影響，尼采提及佛陀並不令人驚訝。當人類失去「大寫字母」的依據時，應該如何超越虛無主義、拋開「上帝之影」，重新肯定生命呢？我們無法確定尼采是否對這一問題提供了明確的回答，但至少可以肯定的是，語文學所探討的「先於上帝之物」，無法在語文學內部得到解答。

三、世界崩壞與自我的縮小

道元與古佛

讓我們回到日本哲學吧！空海並不是它的「起源」，也不是語文學應該加以註解的文本，因為在這裡並不存在大寫的意義及由此支撐的單一世界。換句話說，身體、言語或是心，都不是世界的主要構成要素。世界並非依循某個基礎物所構建的巨大箱子，而是由各種實踐交織干涉的場域。如果說日本哲學是對空海的即興演奏（riff），那麼他們反覆持續的，正是這種對意義與世界的態度。

道元（一二〇〇—一二五三）在《正法眼藏》中曾討論過所謂的「古佛心」。問題在於「古佛」這一概念，即更古老的佛。它提出了「佛之前是什麼」的問題，而不是「神之前是什麼」。我們該如何了解「古佛」呢？其實，並沒有直接通往它的道路。道元說：「只有古佛自己知道古佛在何處」（知古佛之在處者，當是古佛也）。除非自己化身為「古佛」，否則無法得知「古佛」的真實。這正是一種禪宗的問答方式。

另一方面，道元解構「古佛心」這個複合語，透過自由地排列組合，譬如「古心」、「佛心」、「心佛」等，重新組合的過程中，確立複合語的具體含義並非重點。重點在於透過質疑意義的形成來重新思考世界。在面對「古佛心是怎樣的東西」這個問題時（請注意，這裡問的不是「是什麼」，而是「怎樣」），道元的回答是「世界崩壞」。當然，這裡所說的「世界」並不是英文中的「world」，而是梵文「loka-dhati」的譯語，其中「loka」指的是人與其所處的場所，「dhati」則指構成要素或層次，這被視為與「世界」的同義詞。另外，由於「崩壞」在日語中讀作「hoe」（ほうえ），因此「世界崩壞」的意象或許與當今有所不同。然而，即便如此，這絲毫不減其強大的影響力。質疑「古佛心」的做法本身，就是一種「世界崩壞」。

那麼，「世界崩壞」的具體意象是什麼呢？它是「牆壁瓦礫」，即破碎四散的碎片。道元甚至指出，這些碎片既是身，也是心。這種態度與華特・班雅明（Walter Benjamin, 1892-1940）的思想非常相似。那麼，道元會如何實踐班雅明所追尋的「救贖」呢？並非單純地將碎片黏合、恢復世界及其意義，而是要經歷「世界崩壞」，透過我們破碎的身心，讓自己成為「古佛」，或者說讓自己擁有「古佛心」。但這究竟意味著什麼呢？

直下承當

其中一個暗示，就是《學道用心集》中的「直下承當事」一節：

> 夫人皆有身心，作必有強弱、勇猛與昧劣也。動也容。以此身心直證於佛，是承當也。所謂不回轉從來身心，但隨他（師）證去，名直下也，名承當也。唯隨他去，所以非舊見也。唯

承當去，所以非新巢也。（〈永平初祖學道用心集〉，《道元禪師全集》第一四卷，伊藤秀憲、角田泰隆、石井修道譯注，春秋社，二〇〇七年，頁七三）

這裡描述的是身心靈的轉變，但並不是某種「特別狀態的改變」，也不是「隨波逐流」，捨棄舊思想，具備嶄新的自我思考。這是一種為他者敞開空間，「以此身心直證於佛」的做法。宮川敬之將這種自我的放擲，稱作「縮小自我」（宮川敬之，〈「渾身」是什麼〉，《書》二〇一三年九月號，講談社，頁六〇—六一）。要在「世界崩壞」中變貌成「古佛」，除了接納他者、縮小自我之外，再無他法。

四、「古」究竟有多少種？

一與複數

在後來的很長一段時間裡，「古」這個問題一直困擾著日本哲學。透過佛教的影響，空海和道元面對梵文、中文等他者的語言——這些語言既是與日語平等的自然語言，又是比普通語言更神聖的語言。因此，這些語言蘊含的古代性，不僅指特定的古代性，還是一種「比一般古老更神聖的古老」。

換句話說，「『古』究竟有多少種」這個問題，無論如何都會浮現。然而，無論答案是一種還是多種，都無法減少其困難。在這種情況下，「一」的意義必然會繼續被追問，如果答案是複數，那麼也會進一步被問及：「究竟是什麼樣的複數？是可以列舉的複數，還是那種數目多到讓人喘不過氣的複數？」

這個問題與世界的形貌息息相關。就像「古佛」一樣，當我們談論「古老世界」時，世界究竟是以何種意義來理解的一或複數？而由於這個問題還涉及到「古佛」的個體性，因此，它與中世紀基督教神學所質疑的個體化原理實際上也有交集。

荻生徂徠與先王之道

荻生徂徠（一六六六—一七二八）針對這個問題，提出了一個答案：雖然「古老」是唯一神聖的古，但它同時也是可以透過各種文脈加以重構的。這是什麼意思呢？問題的關鍵在於古代中國所創造的「先王之道」。就像之前提到的「古佛」，在聖人之中，也有「先王」這種更為古老的聖王；正是這些先王「創造」了所謂的道。對於這種「創造」，在丸山真男（一九一四—一九九六）等充滿政治想像力的學者解讀中，它被認為與上帝創造世界的概念相重合。然而，儘管如此，「先王」是歷史性的存在，而且應該是複數的存在。對徂徠影響深遠的《荀子》進一步提出了「後王」的概念，承認現在聖王的「創造」。

然而，徂徠為了保證「先王之道」的唯一性，排斥了「後王」的概念。相較於《荀子》認為名的創造與變更是可能的，徂徠強烈批評這一觀點，認為「名這種東西，因為是聖人所建立的，所以是不能變更的」（《讀荀子》正名篇）。更進一步，他指出，即使真有「後王」，在註釋中將後王解釋為當時的王也是錯誤的，因為「後王」應該指的是周朝的文王和武王（同前揭書，成相篇），也就是徹底限定於理想古代的周王。徂徠試圖將「先王之道」定義為一條源自上古時代、不可變更的神聖古老之道。

就這樣，徂徠將「先王之道」作為一個強有力的原理。然而，為何在言語和歷史背景截然不同的日本，這種「先王之道」也能被重構呢？對徂徠而言，他的目標是將「先王之道」從中文和中國歷史的束縛中解放出來，讓它成為一條普遍的神聖之道，從而開啟在其他文脈中進行重構的可能性。在政治層面，徂徠希望「先王之道」的表現形式之一——「封建」，能夠在德川統治下得到正確的重構。

話雖如此，實際上徂徠所能採取的唯一方法並非依賴漢文訓讀，而是將中文視為中文來理解，從而以透明的方式理解「先王之道」。而這樣理解出來的「先王之道」，必須正確地轉化為日語。換句話說，徂徠所需要的是一種具有與中國古代相同質感的日語表達。

本居宣長的「映」

然而，徂徠這種透明且純粹的古老重構，必須透過排除其他古老與其他重構的可能性來達成。然而，如果古老是複數的，而神聖的古老本身也是複數的，那麼情況又會如何呢？本居宣長（一七三〇—一八〇一）曾針對這個問題提出過思考。他認為，如果我們將古代日本視為神聖的古老，而非古代中國，並對其進行重構，這樣不也很合適嗎？

「漢意」的理解將「先王之道」視為一種特殊的事物並加以批判。與此相對，宣長則透過將「物哀」置於古代日本的基礎上，試圖透過「映」（轉移、翻譯、摹寫）來進行重構。

但是，這樣一來，如果「物哀」在日本之外無法被重現，那麼它將不可避免地被局限於日本之中。宣長在《紫文要領》中提到，如果孔子看見《源氏物語》，他應該會將其視為可以取代《詩經》的作品。換句話說，他認為「物哀」具有普遍化的可能性。然而，實際上，「物哀」幾乎無法在其他語言和文脈中重現。因此，無論如何，宣長的論點最終還是主要用來強化日本的特殊性與優越性。

五、重構，卻又不是重構

現代與重構

古老與世界的問題，在現代變得更加複雜。「現代」這個詞與「後王」一樣，最初是指接近當前的時代，但如今已被用來翻譯為modernity或modern。換句話說，它不僅意味著現代性和對新事物的投入，同時也代表了一種對古老事物的新態度；簡而言之，就是在重塑古老的同時，進一步從中區別出自我。

就像我們在語文學中所看到的，世界上有許多種古老；不，我們可以更準確地說，古老有多少種，世界就有多少種。如果將這些古老以某種方式重新排列，從而創造出一種秩序，那又會如何？世界能否擺脫這種激進的複數性，統合成一個單一的世界呢？語文學中的比較語言學、比較宗教學大概就是在做這樣的工作。不論是「祖語」、還是「世界宗教」與「民族宗教」等概念的組織，都是其典型，而進行這些整理的歐洲學者就被視為現代學者。

現代的日本哲學正是在這種背景下發展起來的，而其中隱含的暗號是「重構，卻又不重構」。既然現代將世界統合為一，我們就必須不斷對現代進行重構與摹寫。然而，與此同時，我們也必須將日本之前的思想遺產視為前現代的產物。沒錯，那些是「思想」而非「哲學」。既然如此，如果我們不希望失去自己的思想遺產，那麼近代的重構就不應該完全實行。「對現代的超克」之所以不斷被提出，正是因為這個「重構，卻又不重構」的矛盾命題。

棘手的是，這個命題在歐美同樣受到挑戰。不難理解為什麼美國會出現這種情況——重構歐洲，但又不完全重構。這不禁讓人聯想到實用主義，它被視為反哲學，但同時，演化論、靈性論等最新的思想也異軍突起。在歐洲，隨著對希臘羅馬古老傳統的重構遭遇質疑，西歐各國之間的相互模仿變得愈加重要。例如，如何重構希臘的民主理念與羅馬共和國的理想？德意志和法國又是如何在「國民」這一概念上相互模仿的呢？

若是如此，在日本，「重構，卻又不重構」這個命題本身就會陷入「重構，卻又不重構」的架構中。即使人們試圖擺脫束縛，走向更浪漫的外部，這種浪漫主義本身仍然會遭遇反向的折返。在這層意義上，「現代的超克」與浪漫主義之間，實際上存在著一種奇妙的共犯關係。

和辻哲郎與毀壞的佛像

對語文學而言，關鍵的概念之一是邏各斯。和辻哲郎（一八八九－一九六〇）曾說：「我感覺自己與邏各斯思想產生共鳴。」（《日本精神史研究》，《和辻哲郎全集》第四卷，岩波書店）他撰寫了《沙門道元》（一九二〇－一九二三）。這部文本對道元的「人格與思想」提出了問題，一方面以基督教式的邏各斯及其發展來發現日本佛教，同時也試圖在其中找到道元的位置。具體來說，《正法眼藏》中的「道得」（可以清楚說明）被和辻解釋為「邏各斯的自我展開」（同前揭書，頁二三八）。在現代，道元成為了一個必須加以重構的事物。

在《沙門道元》之前不久，和辻出版了《古寺巡禮》（一九一九年），這是他在一九一七年漫遊奈良時的記錄。他在書中寫道：「我巡禮的對象是古美術，而非救濟眾生的御佛」（和辻哲郎，《初版古寺巡禮》，筑摩學藝文庫，二〇一二年，頁三七）。在這段讓人印象深刻的文字中，和辻清楚表達，對他而言，應該看的已經不是道元意義上的「古佛」，而是作為「古代美術」的佛像。這段話是和辻在奈良的旅館裡所講述的，他當時目睹了一群外國人聚集在餐廳裡的情景。這本書的初版強調享樂的視野，但後來改版了。他說：「我看著人們前往古都奈良在古寺巡禮的國際性景象，覺得相當有意思；或許感覺有些怪異，但就我自己的心情而言，卻一點矛盾也沒有。」（《古寺巡禮》，《和辻哲郎全集》第二卷，岩波書店，一九六一年，頁二八）

然而，既然已經需要改稿，那麼真的「一點矛盾也沒有」嗎？在《古寺巡禮》的結尾，和辻提到費諾羅薩（Ernest Fenollosa, 1853-1908）開啟的法隆寺夢殿中的救世觀音菩薩立像，並對費諾羅薩的「發現」表示「感謝」。然而，在這之後，他又做了以下這樣的記述：

> 我穿過屋簷低矮的繪殿廊下，來到後方的傳法堂。在這裡並陳著許多佛像，可是在見過祕藏的佛像之後，幾乎沒有什麼令人**看得上眼**的事物。我走在滿布塵埃的木地板上，一邊想著費諾羅薩書中毀壞佛像堆積的插圖，一邊步向本尊背後的走廊。毀壞的佛像還是到處可見，特別

是頭部和手臂等在塵埃中四處滾落，給人一種異樣的趣味感。（和辻哲郎《初版古寺巡禮》，頁二八五）

和辻應該不可能不知道，現代日本有許多佛像被破壞，或被當作「古美術」出售。這些佛像就像「牆壁瓦礫」一般，破損的佛像「四處散落」。這是一種「異樣的感覺」，但和辻卻沒有真正進入這種「世界崩壞」的境地。彷彿刻意避開視線一般，和辻繼續前往中宮寺，在那裡，他再次展開了對佛像與聖母像的比較。

六、世界戰爭與生

梁啟超的歐洲巡禮

巡禮是一種將零星斷片連結起來的實踐，因此它並不需要特意面向某個全體。與此相呼應的是道元的思考，而在奈良古寺巡禮的和辻，則試圖將日本的古老與印度、希臘、基督教等其他古老文化融合，從而跨越斷片化的境地。在這個被稱為「第一次世界大戰」的時代，當世界陷入戰爭狀態，這無疑是一項極為艱難的任務！

就在《古寺巡禮》與《沙門道元》寫成的同一時期，梁啟超（一八七三—一九二九）在一九一九至二〇年赴歐洲巡禮。在他的記錄《歐遊心影錄》（一九二〇年）中，有這樣一段記述：

如今（科學的）功總算成了。一百年物質的進步，比從前三千年所得還加幾倍。我們人類不惟沒有得著幸福，倒反帶來許多災難。好像沙漠中失路的旅人，遠遠望見個大黑影，拚命往前趕，以為可以靠他嚮導，那知趕上幾程，影子卻不見了，因此無限悽惶失望。影子是誰？就是這位「科學先生」。歐洲人做了一場科學萬能的大夢，到如今卻叫起科學破產來。（梁啟超《歐遊心影錄節錄》，《飲冰室合集》第七，專輯二三，中華書局，一九八九年，頁一二）

科學本應無所不能，但它不僅未能帶來幸福，反而帶來了災難。那麼，面對這種破產的科學，我們該如何應對呢？梁啟超提出應該引進東方文明，調和以科學為主體的西方文明，以實現心物的和諧。這裡所謂的「東方文明」，具體內容是指唯識和禪等佛教思想；換句話說，梁啟超試圖透過宗教來緩和科學的激進性。

話雖如此，梁啟超所設想的佛教作為一種宗教，既不同於現代西方所說的「只關注來世」的宗教，也不同於「反覆高談闊論」的「唯心派哲學」，它是一種能夠貼近「人類生存問題」的宗教。

世界進入戰爭狀態這一事件，正如阿甘本所說，意味著生的狀態被赤裸裸地呈現出來。這也是為什麼二十世紀哲學必須將「生」視為一個核心問題的原因。

西田幾多郎與生

在探討人生問題的現代日本哲學家當中，首屈一指的當然是西田幾多郎（一八七〇—一九四五）。在一九〇二年二月二十四日的日記中，西田這樣寫道：「做學問說到底，都是為了life（生）。life是第一等要事，沒有life，學問就會變得無用。急急忙忙覽卷閱讀。」（《西田幾多郎全集》第十七卷，岩波書店，二〇〇五年，頁八二）在二十世紀初期，年輕的西田將「life」視為思索的核心，甚至在晚年，他在撰寫遺稿《場所邏輯與宗教世界觀》時，同時也在寫另一部未完成的作品《生命》。

在明治邁入尾聲的一九一一年，西田出版了《善的研究》。前一年，爆發了日韓合併與大逆事件。幸德秋水等人在一九一一年一月遭到處死，同月《善的研究》出版；這年九月《青鞜》出版，十月中國爆發了辛亥革命。

「所謂經驗，意味著盡可能了解事實。拋棄所有自己的刻意雕琢，只根據事實去認知。」（西田幾多郎《善的研究》，《西田幾多郎全集》第一卷，岩波書店，二〇〇三年，頁九）有人說，西田哲學的所有精髓在《善的研究》開頭描述「純粹經驗」的那一節中便已道盡。如果從生命的角度重新解釋，可以說西田透過「純粹經驗」揭示了人類最本質的生命狀態。在傳統賦予人類生命的意義體系日益崩解，而現代科學提供的新意義仍不夠充分之時，西田回溯到人類生命的原點——那個被剝奪了既有意義的「純粹經驗」，試圖揭示其中潛藏的結構，並重新賦予人類生命以新的意義：

> 這本書之所以特地取名為「善的研究」，是因為哲學研究儘管占了前面的大半篇幅，但我認為人生問題才是本書的核心和結語。（同前揭書，頁六）

眾所周知，西田原本打算將《善的研究》命名為《純粹經驗與實在》，後來在接受紀平正美（一八七四—一九四九）的建議後，才改名為《善的研究》。簡單來說，西田在序言中表示，他之所以將這本書命名為《善的研究》，是因為他重視探討「人生問題」的後半部分——「第三篇 善」與「第四篇 宗教」。然而，他的意圖在於賦予「人生的問題」，即人類的生一種深刻的意義。因此，在前半部分的「第一篇 純粹經驗」與「第二篇 實在」中，他以哲學方式來論述，探討並掌握人類赤裸裸的生之結構，並從此開始進行意義的建構，這一點實際上也非常重要。

宗教的世界觀

在這之後，西田歷經了兩次世界大戰。儘管他的創作方法有所改變，但life——亦即「人生的問題」——仍然是他的核心。西田晚年曾經在一九四三年七月二十七日，寫了一封信給務台理作（一八九〇—一九七四）：

> 我最念茲在茲的，就是以我所在的場所邏輯為媒介，將佛教思想與科學的現代精神結合在一起。雖然我懷抱著這樣一個最終目的，但恐怕已經沒有那個餘力完成它了。（《西田幾多郎全集》第二三卷，岩波書店，二〇〇七年，頁一二三）

跟梁啟超極其相仿，西田也是為了將科學與宗教——特別是佛教，用「場所邏輯」這種哲學加以結合起來，而不斷奮鬥著。話雖如此，這絕非易事。就像他的遺稿《場所邏輯與宗教世界觀》（一九四六年）的標題所充分說明的那樣，「場所邏輯」雖然認為這個世界非得宗教化不可，但國家卻潛藏其中：

> 一個真正的國家，必定立基於自身之宗教，而真正的宗教皈依者，也必須依循其實踐，在歷史性的形成中展現出身為國民的一面。（中略）國家，必須是在塵世（此土）中映出淨土的事

物。（西田幾多郎，〈場所邏輯與宗教世界觀〉，《西田幾多郎全集》第一〇卷，岩波書店，二〇〇四年，頁三六六—三六七）

在這種戰爭狀態下的世界裡，國家主義乃至超國家主義逐漸興起。西田越是認真地面對生的問題，這種斷片化的生就越需要不斷地向國家呼求。因為科學無法拯救生命，反而加劇了它的破碎；宗教也無法跨越「上帝之死」，只不過加深了虛無主義。在這樣的情況下，如果嘗試將兩者結合，試圖讓它們起死回生，會發生什麼呢？梁啟超和西田幾多郎應該都曾試過，但實際上要將這一理想付諸實踐，卻是極為困難的。

七、戰後日本哲學的方位

鈴木大拙與靈性

我們可以說，戰後日本哲學的目標之一就是以另一種方式完善西田的「宗教世界觀」。因此，無論如何，重新定義宗教成為必須進行的工作。他們一方面重新審視現代的宗教概念，同時擺脫在這些概念基礎上重建的既存宗教。在本叢書第七冊中，富澤加奈明確指出，近代印度發展出來的靈性論（spirituality），經過一段概念的演變，最終進入了鈴木大拙（一八七〇—一九六六）的「日本的靈性」中。從《日本的靈性》於一九四四年出版這一事實來看，靈性其實是對當時大和魂和日本精神的社會想像的一種抵抗。這與內村鑑三（一八六一—一九三〇）的「日本基督教」概念相呼應，他在其中設想了邁向普遍性的另一條道路和另一種國家樣貌。此外，這也讓人想起內村將基督教描述為最好的「國家宗教」，並強調這種宗教是平民化的。

話題回到大拙，戰後不久，他陸續發表了《靈性日本之建設》、《日本的靈性化》等作品。《日本的靈性化》一方面批判了已成為國教的神道教，同時探討了支撐戰後日本社會的靈性。大拙認為，在缺乏靈性的情況下，民主化是不可能實現的。他在序言中這樣寫道：

> 新憲法的發布，可以說是日本靈性化的第一步。它並意味著一場政治革命。放棄戰爭預示著「世界政府」或「世界國家」的建設。這並不只是將概念納入日本憲法條文這麼簡單，其背後還隱藏了靈性。如果沒有察覺到這一點，那就無法期待日本的再生。我們更不可忘記，這種再生是全球性的。（鈴木大拙，《日本的靈性化》，《鈴木大拙全集》第八卷，岩波書店，一九九九年，頁二二七—二二八）

透過靈性再生的日本因此具備了世界性。然而，大拙的這種建言並沒有在戰後日本引起太大的迴響。畢竟他並沒有對國家與宗教、或是國家與宗教性的關係提出質疑，人們仍然認為在這當中存在著深刻的問題。

井筒俊彥與「先於神之物」

接下來，讓我們看看大拙的另一位精神繼承者——井筒俊彥。正如安藤禮二在本叢書第八冊中所指出的，井筒屬於本居宣長、平田篤胤（一七七六—一八四三）、折口信夫（一八八七—一九五三）等薩滿主義（shamanism）的譜系。同時，從他不斷提及空海並對空海表現出無比關心的這一點來看，井筒也是「空海riff」的演奏者之一。不僅如此，他年輕時曾在大川周明（一八八六—一九五七）的基礎上，深入思考國家與宗教的關係。這樣的井筒，在戰後提出的是一種先於「神」的神祕。這是一種非宗教性，但卻具有宗教性質的神祕，也就是十九世紀語文學圍繞其周圍、不斷思考的「先於神之物」。

井筒和大拙一樣，都對《老子》深入解釋。他將焦點放在《老子》第四章的「吾不知誰之子，象帝之先」上。大拙在他與卡魯斯（Paul Carus, 1852-1919）共同出版的《老子》英語譯本（一八九八年）中，已將這句話譯為「道或者理性究竟是誰家的孩子，我們無從得知；它是先於神之物。」在這裡，我們可以讀到「先於神之物」，而更早之前，不斷提倡這一點的埃克哈特大師（Meister Eckhart, ca. 1260-1328）也曾提及過此事。以此為基礎，井筒進一步作了以下的翻譯：

也就是說，雖然沒有人知道它究竟是什麼，但作為所謂的原始（primordial）的「像」，它在這個世界存在之前就已經在那裡了。若要表達，它只能以原始且神祕的「像」來呈現。至於「帝」（帝王）這個語彙，指的則是初始神話中的「帝王」，也就是指「天帝」或「神」。另一種解釋是，「這是先於『帝王』的事物」；也可以說，「有某個人本身，或許就是『天帝』的先祖。」（井筒俊彥，《老子道德經》，古勝隆一譯，慶應義塾大學出版會，二〇一七年，頁三〇）

井筒繼承了大拙對「先於神之物」這一問題的不同解決方案，而且有進一步的思考。不過，井筒所強調的是將「象」理解為「像」，也就是從image的角度來解釋。換句話說，他積極地嘗試將先於神的神祕事物視為一種形象。

「像」

為什麼是「像」（image）呢？這是因為井筒從根本上關注薩滿所擁有的「原型的像」（井筒俊彥，《蘇菲主義與老莊思想》，仁子壽晴譯，慶應義塾大學出版會，二〇一九年，頁二〇）之探究：

絕對無法觸及、也無法踏入其中的「神祕」，從自己的黑暗往前踏出一步，達到了擁有

「名」的階段。在顯現自己的這個階段，會是細微、且有如影子般的「像」（image）。在這種「像」中，我們可以隱約感覺到恐怖且神祕的「某物」就在眼前，但我們還不知道這究竟是什麼。「某物」雖然可以感覺得到，但還不具有「名」。

在本書第一部伊本·法拉比的形上學體系中，我們可以看見，具有絕對性狀態的絕對者，不管用盡怎樣的方法，都是「欠缺名號」的。我們也可以看見，在這種狀態下的絕對者，不管用盡怎樣的方法，都是超越以阿拉之名，能夠適切表示其意義之階段的。和伊本·阿拉比的情況一樣，老子也把這個「某物」視為先於神（如同字面，就是天帝）之物。（同前揭書，頁一四三）

話雖如此，我們必須注意的是，井筒並不是滿足於「缺乏名號」的「像」。它必須與「名」連接，並轉變為嶄新的「話語」。在這裡，井筒所訴諸的是空海的思想。

對空海的再次riff

井筒在《做為言語哲學的真言》（一九八四年）這場演講中，認為空海真言密教的核心，「潛藏著對話語『深秘』的思考。」（井筒俊彥，〈意義分節理論與空海：探索真言密教言語哲學的可能性〉，《井筒俊彥全集》第八卷，慶應義塾大學出版會，二〇一四年，頁三八七）他如此表示：

相對於不斷主張「悟的境地是無語」的通說，密教的說法是「悟的境地可以言語化，並做為異次元的話語而運作」。也可以說，超越話語的世界，其實是說著自己的話語。更進一步說，超越話語的世界，其實本身就是一種話語。（同前揭書，頁三九二）

空海繼續思考「存在就是話語」、或者說「各種事物都是話語」（同前揭書，頁三八八）這種脫離常識的命題，最後看見了「異次元的話語運作」。這正是真言密教的「深秘」。而這種「異次元的話語運作」也必然會在這個世界、這個存在者的世界產生共鳴。故此，井筒接著又這樣說：

應當注意的是，即使悟的言語化，也不是人類人為的言語化。相反，我們認為「悟的世界本身自我言語化的進程」，而此進程同時也是存在世界呈現的進程。（同前揭書，頁三九二）

作為「深秘」的「話語」進程使世界誕生。這是現代版的「對空海的riff」，但也是概念歷經漫長歷程所促成的riff。在日本哲學領域裡，身處二十一世紀的我們，仍需對空海進行「重奏」嗎？抑或是要奏出全新的音律？這就是「世界哲學史」提出的問題。

延伸閱讀

小林康夫、中島隆博，《解放日本》（東京大學出版會，二〇一九年）——將日本哲學從一直以來的本質主義解讀中解放出來，放在更廣的世界文脈中重新解讀。又，如果想要重新確認哲學的對話性質，請務必一讀本書。

中島隆博，《作為思想的言語》（岩波書店，二〇一七年）——雖然又是介紹自己的著作，很不好意思，不過這個作品從言語相關的議論解讀了日本哲學。在這本書中，可以更詳細確認到本章中從空海到井筒俊彥的思想脈絡。

宮川敬之，《和辻哲郎：從人格到關係》（講談社學術文庫，二〇一五年）——這是一部艱困的作品，追溯了和辻對自己作品的頻繁修改，並直指其道德核心。在這當中，對和辻《正法眼藏》的解讀最為出色。

井筒俊彥，仁子壽晴譯，《蘇菲主義與老莊思想》上、下（慶應義塾大學出版會，二〇一九年）——繼井筒誕生一百週年紀念的《井筒俊彥全集》出版後，井筒的英文著作翻譯也以《井筒俊彥英文著作翻譯全集》的形式出版；這是慶應義塾大學出版會的一大成就。其中，翻譯特別辛苦的，我想就是這本了吧！這樣的翻譯豐富了日本哲學。

CHAPTER

four

第四章

世界哲學的形式與實踐

納富信留

世界哲学のスタイルと実践

一、哲學的形式

哲學的自明性

在思考世界哲學和世界哲學史時，有必要反思並重新審視當今所稱為「哲學」的思想運作。因為世界哲學是一種對既有「哲學」進行批判性革新與重構的運動，涵蓋各個層面。我們認為理所當然的「哲學」形態，其實是隨著歷史發展而逐步形成的特殊事物，具體而言，它只不過是西方近代大學與學術體系所界定的一種形式而已。認識到這一點是非常關鍵且重要的。只有在這樣的認知基礎上，才能夠擁有世界哲學史的視角，並開拓一種不局限於西方哲學的世界哲學觀。

在二十一世紀的今天，「哲學」在日本往往被視為一門在大學文學院或各種學術、研究機構中進行專門研究與傳道授業的學問。在這樣的理解下，「哲學」被視為人文科學的一部分，與歷史學、文學、社會學等學科並列。儘管在二十世紀末，「哲學」一詞曾一度被回避，改用複合名稱，但在學術領域中，它依然被視為學術的頂端。所謂的哲學研究者，基本上是指那些在研究和教育機構中任職的專家。他們的研究活動與科學工程等其他專業的研究活動類似，透過在學術期刊上發表論文、在國內外學會上展示研究成果等方式，獲得學術界的認可。然而，今天的哲學已不再是一門特殊的學問，在大學中，它也經常被忽視或邊緣化。

但另一方面，傳統的說法是「哲學是萬學之祖」，或是「所有學問都是以哲學為基礎」，即使只是從形式上來看，哲學至今仍然受到尊重。這種觀點的根源何在？它是否能妥善描繪當代的哲學現狀？哲學在現代社會中究竟具有何種意義？對此，我們有必要對當前的情況深入思考。

西方哲學是在幕末到明治這段時期正式傳入日本的。當東京大學在一八七七年（明治十年）成立時，文學部的兩個學科中包括「第一史學、哲學及政治學科」。關於「philosophy」的譯法，當時有許多提案，但最終大學學科名稱採用了「哲學」，這反映出西周（一八二九—一八九七）在其中的影響力。歐洲學術，特別是日本在十九世紀下半葉效仿的德國大學體系，被視為近代學術的完備形式，而東京大學的學科編制也可能是按照此一模式。

據說，明治初期的哲學主要積極介紹英國的效益主義與演化論，以及法國的實證主義等啟蒙思想，但在明治二十三年左右，哲學的重心轉向了德國的觀念論哲學。早期畢業於東京大學哲學科的井上圓了（一八五八—一九一九）極為崇敬近代哲學家康德，並將他與古代哲學家蘇格拉底並列為「四聖人」。事實上，從整個日本近代哲學的發展來看，康德始終是哲學的典範。在哲學系任教的德國籍教師布斯（Ludwig Busse, 1862-1907），以及隨後前來日本任教並長達二十一年的德裔俄羅斯人庫柏（Raphael von Koeber, 1848-1923），將德國哲學扎根於日本，而德國觀念論在日本也被視為西方哲學的主流。庫柏博士的人格廣受各界敬重，他的弟子，如和辻哲郎、九鬼周造（一八八八—一九四一）、阿部次郎（一八八二—一九五九）、波多野精一（一八七七—一九五〇）等人，因大正、昭和的教養主義風氣，對一般大眾發揮了相當大的影響力。

若這是日本認為不證自明的「哲學」樣貌，那麼這種樣貌在多大程度上被視為理所當然？當我們回溯歷史時，這樣的認知是否合理？這些都是我們應該仔細研究的重要問題。

大學和學會中的哲學

那麼今日的「大學」和「學會」等組織，和哲學有多大關係？

從古今哲學家的傳記可以得知，哲學家並不一定都在「大學」裡執教。雖然巴黎大學、牛津大學以及劍橋大學等機構，自中世紀以來便積極討論哲學，但仍有許多哲學家從事其他職業，或在學術領域之外活躍，而在大學學習哲學課程並不是必要條件。儘管因國別與文化的不同有所差異，學習哲學、闡述思想並將其寫成著作出版的活動，無論在大學內外，都相當充分地運行著。因此，至少在近代前半期，大學並不能被視為哲學的唯一據點。

在不同國家，學會的成立背景各不相同，並在推動自然科學及人文、社會科學的研究中扮演重要角色。儘管促進自然科學發展的學術組織，如成立於一六六〇年的英國皇家學會（其中有牛頓等成員）、一六六六年創立的法蘭西學會（孔多塞等為成員），都是透過國王或民間資助來發展起來的，但哲學基本上還是以比較個人的形式運作。在美國，富蘭克林（Benjamin Franklin,

1706-1790）於一七四三年設立了「哲學學會」，其宗旨是「促進有用的組織」。如今，成立於一九〇〇年的美國哲學學會（APA）擁有超過一萬名會員，規模最大的哲學學會。

學會在某段時期會提出懸賞課題，鼓勵學者進行辯論。例如普魯士的腓特烈大王在柏林皇家學會所提出的懸賞課題，促成了康德與孟德爾頌（Moses Mendelssohn, 1729-1786）關於「啟蒙是什麼」的討論，這一事件是廣為人知的。一七七一年，關於「語言起源」的懸賞論文引起了赫爾德的關注，並使他嶄露頭角，但此主題在一八六六年被巴黎語言學協會下令禁止討論。這展示了學會如何影響哲學辯論的方向。今日的學會雖然偶爾在研討會或學術刊物特集上推動特定議題的討論，但其影響力相對有限。

就日本的情況而言，自一八八四年（明治十七年）東京大學文學部哲學科設立「哲學會」以來，哲學活動主要以戰後一九四九年創立的日本哲學會為中心，並在各範疇與主題上催生了大大小小的哲學相關學會。這些學會擁有註冊會員並繳納年費的研究者與學生，除了每年舉辦一次以上的研究大會，進行發表與討論外，還會發行名為「學刊」的學術雜誌，刊載會員投稿或徵文。這些學會的活動，一方面促進了哲學研究在專業領域的發展，並為該領域的資訊與觀點交流提供了平台；另一方面，它們也有稱為「查讀」的論文評審，確保所採用的論文符合學術標準。從這點來看，哲學與其他專門學術領域的發展趨勢是相似的。

在個別領域進行實質研究與討論的學會之上，還有稱為「學會聯合」的組織，其目的是將各學會的代表集合起來，共同展開活動。作為日本學術會議的一部分，集結哲學相關各學會的「日本哲學系諸學會聯合」（JFPS）是聯合國教科文組織（UNESCO）下轄機構「國際哲學團體聯合會」（FISP）的會員之一。透過這樣多層次的學術活動，最終促成了世界規模的哲學家共同體系的建立。

超越地域限制、集結專門研究某個主題的學者進行討論的國際學會，已經以各種形式積極開展活動。以我長期參與的國際柏拉圖學會（IPS）為例，該學會自一九八九年創立以來，擁有約五百名會員，每三年會在世界各地舉辦一次柏拉圖研討會，並根據這些討論的結果出版研究書籍。學會的工作語言包括英語、法語、德語、義大利語、西班牙語等，儘管如此，近年來英語的使用比例逐漸增加。

這些對一般人來說不太熟悉的學術組織活動，實際上為專家們提供了一個超越各大學架構、相互切磋的場域，同時也是管理研究等級的權威機構。然而，在這種大學和學會的運作模式下，哲學與其他人文、社會科學領域，乃至於自然科學，都並沒有什麼獨特之處。相反地，我們可以說，哲學與自然科學研究標準的同化，正是現代「哲學」運作的本質之一。

對於這種經過長期歷史積累、並被視為學術自由與言論自由的守護者的「哲學」運作，我們理應給予尊重。然而，另一方面，如果過於自我束縛，一味認定只有這種形式才算是哲學，那麼我們也很可能會偏離真正的哲學本質。

古希臘哲學家的生活方式

在大學這樣的場域進行哲學研究與教授，無疑深受十八至十九世紀歐洲，尤其是德國大學與學術體系的深遠影響。關於十九世紀德國的學術狀況，近年已有專門的研究成果，這部分可交由相關領域的專家討論。然而，在此，我想回溯至過去，探討古希臘哲學的樣貌。即便進入近現代，人們依然從希臘哲學尋求哲學的原始形象，這一傳統延續至今。

首先，今日所謂的「哲學家」在古希臘的生活方式是什麼樣的呢？在西元前六世紀，最早出現的哲學家並未將哲學視為一種職業。當時，他們所處政體的領導層中，許多有影響力的人士很可能同時也是從事研究和寫作的知識分子。像是漫遊各地的詩人色諾芬尼（Xenophanes，約西元前570-470年）就是一個典型例子。總的來說，從事思索與辯論的多是財力無虞、屬於上層自由公民的群體。

人們普遍認為，古希臘哲學之所以能夠繁榮昌盛，歸功於自由公民的閒暇（schole），因為他們有奴隸為其勞作。然而，如果這個理由成立，那麼像埃及或巴比倫等地，擁有更強大力量與資源的有閒階級，應該也會從事哲學才對。事實上，希臘城邦的自由公民每個人都有自己的職業，例如蘇格拉底就是一位雕刻石匠。換句話說，這些自由公民並非僅僅依賴奴隸勞動來享受閒暇，而是積極從事各種職業，並思索與討論。

將知識教育視為賺取金錢的職業，是前五世紀下半葉詭辯學者所開創的。然而，他們以金錢兌換知識的方式，在社會上引起了極大的衝擊與反彈。蘇格拉底批判道：「哲學是自由對話的活動，若以此攫取金錢，則失去了自由。」他的弟子柏拉圖繼承並發揚了這一精神。在他自己投資開設的柏拉圖學院裡，完全不收學費——儘管還是會接受有力人士的捐贈。就這樣，西元前四世紀，雅典成立了第一所「學校」，人們在此共同生活並從事學術研究。

到了希臘化時代，在受托勒密王朝保護下，埃及的亞歷山卓成為了學術與文化的中心。這座城市擁有豐富的藏書，學者們在此從事文獻學、科學和哲學的深入研究。

這些希臘哲學家推展哲學的方式，強調了言論與思索作為哲學的核心。對他們來說，書寫並不是哲學的必要條件。許多哲學家如泰勒斯，甚至沒有留下任何著作；像畢達哥拉斯、錫諾普的第歐根尼等人是否寫作亦不清楚。蘇格拉底雖然是雅典公認的智者，但他終其一生也未寫下任何文字。這些哲學家認為，哲學的精髓在於面對面的對話與討論，而不是依賴文字的表達。這種對書寫的刻意拒絕，甚至可以在皮浪與中期柏拉圖學派的卡爾內阿德斯等懷疑主義者身上看到。他們反對任何形式的教條主義，甚至將文字中的固定思想視為教條。

儘管這些未曾留下著作的哲學家對後世有著深遠影響，他們的思想仍然被傳承並受到尊敬，這主要歸功於他們的弟子們將其言行記錄下來。蘇格拉底的言論與行為由柏拉圖與色諾芬等人記錄，並形成了所謂的「蘇格拉底文學」，其中一部分至今仍然流傳。皮浪的哲學有弟子第蒙記錄，卡爾內阿德斯的思想則由其弟子克萊托馬庫斯繼承，並經由羅馬時代的斯多葛派哲學家愛比克泰德的傳承，最終由其聽講者阿里安在後二世紀以《語錄》和《提要》兩本書的形式傳播。正是這些弟子的著作，讓我們得以了解這些哲學家的生活方式和思想精髓。

第歐根尼是一個非常有趣的例子。他被祖國放逐後，在雅典和科林斯過著流浪生活，並以與人們坦率交流哲學的方式，挑戰常識，將哲學實踐於行動和生活態度中。他的言行常以「庫雷亞」（有用之物）來呈現，這些言行以軼聞和格言的形式被彙集，成為犬儒學派與斯多葛學派哲學家的典範。第歐根尼．拉爾修（大約活躍於三世紀）在《哲人言行錄》第六冊第二章中，收錄了大量的軼聞，這些故事至今仍在塑造我們對「哲學家」的印象。

住在街角的大甕中，僅以一只布袋為伴，白天提著燈，漫步於街道與廣場，邊走邊說著「我在尋找人類」的這一形象，成為了近代繪畫中的一個主題。

言論形式的相互競爭

從古希臘傳承至現代的哲學運作，最終以書籍形式的文字傳承下來，然而其著作形式卻極為多樣。無論是希臘還是其他古代文明，知識的傳遞往往依賴口耳相傳。荷馬、海希奧德等人的詩篇便是透過背誦並在人前歌唱來傳播的。這些歌詠敘事詩的六腳韻（Hexameter）成為一種特殊的韻律，將眾神的話語傳遞給人類。與此相對，阿那克西曼德（Anaximander, ca. 610-546 BCE）卻選擇拒絕使用這種神的視角來敘述，開啟了愛奧尼亞的哲學探索。他選擇用散文，即沒有韻律的「赤裸話語」來表達。這種以人類立場出發，將探究與思考成果表達為散文的方式，為許多哲學家與科學家所採用，並以亞里斯多德的演講錄為代表，成為古代哲學的基本形式。

然而，另一方面，即使在散文成為主流的時代，仍然有人勇於使用六腳韻，從神的視角進行哲學思考。例如，闡述女神所傳達真理的巴門尼德，或是宣稱自己已經成為神，並以高傲語氣與人對話的恩培多克勒（Empedocles, ca. 495-435 BCE）。在羅馬共和時期，盧克萊修（Lucretius, 99-55 BCE）則以宏偉的拉丁語敘事詩來表達伊比鳩魯哲學。除此之外，雖然赫拉克利特（Heraclitus of Ephesus, ca. 535-475 BCE）並未以韻文寫作，但他仿效阿波羅神諭，寫下謎一般的箴言，也以一種與一般論文截然不同的形式，挑動著人們的思想。

在前五世紀下半葉，詭辯家們將模擬辯論的形式應用於哲學思辨，熱中於討論言辭技巧與知識（如高爾吉亞的《海倫頌》等作品）。進入前四世紀後，許多哲學著作以蘇格拉底為主角，採取了戲劇形式的對話篇；同時期，伊索克拉底（Isocrates, ca. 436-338 BCE）引入書信形式，發展了自己的論述。西元前三世紀，伊比鳩魯（Epicurus, 341-271 BCE）則以書信形式延續並發展這一理論。由此可見，哲學的書面表達形式，是在不同文體的競爭中逐步發展的。這些形式絕非僅是外觀的變換或為了取巧與裝飾而設置的工具，而是關於思考如何展開、從何種視角出發、如何傳達、傳達給誰及傳遞何種內容的實驗，這些問題直接關係到哲學本質的語言活動。

古希臘哲學的魅力之一，便在於其多采多姿、生動活潑的言論形式交流。這與現代學術界普遍採用的論文與專書等單一形式的學校哲學截然不同，生動地向我們展示了哲學的現場——不，應該說是一種活生生的現場哲學。在西方哲學的開端，各種多元形式的競爭，與中國、印度等其他哲學傳統間，實際上存在許多相似之處，這一點值得今後進一步研究探討。

二、文本與翻譯

解讀寫下來的哲學

從古代傳承下來的哲學，必定透過某種形式的書寫來加以傳承，不論是一百年前還是兩千四百年前的作品皆是如此。既然如此，那麼對這些作品的現代解讀又意味著什麼呢？

對古代著作的解讀，就像是將長時間冷凍保存在倉庫裡的哲學內容，經過幾世紀後重新拿出來解凍，而哲學研究者的職責便是使它們重新鮮活，細細品味。換句話說，這就像是解讀一張略顯潦草的樂譜，將音符和指示轉化為音樂，並在音樂廳中奏響。

然而，即使用這樣的比喻，仍有兩個不夠充分的地方。首先，讓古代思索復甦並在現代重新講述的工作，實際上正是當代哲學家所從事的哲學行為。作曲的巴哈和演奏的顧爾德雖然從事的是不同的事業，但現代哲學在面對古代哲學家進行對話時，也是在談論自身的哲學。這雖然有些理想化，但正是這樣的對話，使得哲學史的研究成為哲學本身的一部分。另一方面，許多哲學書籍並非經過幾個世紀的沉寂後才復甦，而是持續有讀者閱讀。柏拉圖和亞里斯多德儘管在拉丁中世紀不再被廣泛閱讀，但在拜占庭依然有人抄寫和閱讀。每當古老的哲學再度甦醒，它們都以新的面貌被重新理解和傳承。在這樣的情況下，註釋傳統的形成不僅是對古代言論的解讀智慧的積累，也是哲學技巧的傳承。

哲學家們在某個時代展開了徹底的思索與議論，並將這些思辨透過口語或書寫的方式流傳下來。這種思想運作經歷了兩千年的傳承，而語文學的任務，就是研究這些情況，並盡可能從現存的中世紀抄本中復原原始文本。哲學史不僅僅是一種歷史，若沒有充分考慮時代與社會的背景，就無法進行這種復原作業。因此，我們應該將柏拉圖所寫的對話篇文本與亞里斯多德的演講錄文本，盡可能以原始的形態，結合現代的思索，兩者的碰撞將激發出全新的哲學。

世界哲學史所介紹的來自不同時代和地區的各種思想，與我們現代的思考方式大相逕庭，因此更能激發我們的思考。如果我們將這種與他者的相遇和交流稱為「對話」，那麼，作為對話而成立的哲學，正是透過與過去哲學語言的對話，在當今持續運作著。

解讀書簡的技巧

解讀書面資料，除了要理解約定俗成的規則，還需要透過訓練來提升解讀的技巧。畢竟，沒有人能在閱讀幾百年前寫下的異國哲學文獻時，立即理解其文脈和內容，這也是為什麼我們需要哲學史和語文學的原因。作為如今幾乎被遺忘的書寫形式，我們可以以「書簡」的哲學為例來思考。

十七世紀，笛卡兒寫了超過七百三十封書簡，與朋友和哲學家交流（《笛卡兒全書簡集》知泉書館）。在這些書簡中，他展現了對永恆真理創造說及各種科學的深入考察。十七世紀下半葉至十八世紀初期，萊布尼茲與霍布斯（Thomas Hobbes, 1588-1679）和史賓諾莎等人之間，來往了一千多封書簡（《萊布尼茲著作集，第II期，第I卷，哲學書簡》，工作舍）。對於公開著作不多的萊布尼茲研究而言，這些書簡具有極其重要的意義。從古代到二十世紀，哲學家之間的書簡辯論，是我們必須熟悉並解讀的重要資料。

對於以特定對象為寫作對象的書簡形式，我們必須理解以下幾點：對象是誰？何時寫下這些書簡？為何要進行這樣的討論？雙方曾有過什麼交流？此外，還需要思考為何要用書簡這種形式來表達自己的主張？儘管這些信件是寫給個人的，為何任何人都能讀懂？通常，當文章被寫給某人，親手寫在信紙上並寄出後，就完全交給收信者處置，收信者雖然會保留副本，但有時也會將其丟失。然而，與今天不同的是，當時知識分子之間的溝通管道極其有限，書簡成為意見交流的主要媒介。在現代，E-mail可以實時交流，而過去則需長時間的等待和經過辛苦的郵寄過程才能進行交流。因此，將自己的思想、對對方的反駁或疑問寫給對方，成為一種精心準備的意見表達，寫信者通常會保留副本，並且在回信中引用或提及之前的書簡。

不僅如此，由於兩位哲學家之間的尖端討論，往往會引起同時代人的關注，因此他們的書簡可能會被抄錄並傳閱，與更多人共享，從而激發進一步的思考與討論。因此，書簡的目的可以有多重解釋，除了用來解釋和擁護自身的主張，還包括反駁對方的論點、提出新的問題、甚至試圖教育等，這些都具有強烈的社交性。

著名哲學家之間的書簡有時會被彙整成「往復書簡集」的形式出版。值得注意的是，這些書簡在作者生前就已經有意識地為公開所寫，因此具有一定的公開性。然而，是否還存在未被收錄的書簡，也就是所謂的遺失之部分，依然是一個問題。無論如何，解讀哲學資料的技巧會隨著每位哲學家的著作形式而有所不同，因此我們需要對其背景、時代和文化的差異深入理解。

哲學語言的翻譯

在閱讀哲學著作時，另一個難以避免的問題就是如何解讀與翻譯那些用各種語言寫成的文本。即使是學習多種語言的人，用母語來閱讀仍然是最為順暢的，因此，若有值得信賴的翻譯，自然能讓讀者更容易接近文本。事實上，日本自傳統以來便有透過翻譯來接收外國文獻的文化，因此無論是古代還是近現代的西方哲學，基本的哲學文獻幾乎都有日文版本。

在這裡首先必須思考的問題是，應該用什麼語言進行哲學研究，並且這樣的研究是否能夠翻譯？與自然科學的研究不同，後者可以依賴算式和技術性語言來表達，並使用世界共通的英語進行論文撰寫和學術討論，哲學的思索和表達則深深扎根於各自的自然語言中。我自己在英國研究所寫博士論文時，曾有整整五年只能用英語議論、思考和寫作。但與用英語在腦中運作並自然表達的思維過程不同，當我必須仔細思考根本的問題時，我會突然感覺到，即使使用的是英語，我的思考是否從根本上還是用日語運行的？我感覺在思想的深處，有某個基本的部分只能用日語來思考。有趣的是，對於大多數人而言，哲學思考所使用的語言通常是母語，而非第二語言。

不僅如此，我們也知道，不同語言有各自獨特的思維方式和表達風格。某些語言可能強調精確、簡潔的書寫，並且將所有論點邏輯性地串聯在一起；而另一些語言則可能傾向於用多種表達方式來解釋同一個觀點，或著重於字裡行間的隱含意義和隱約的跳躍。這些差異雖然與語言文化、時代背景、風格以及個人差異有關，但在很大程度上也與所使用的語言本身息息相關。我所舉的這三種模式，其實是我對英語、法語和日語寫作風格的粗略印象。

如果只能用母語進行哲學思辨，這將使思考受限於狹窄的範圍，並且妨礙其普遍性和延展性。而且，即便是母語，數百年前的語彙仍然顯得陌生，彷彿是外語一般，這種距離感無法避免。即使在日本，閱讀空海和道元的著作，也需要特定的語言訓練。世界哲學的目標就是創造一個空間，讓不同語言背景下的哲學實踐能夠相互交流與聯繫。因此，翻譯成為不可或缺的橋梁，因為在我們無法掌握多種語言的情況下，翻譯是將各種哲學思想彼此串聯的重要環節。

哲學的全球化，雖然以英語作為論文和研究發表的主要語言，但由於哲學的運作深深植根於語言中，因此如果完全忽視與日語、越南語等特定語言的聯繫，便無法產出豐富的哲學成果。世界哲學中的每一種哲學，都是在其語言和文化的歷史背景中發展出獨特的面貌。然而，在國際學會上，要同時使用多種語言進行交流顯然是不切實際的。不僅如此，在國際期刊上，若不用英語投稿，也很難獲得廣泛的認可。英語作為全球哲學討論的「通用語」，雖然在促進交流上具有便利性，但這也與哲學本身對語言基礎的依賴存有矛盾，這是我們在進行哲學性探討時無法迴避的問題。

在不同文化和思想傳統之間，哲學思想是否能夠翻譯？這個問題在哲學領域內與奎因（Willard van Orman Quine, 1908-2000）的「翻譯的不確定性」理論息息相關。根據奎因的觀點，翻譯並非一個確定的過程，語言的意涵可能無法完全對應，因此翻譯的過程充滿了不確定性。然而，從世界哲學的歷史來看，哲學語言經常被翻譯成其他語言，並且被靈活運用，這一點我們也不應忽視。如今我們用來討論哲學的日語，就是一個明確的例子

哲學不像自然科學那樣能夠用一種語言統一，它的運行確實更加複雜。然而，語言之間的差異並非不必要的障礙，反而是引導我們以不同方式邁向世界真理的可能性。這些差異所帶來的摩擦與衝突，恰恰揭示了哲學的問題所在，也暗示了如何思考。翻譯正是這種從根本層次上

展現的哲學可能性，它不僅是技術上需解決的問題，更是哲學進程中不可或缺的一部分。

三、世界哲學的實踐

活躍的哲學實踐

回溯古希臘西方哲學的原始形象，我們會發現，今天我們認為理所當然的「哲學」作為大學學科或專業研究，其實不過是其中的一小部分，更豐富的思想運作正在不斷蔓延。法國的古代哲學研究者皮耶・華篤（Pierre Hadot, 1922-2010），以研究普羅提諾和馬庫斯・奧理略（Marcus Aurelius, 121-180）著稱，他致力於恢復從古代到中世紀的哲學，作為一種「生活技藝」（ars vivendi）。他的這一研究行動，對傅柯產生了深遠的影響。

在西方古代，哲學是一種「精神修養」（Exercices spirituels），而研究過去哲學家的著作不過是其中的一環罷了。耶穌會創始人羅耀拉（Ignatius of Loyola, 1491-1556）提出的實踐方法[1]，便是近代所熟知的哲學樣貌。哲學不僅改變著實踐精神修養的主體，還透過引導者的啟發，為聆聽者帶來精神的進步與內在的蛻變。哲學，透過引導者不斷積累修練，學習生活方式，從蘇格拉底到柏拉圖、伊比鳩魯、斯多葛派，再到新柏拉圖主義，這一脈相傳、廣泛共享的理念，進入近代學術制度後雖有所變質，但華篤認為，在歌德（Johann Wolfgang von Goethe, 1749-1832）和維根斯坦

（Ludwig Wittgenstein, 1889-1951）身上，仍能看見這種哲學的潮流。

以斯多葛派為典型來看，古代「精神修養」的整體程序，大致分為四個階段（P. Hadot, *Philosophy as a way of life*, Blackwell, 1995, pp.84-87）：首先，它是一種以注意力為基礎的精神態度。必須時刻保持專注與警覺，確保人生的原則始終掌握在手中，隨時保持警醒。透過專注當下，我們得以從「不取決於自己」、即讓自己喪失自由的情況中解放出來，擺脫由過去和未來所引發的激情。在生活的每一個場景中，這樣的態度使我們能夠立即對眼前發生的各種事情作出反應。

雖然不是專業哲學家，但親近斯多葛派思想的哲人皇帝奧理略，憑藉自身的體驗，留下了一段生動的話：

> 無論何時何地，接下來的事都取決於你。虔誠地接受當下所發生的一切；公正地對待周圍的人；巧妙地處理當前的自我表象，不讓任何模糊的事物侵入你的思想。（奧理略，《沉思錄》七：五四，永地宗明譯）

■

1　譯註：《神操》（*Spiritual Exercises*，日譯為「靈操」）是羅耀拉於一五二二至二四年間編寫的一系列靈性修煉手冊，包括一系列的基督教冥想、沉思和祈禱，旨在幫助參與者更深入地認識神的意志。這些練習通常分為四個主題「星期」，總共約二十八至三十天，透過專注的反思和自我檢視，幫助個人深化靈性生活。

專注於每一個瞬間，將注意力投向永恆與宇宙；關注每一刻的無限價值，從而轉變自身的品格。

第二階段是記憶與訓練。這可以解釋為「冥想」（meditation）中的「訓練」（melete），它是一種使用想像力，並嘗試將事物在心中描繪出來的修辭手法。比如，透過重新評估貧困、災難、死亡等通常被視為「不幸」的事物，我們能夠認識到它們並非真正的惡。透過不斷重複這樣的思考，我們能消除恐懼和悲傷等負面情緒。奧理略在《沉思錄》中正是以這種方式敘述，他呼籲：「要銘記！」並以此引導自己的思想。每天清晨，反思今天應該做的事；晚上則反省當天的經歷和錯誤。這樣透過冥想來掌控內心的言論，進而區分出自己能做與不能做的事情，並培養出對無法掌控之事不再渴望的心態。這是一種改變看待世界與呈現世界的方式，也是一種對內心與行為的徹底轉變。

第三階段是知識的訓練，它是記憶訓練的必要養分。具體來說，包括閱讀、聆聽、研究和探究等，這些都屬於我們熟悉的哲學文獻學習範疇。其中，特別推薦的是對「格言」的閱讀，但這些作品需要在教師的指導下進行解讀。簡而言之，就是要在接受指導的情況下，學會如何活用教材。研究是這種指導的實踐成果，在斯多葛派哲學中，大致涵蓋了「邏輯學、自然學、倫理學」三個領域。作為實踐的哲學，絕不忽視學問，而是將其活用於實際生活中。

最後，第四階段是自我鍛鍊，透過實踐訓練和習慣養成來達成目標。這種鍛鍊的最終目標，是達到對善、惡及無善無惡事物的漠不關心：

> 以最美的方式活出生命，這股力量存在於靈魂之中。若人能對那些無關緊要的事物保持無關心，便能實現這一目標。當人能夠對這些事物進行分析性的思考，並從整體的角度來觀察它們時，他便能對它們保持漠然的態度。（奧理略，《沉思錄》，二：一六）

就這樣，每天有意識地追求自由的生存方式，就是哲學的訓練。斯多葛派所採取的這種訓練，在柏拉圖主義、伊比鳩魯主義以及懷疑主義中也有類似的實踐。

回溯到古希臘，考察「哲學」這一理念所產生的「生活方式修練」，與古印度、中國乃至日本的做法具有相通之處。特別是透過師徒關係的對話實踐哲學教誨及傳播哲學的方式，這與孔子等中國諸子百家時期的學說以及早期佛教佛陀的教誨是相似的。在這種意義下，哲學不僅是一種學術活動，更是一種存在方式，應視為世界哲學的主要路徑。儘管它與專注於學術研究的現代哲學有一定距離，但它根植於古代並逐步發展起來。

哲學的民主化

哲學並不侷限於專門的研究，而是每個人都能在生活中學習和實踐的活動。蘇格拉底在街角向人們提出「正義是什麼」、「勇氣是什麼」等問題，並且強調「不要只是活著，良善生活更為重要」這樣的基本命題，他還不斷勸告人們「請思量自己的靈魂」。這樣的行動，絕不僅限於社會上層階級。因為人類對於善、美與正義等真正重要的事物並不真切理解，所以我們必須對此有所自覺，並毫不懈怠地探究，以期過上更美好的生活。這正是哲學最初的願景，它是向所有人開放的。據說西方哲學自蘇格拉底開始發展，歷經近代至現代，雖然現代哲學變得更加專業和嚴謹，但在這過程中，西方哲學或許已經遠離了這一根本精神。

蘇格拉底曾說自己像是一隻在雅典這頭大牛身邊不斷嗡嗡煩擾、催促牠覺醒的牛虻。十九世紀末，尼采繼承了蘇格拉底的哲學精神，並對其正面批判。尼采用箴言與故事呈現人類克服困難的精神，他以彷彿古代哲學家的面貌，闡述著生活的哲學。在世界哲學史上，哲學已經在我們每個人的生活中得到了證明與闡述。它提醒我們，哲學作為一種「熱愛與追求知識」的工夫，賦予了千萬人義不容辭的責任。

古早之前被視為特權且超脫世俗的哲學，在這數十年間發生了重大的轉變。「哲學咖啡座」、「哲學對話」以及「給兒童的哲學」（簡稱P4C）等與市民和學生之間的對話，彙總起來可稱為「哲學實踐」，這種實踐在近年來越來越廣泛。「哲學咖啡座」起源於法國，旨在讓公眾能在非學術的環境中參與哲學討論。日本也有許多哲學家在各地實踐，期望讓更多人接觸並理解哲學（梶谷真司，《思考是怎麼一回事：從零歲到一百歲的哲學入門》，幻冬舍新書，二〇一八年）。

近年來，作為哲學範疇之一的「給兒童的哲學」興起，為那些被認為無法參與高度抽象理論、被排除在外的兒童提供了體驗哲學的機會。事實證明，孩子們思考新穎觀點和基本問題的能力並不亞於成年人。透過哲學來培養兒童的學習能力，同時也對改變哲學本身的性質產生了教育效果。但更重要的是，孩子們出乎意料的提問，會給我們這些被各種規範束縛的成人帶來新的驚喜，並隱約提醒我們，我們也曾以這樣的方式感知過這個世界。

哲學作為一項由有能力的成人所從事的活動，至今仍暗中排除不屬於這一範疇的人群。然而，透過與更廣泛人群的對話，哲學正重新煥發活力。認為只有理性健康的成年人才能參與哲學討論或對話的假設，不僅將尚未受到充分教育的孩童、記憶與判斷力衰退的高齡者排除在外，也無視於身心障礙、受傷、染病等在身體和知性層面無法進行高度討論的人們。然而，在臨床哲學這種涉及看護現場、研究患者與護理師之間語言交流的嶄新哲學實踐中，哲學的主體與實踐形式得到了進一步拓展（榊原哲也，《重新質問醫療照護：從整體關注患者的現象學》，筑摩新書，二〇一八年）。我相信，這種哲學的民主化，正是哲學向世界開放、豐富哲學本身的方向。

作為學問的世界哲學

在上述討論的基礎上，我想嘗試重新思考在大學等學術場域中，作為學問發展的專業哲學所扮演的角色。無論是在研究領域還是教育領域，從事哲學職業的人數在日本乃至全球都是極其有限的。另一方面，哲學作為一種思想運作，理論上是任何人都可以參與的，這使得它與大學中的專業哲學看似有些格格不入。那麼，作為一門學問的哲學，是否已經偏離了其最初的樣貌，而應該進行改革甚至拋棄呢？我的看法是，專業哲學仍然會在世界哲學的發展中發揮關鍵作用。然而，為了實現這一目標，當前的專業哲學研究者必須具備「世界哲學」的視野和意識，並廣泛積極地探索哲學的多種可能性。

專業哲學在世界哲學中具有三個重要的意義。首先，專業哲學深入研究世界各種哲學傳統與思想的各個層面，整理與分析不同哲學體系中的思考和論點，從而提出各式各樣的解釋和問題。其次，哲學家與思想傳統之間的關係與比較，能夠清楚呈現不同思考的特徵與意義，幫助我們理解各種哲學思想背後的深層邏輯與背景。這些基礎研究對於從整體視野來觀看世界古今哲學的世界哲學與世界哲學史而言，具有不可或缺的重要性。最後，在各個領域中，許多細分的學科和問題只能由專業研究者深入理解和探討，因此，專業哲學的分工合作對於整體學術發展是必不可少的。

其次，專業哲學家是否具備將這些素材從人類在世界的角度來開展哲學研究的能力，這是另一個重要的問題。受過哲學論證和思想訓練的人，應該能夠更加清晰地組織問題，並找到新的研究方向。然而，要實現這一點，哲學家必須不斷接觸自己專業以外的領域，並在更開闊的視野下進行哲學思辨。

第三，大學作為學習和思考的場所，對於維護我們民族真正的哲學運作以及實現言論與思索的自由至關重要。言論和思想常常會受到時代氛圍、社會、政治和輿論的強烈影響，它們有時會變得極端尖銳，也可能遭受壓迫。然而，即使在國家、政治體制和社會群體之間的分歧日益加劇，並且互相譴責導致無法保持共同討論基礎的情況下，仍然有一個可以經常保持獨立、自立、自由發表言論，任誰都可以談論哲學的場所，那就是大學。大學是世界整體意義的支柱，也是人類知識的堡壘，而這正是柏拉圖創立柏拉圖學院時所秉持的理念。（參考本叢書第二冊第二章）言論自由（parrhesia）讓我們保持活力，賦予我們闡述真理的勇氣。大學是一個共生的地方，言論自由在這裡得到守護和培育。

哲學對我們生活的整體世界負有責任，真摯地追求這項任務是哲學工作者的使命。生活在這個世界上的所有人都應該參與哲學，在共同的生活方式中朝著最善的方向邁進。這是人類愛與求知方式的實現，而世界哲學正是這種實踐的具體表現。

延伸閱讀

皮耶・華篤，小黑和子譯，《伊西斯的面紗：圍繞自然概念歷史的論文》（法政大學出版局，二〇二〇年）——古希臘對自然探究是在「人類乃是名為自然的神祕一部分」的自覺下的精神修養。華篤的主要著作都沒有翻譯成日文，《作為生活技術的哲學》等作品也都還有待翻譯。

納富信留，《對話的技術》（笠間書院，二〇二〇年）——這是一本以一般讀者為對象的哲學書。在現代社會的文脈下談討了對話是什麼、對話的哲學可能性又能擴展到什麼地步？

加雷斯・馬修斯（Gareth Matthews），鈴木晶譯，《孩子是小小哲學家》合本版（新思索社，一九九六年）、《哲學與孩子：從與孩子的對話出發》（倉光修、梨木香步譯，新曜社，一九九七年）——作者也是一位亞里斯多德的研究者，他撰寫了一系列討論兒童與哲學問題的著作。這位具備孩童般溫柔目光的作者，在我學生時代也曾給我親切的鼓勵。

傅柯，慎改康之譯，《真理的勇氣：法蘭西學院講義一九八三—一九八四年》（筑摩書房，二〇一二年）——在這本傅柯晚年的演講中，他回歸到古希臘哲學家如蘇格拉底與第歐根尼等人，討論了哲學的言論自由。「說出真理」這種哲學的實現，是今日我們最重要的課題，也是世界哲學的目標。

第II部

世界哲學史的延伸討論

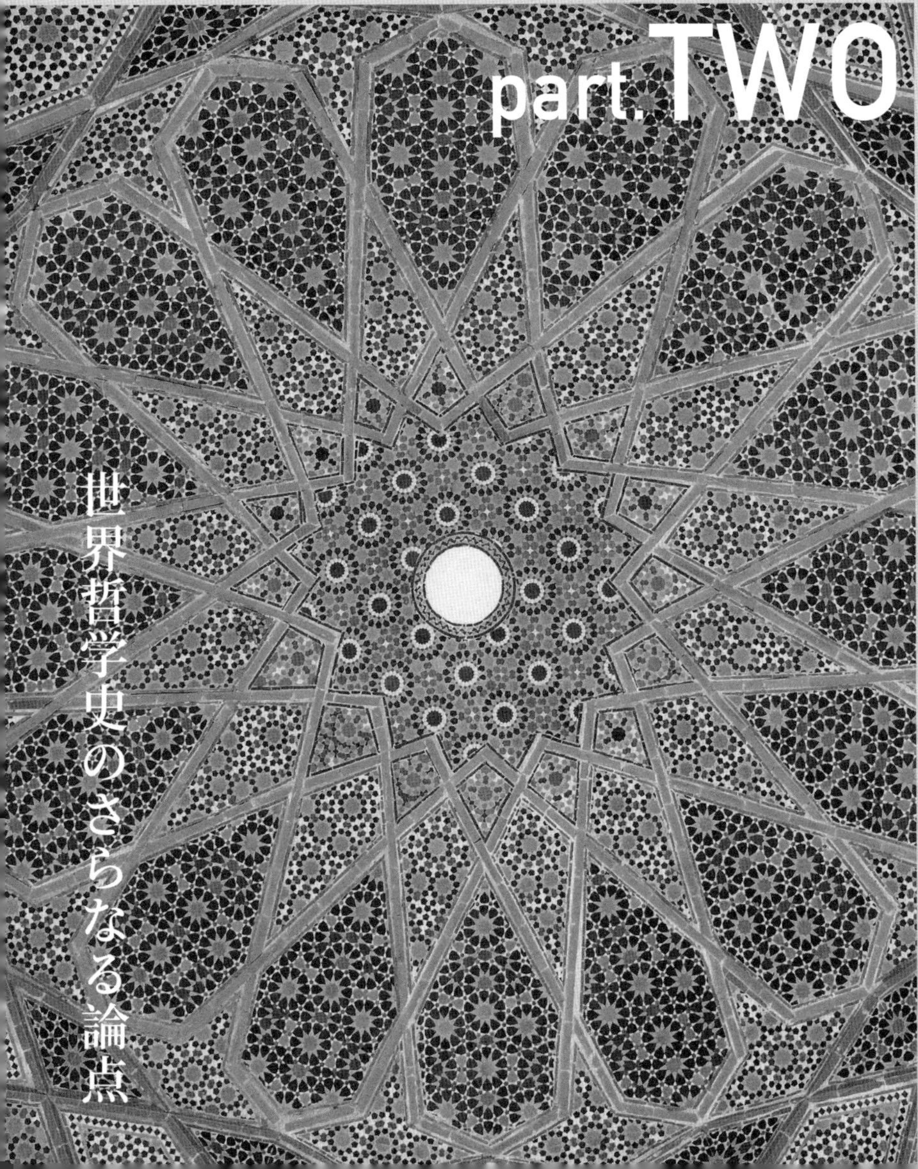

part. TWO

世界哲学史のさらなる論点

CHAPTER

one

第一章

笛卡兒的《論靈魂的激情》

津崎良典

デカルト『情念論』の射程

從心物分離到心物合一

「我思故我在」（Cogito, ergo sum），這是十七世紀法國代表性哲學家——勒內・笛卡兒的名言。

笛卡兒在其主要著作《談談方法》（一六三七年）與《沉思錄》（一六四一／四二年）中指出，「我」作為一種與世界及其內部他者交流的社會性存在，必須暫時被置於引號之中，並透過質疑這樣的存在，以重新認識其本質。不只如此，還需要在包括自身身體在內的物體與精神之間進行「現象性」（phenomenality）的區別，也就是根據事物自身的形態特性來加以分析，並盡可能地展開這種區別。透過這一過程，主體對自身展開了一種自我媒介與自我目的的反思性行動，即所謂的「省察」（Meditatio）。關於這一點，可以追溯至歐洲哲學與神學中的「精神修養」（即神操）的傳統（詳見本書第一部第四章）。在這一論述框架下，精神以「思考」為其本性，而物體則以在空間中展現特定形狀的「延展性」為其本性。因此，精神與物體作為相互異質的「實體」彼此分離，這正是所謂的「心物二元論」（詳見本叢書第六冊第一章）。

笛卡兒將「精神從感覺中剝離」（《沉思錄》概要）視為自己哲學概念的核心，然而，精神與身體在現實中是「實體性」的合一，從而構成「作為全體的我」（《沉思錄》第六沉思）。這一事實是哲學反思之前的日常經驗，因此人們通常並未意識到兩者之間自然存在的相互作用機制。笛卡兒同時代，乃至後代的知識分子，積極將此視為「心物問題」來處理。

在這些知識分子當中，有一位是普法爾茨選帝侯腓特烈五世的長女伊莉莎白（請參考本叢書第五冊第六章）。她不斷勤勉向學，甚至被家人戲稱為「希臘人」，並與笛卡兒進行深入的哲學書信交流；在兩人交流的第二年，也就是一六四五年春天，他們圍繞著「激情」這一議題，展開了一場討論。

激情（passion）並不僅僅是單純的情緒，而是一種激烈的情感。它源自於生活中各種大小事件的觸發，雖然誕生於「我」的內在，但對我的衝擊卻彷彿來自外部，無法被意志與理性所駕馭，並驅使著「我」做出意想不到的行為。愛與嫉妒、憤怒與憎恨、恐懼與哀傷，正是其中的典型例子。

當時的歐洲，正處於宗教改革引發的三十年戰爭高峰之中，與天主教陣營作戰失敗的腓特烈五世家族逃到荷蘭海牙，過著悲慘的流亡生活。為此，伊莉莎白公主向笛卡兒傾訴自己伴隨乾咳與發燒的憂鬱（melancholy），而笛卡兒則將其歸因於「悲傷」的情緒。

名為心物關係的「問題」

讓我們試著稍微思考一下——確實，在日常生活中，人們很自然地以笛卡兒所說的「作為全體的我」之姿生活著。身體是什麼、精神又是什麼、兩者在「我」之中是怎樣結合、又有著怎樣的關係？生物死去之後，身體會解體消滅，這時候自己的「靈魂」又會如何——在這裡為了方便起見，我們將和身體結合者理解為「靈魂」，與身體分離者理解為「精神」——靈魂是從身體分離的嗎？身體消滅之後，靈魂還會繼續存活嗎？或者更具體地說，靈魂是不朽的嗎？這一連串的問題，幾乎不會被強烈地提出來。

人被迫面對這種哲學問題，大概只有在「我」無法像平常那樣好好活著的時候吧！就像我們在伊莉莎白的個人案例中看到的，也如同我們將她的處境與自身經驗重疊時所能理解的一樣，這種狀況最具體的呈現，就是生病的時候。心情不佳時，人會食慾不振；發燒時，人就無心思考困難的事情。另一方面，若人沉浸在悲傷之中，便會感到淚濕面頰；這時我們能察覺到，自己的心身是以怎樣一種特殊的方式結合並產生關係的。

簡單說，生病與激情等算是非常態的事件，促使我們對自己身體與精神的「存在」以及兩者之間的「關係」進行哲學反思，而這些在日常生活中往往被埋沒，從而引發上述一連串問題。這是不論古今東西、男女老幼，作為活在世上的人，無一例外都會經驗的歷程，儘管深度、頻率及表現方式可能有所不同。正因如此，如果「世界哲學」是可能的，其核心主題之一必然是心身的結合與關係，而這個「問題」之所以會浮現。

事實上，僅以歐洲而言，疾病與激情自古以來便以這種方式成為哲學主題的一部分。當然，若生病僅涉及身體，而且影響僅限於身體時，它便屬於醫學與生理學的範疇。然而，當身體的變化影響到靈魂，或者需要從靈魂因素中尋求病因時，哲學便會登場，探討這種古人所稱的「靈魂病」。

這當中最典型的便是伊莉莎白所受困擾的「憂鬱」。根據古希臘醫學家蓋倫以希波克拉底醫學為基礎所體系化的理論，憂鬱除了主要症狀是悲傷與恐懼外，也因「黑膽汁」這種體液引發身體的不適，因而被視為一種心身關係的病徵。即使未發病，憂鬱也被認為是一種「氣質」（體質）而存在，特別常見於詩人與學者等喜愛孤獨與冥想的人身上。這不禁讓人聯想起德意志文藝復興時期的畫家杜勒，在其銅版畫《憂鬱Ｉ》（Melencolia I）中所描繪的那位充滿象徵意涵的人物形象。

名為「pathos」的基礎概念

「passion」（激情）一詞源自希臘語的 pathos 和拉丁語的 passio。在基督教中，這個詞彙涵蓋了基督的「受難」等多重含義，同時廣泛運用於醫學、詩學、修辭學等領域。然而，正如傅柯在《關照自我》中所言，其首要意義仍然關乎心身關係，並且構成了哲學思想的一個基礎概念：

> （pathos 這個概念）既適用於激情的痛苦和身體疾病，也涵蓋了身體狀況與心情的不情願。不僅如此，無論針對心靈還是身體，**這個概念都涉及某種被動狀態**。就身體而言，其表現形式為疾病，擾亂了體液或屬性的平衡；就心靈而言，則是一種違背意志的運動。**基於這種醫**

學與哲學共通的概念，人們得以構建一套對於心身病徵有效分析的架構。（田村俶譯，《關照自我》，新潮社，一九八七年，頁七三—七四，強調部分為引用者所加）

在柏拉圖後期的對話篇《蒂邁歐篇》中，也許是古希臘文化圈首次對pathos這一問題進行思考。柏拉圖的重要繼承者亞里斯多德在《靈魂論》和《尼各馬科倫理學》中也討論了這個問題。之後，這個詞被翻譯成拉丁語，引起古羅馬文化圈中斯多葛派哲學家的重大關注，並在奧斯定的《天主之城》中被基督教傳統所繼承。在多瑪斯．阿奎那的《神學大全》中，則可以看到它的一種體系化展現（參考本叢書第四冊第五章）。

十六世紀下半葉至十七世紀，在現今的荷蘭、比利時、法國等地，這一命題成為哲學的核心之一。人文主義者尤斯圖斯．利普修斯（Justus Lipsius, 1547-1606）、以法學家與政治家身分活躍的吉約姆．德．瓦爾（Guillaume du Vair, 1556-1621）、神學家吉恩—皮埃爾．加繆（Jean-Pierre Camus, 1584-1652）、醫師馬蘭．裘羅．德．拉．尚波爾（Marin Cureau de la Chambre, 1594-1669）、祈禱會會士尚—弗蘭索瓦．塞諾（Jean-François Senault, 1599-1672）等人，都發表了各自的激情論。因此，我們也可以將十七世紀的歐洲稱為「激情的時代」。

《論靈魂的激情》的執筆背景與其意圖

讓我們回到一六四五年笛卡兒與伊莉莎白的交流。笛卡兒建議公主以理智堅定地面對激情，並不時親近「翠綠的森林、色彩繽紛的花朵、飛翔的小鳥」，以此治癒折磨她的「悲傷」。然而，伊莉莎白仍未恢復。作為哲學家，笛卡兒無法袖手旁觀，於是在同年夏天，他特別從古代斯多葛派哲學家（參考本叢書第一冊第九章）中選出主張「從一切激情中找到自由狀態（apathia）」的塞涅卡，對其《論幸福生活》深入批判與思考——在十六世紀的歐洲，可以看到古代斯多葛派思想的復興，特別是塞涅卡，廣受伊拉斯謨、喀爾文、蒙田等眾多知識分子的關注。這樣的復興也為前述的「激情的時代」奠定了基礎——到了秋天，笛卡兒告訴伊莉莎白：「我最近一直在思考所有激情的數量與順序，以便更詳盡地研究它們的真正本質。」之後，他於一六五〇年客死瑞典斯德哥爾摩，而他生前準備的《論靈魂的激情》（一六四九年）也成為他最後刊行的一部作品。

笛卡兒在這本書的序言中提到，自己不僅以演說家、倫理學者的身分，也以「自然學者」——用現代的話來說即自然科學家——的身分進行這項論考。因此，正確掌握他的意圖，實際上是一件非常重要的事。

笛卡兒既不像亞里斯多德在《修辭學》中以挑起聽眾情緒的說服技巧來分析激情；也不像斯多葛派以「激情在倫理上是中立的嗎？它是不是一種惡？」等問題，或「受激情支配的人，其行為是否有責任」等相關議題進行主題式列舉的論述。根據笛卡兒的說法，激情並不被視為惡，但仍須避免其誤用與過度（《論靈魂的激情》第二一一項）。換言之，只要一個人被真正的知覺所引導，「激情就是最大的動力」，同時也是「人生中最讓人感到愉悅的事物」（第二一二項）。這種觀點在歐洲激情論的譜系中屬於最為樂觀的一種，從這個層面來看，他的論調與倫理學家並不屬於同一派別。

自然學者笛卡兒的目光

笛卡兒從自己在《沉思錄》中建立的嶄新心物二元論出發。正如本章開頭所指出的，在這一架構中，「靈魂」雖與身體結合，但其本質是「思考」。

這個特徵顯示笛卡兒「逸脫」或「脫離」了傳統思想，即將靈魂視為賦予身體運動與熱度的「生命原理」。換言之，笛卡兒打破了靈魂中不朽、理性的部分與必朽、非理性或感性部分之間的區別，這種區別自柏拉圖中期對話篇《費德魯斯篇》與《理想國》裡提出以來，一直是歐洲哲學的準則。如果如此，後者的下位區分，如植物的靈魂與感覺的靈魂等，也可說不復存在。不僅如此，自阿奎那以來被一般化的靈魂氣概機能與慾望機能的區別，也因此被摒棄（第六八項）。

因此，除了「思想」以外，靈魂的所有運作都可以從生理學角度解釋為流經全身血管的

「動物精氣」這種微細物質運動的結果，也就是一種生理學的解釋。在笛卡兒死後刊行的早期著作《論人》中，他以當時生理學與解剖學的知識為依據，借用鐘錶、風琴、水車等機械裝置作為範例，說明人體的構造與機能（即所謂的機械論）；在《論靈魂的激情》中，他也採用了這種方式。若以先前提到的傳柯論述來看，激情作為靈魂的「被動狀態」，其發生原因必須從身體的主動（action）中去探求。於是，激情可以用以下方式來定義：

> 靈魂的受動（情念）是指特別**與靈魂相關**，而且由動物精氣的某種運動所引發、維持或強化的知覺、感覺或情緒（第二七項）。

上述引文中，重點部分相當重要。一方面，情感是靈魂自身的一種狀態，既不同於由外在物體引起的外部感覺，也不同於由身體內部狀況引起的內在感覺。另一方面，由於其發生原因必須從動物精氣的運動中尋求，因此與作為靈魂原因的意志有所區別。激情在作為靈魂受動的同時，也是身體的主動（第二九項）。

笛卡兒將這種心身相互作用的場域定位於腦內名為「松果腺」的部位（第三一項）。後來，史賓諾莎在《倫理學》第五部序言中對此說法提出冷淡的批判，但他也指出，若對照激情論的譜系，這種說法與柏拉圖以來將魂之座分散於身體的傳統思潮之間，確實存在一定「距離」，因此值得評價。特別是笛卡兒否定了心臟作為激情之座的見解（第三三項），並在解釋躊躇、迷惘時，也摒棄了靈魂的不死理性部分與可死非理性部分，即感覺部分在「交戰」的傳統看法（第四七項）。

各種激情的分類——對「驚愕」的關注

笛卡兒按照其與伊莉莎白的約定，對激情加以分類。他認為，所有激情都是由驚愕、愛、憎恨、慾望、喜悅、悲傷這六種「基本激情」組合而成（第六九項）。這種分類雖然依循了傳統激情論的基準，即引起激情的對象對自身是否有益或有害、以及善惡問題是否源於自身，但將驚愕（admiracion）視為首要的「基本激情」，則是他的創見。這種激情使事物顯得「稀少且異常」，並在判定「它是否適合於我們」之前便引起我們的注意（第五三、七〇項）。

這種創見的範圍出乎意料地廣泛。笛卡兒舉了一個具體例子，說明他驚訝的對象是人被賦予自由意志這一事實。雖然可以說，對自由意志的清晰認識即是真理，但靈魂在探尋真理的過程中也會感受到「內在的情動」。這種情動的起因並非動物精氣的運動，而是靈魂本身的運作（第一四七項）。在定義上，這是一種靈魂的被動狀態，也是一種「純粹知性」的感情，有別於激情（第九一、九二項）。探究真理的靈魂——或許稱之為精神更為恰當——若能圓滿地實現這種渴望，便能從中獲得「無上的滿足感」。（《談談方法》第二部）相反，錯誤或徒勞無益的方法會讓精神感到悲傷，而懷疑則使精神備受折磨。

若是大膽地鳥瞰哲學史，笛卡兒對驚愕這種激情的看法，應該是從柏拉圖的中期對話篇《泰阿泰德篇》和亞里斯多德《形上學》中的「哲學」本身為出發點，演變成對「驚奇」（thaumazein）[1]，也就是驚愕的追尋。（《論靈魂的激情》，七六項）

延伸閱讀

德尼・康布希尼（Denis Kambouchner），津崎良典譯，《笛卡兒沒有這樣說過》（*Descartes n'a pas dit cela*，晶文社，近刊）——這是一本由一流專家所撰寫的優秀入門書。康布希尼是法國第一位以笛卡兒《論靈魂的激情》為論文主題提出博士學位申請的哲學史專家，在這本書中，他探討了關於笛卡兒的二十一個陳腔濫調，是部痛快的作品。後半部分包含關於激情的幾個章節。

津崎良典，《笛卡兒 靈魂的訓練：讓感情平靜下來的最好方法》（扶桑社新書，二〇二〇年）——雖然舉出自己的著作有點老王賣瓜，但在本書中，特別是「笛卡兒用想像力來『治癒』」、「笛卡兒在冷靜中『驚愕』」、「笛卡兒認真地『品嘗感情』」、「笛卡兒驗證的『愛』」等章節中，我介紹了笛卡兒格言，如「悲傷，或許在意義上是最重要的事物，比喜悅更加不可或缺，而憎恨也比愛更不可或缺」、「不乾脆與後悔所引發的，只有優柔寡斷而已」，同時也使用平易的文體發掘出他獨特的激情論本質。

鹽川徹也，〈至十七、十八世紀為止的身心關係論〉，收錄於《新・岩波講座 哲學9身體 感覺 精神》（大森莊藏等編，岩波書店，一九八六年）——這是一位傑出學者，從柏拉圖、亞里斯多德、斯多葛派、奧斯定、阿奎那、乃至笛卡兒的激情論譜系學的嘗試。本章重點論述了「疾病」和「激情」是心身關係被視為「問題」的契機，以及對傅柯的參考等，都是從這篇論考中學來的。

▌

1 譯註：「驚奇」（thaumazein）在古希臘哲學中是哲學探索的起點，柏拉圖將其視為對真理的渴望，亞里斯多德則將其與求知本性聯繫。笛卡兒的「驚愕」（admiracion）則是六種基本激情之一，指面對稀少或異常事物時靈魂的反應，尚未判定是否適合自身即被吸引。與「驚奇」的形上關注不同，「驚愕」強調心物二元論框架中的生理基礎及心理作用。

CHAPTER

two

第二章

傳入歐洲的中國哲學思想

井川義次

中国哲学情報のヨーロッパへの流入

耶穌會士促成東方哲學資訊流入歐洲

以沙勿略（Francis Xavier, 1506-1552）為首的耶穌會士積極從事基督教在亞洲的傳教工作，並廣泛蒐集當地政治、軍事、宗教、文化、哲學和思想等各方面的資訊，進一步將這些資訊傳回歐洲，以促進傳教的進展。在日本和中國傳教的范禮安（Alessandro Valignani, 1539-1606）提倡適應當地文化的策略，也正是基於這種態度。

中國傳教士羅明堅（Michele Ruggieri, 1543-1607）與其同事利瑪竇（Matteo Ricci, 1552-1610）遵循這種適應策略，採取中國哲學（儒教）有神論的立場，認為中國哲學與基督教具有兼容並蓄的可能性。他們一方面撰寫漢文教理書，另一方面也將有關中國宗教哲學的資訊傳回歐洲。

傳教士資訊的整理與接納——萊布尼茲

這些資訊傳播到歐洲後，在新局面下引起了接納異文化思想的動搖。其中，萊布尼茲對中國哲學的解釋就是一個典型的例子。

在他最後的著作《論中國人的自然神學》（一七一六年）中，他不僅提出「儒教認可上帝」的解釋，還從儒教的進化形態——宋學（廣義來說是宋明理學）中的終極原理「理」與「太極」等概念中，讀出了與上帝本質相似之處，並給予肯定評價。萊布尼茲在其哲學形成過程中，多次接觸到朱子學研究的基礎文獻《四書》。例如，他曾閱讀耶穌會士柏應理（Philippe Couplet,

1623-1693）等人編纂的《中國哲學家孔子》，並提及《論語．子罕篇》的相關文章及其法文翻譯。

此外，早在二十年前，萊布尼茲已透過新教學者斯皮策爾（Gottlieb Spitzel, 1639-1691）的《中國學藝論》了解中國哲學的概況。對基督教神父提供的資訊極為敏銳的萊布尼茲，早在哲學研究的初期階段便接觸到中國哲學，並最終在臨終前完成了《論中國人的自然神學》。在他位於漢諾瓦的藏書中，與中國相關的書籍多達五十冊，可見他對中國的非凡興趣。

斯皮策爾編纂的《中國學藝論》

斯皮策爾主要關注上述耶穌會士提供的東方資訊，並將其彙整成《中國學藝論》。在視覺呈現上，他收錄了亞洲通用的溝通符號——漢字，並刊載了以陰陽兩要素（binarium）為基礎、象徵世界數理秩序的易卦圖說（如陰、陽、太陰、太陽、少陰、少陽、乾、坤、兌、離、震、巽、坎、艮）。在該書第七節中，他如此描述中國哲學：「中國人自極為古老的時期——甚至在其他地方對此全然不知的時候——便開始窮究智慧的學問，並持續改善……在我看來，它是一切哲學的起源（搖籃）。……儒教基於某種普遍原理的認識，解釋了星辰運行、世界與人類的自然（本性），以及世界的生成與滅亡。尤其是，它試圖改善道德習慣，並建立某些人類群體（類別），我們稱之為社會，如父子、夫婦、君臣、兄弟、朋友等。」（頁一〇七—一〇八）

作為這種整合世界觀的例證，斯皮策爾提到了儒教經典，如《四書》和《五經》。其中，他特別提及《大學》作為中國哲學的摘要，並指出：「最高的完成（完全性）。自然本性的（與生俱來的）光之燃燒（點火）。根植於自然本性中，對規定（命令）的遵守。對天生法則的兩重呈現。主動知性的運作（作用）。」

作為斯皮策爾對中國哲學中完全性、自然法及其與人類目的相關性的文獻例證，他首先引用了《大學》（朱熹，《大學章句》第一章）的開頭部分。他認為，《大學》蘊含了中國的終極理想，以及實現這一理想所需的相關階段，即《大學》的「八項條目」。

這些條目的內容如下：「想要在天下闡明明德（知的能力）者——按照後世語境，為『平定天下』的實質表現——（明明德於天下者），必須首先治理好國家（治國）。要治理國家，必須先整飭家庭（齊家）。要整飭家庭，必須先修養自身（修身）。要修身，必須先端正自心（正心）。要端正自心，必須先誠心誠意（誠意）。要誠心誠意，必須先鑽研知識（致知）。要鑽研知識，必須先探究事物的道理（格物）。」此外，朱熹解釋端正自心的前提「致知」，是「將自己的知識推廣到極限」；而致知的前提「格物」，則是「窮盡事物之理」。

斯皮策爾引用了撰寫《中國史》的衛匡國（Martino Martini, 1614-1661）關於《大學》中「正心、誠意、格物、致知」的譯文：「自然本性的燃燒（明明德）若不經由對各種事物的真正認識與學識便無法成立。因此，透過哲學，我們能獲得有關應該做與應該避免之事的相關知識（致知）。透過這種知識，我們可以引導思慮（思量）；透過引導思慮，我們可以完成意志（voluntas）（誠意）。換言之，除了適合理性（ratio）的事物之外，任何事物都不能（在觀照中）加以感知（判斷），也不能（在實踐中）引發渴望，如此才能完成對應該為之善與應避之惡的抉擇與行為。」（頁一二七、一四三）不只如此，上述羅明堅的早期譯文也提到：「致知格物」是「（中國人）對全體原因與本性的致力認識」，這是一種朱子學式的智識主義譯法，與陽明學有明顯區別。

在《中國學藝論》中，有些資訊可以視為儒家思想的先例。特別是宋明理學的整合性世界觀、萬物皆有其存在理由的思想，以及以漢字和易等形式作為知識共享手段，與後來萊布尼茲提出的充足理由律（充分理由的法則，即沒有理由而存在的事物是不可能出現的）具有相近之處。此外，書中提及的普遍記號與二進位論（binaire）也與萊布尼茲的觀點不謀而合。不僅如此，其中還隱約可見萊布尼茲一個重要概念「單子」（monad）的影響，但其與中國哲學的具體關聯性，仍需進一步研究。

克里斯蒂安・沃爾夫

克里斯蒂安・沃爾夫（Christian Wolff, 1679-1754）是歐洲理性啟蒙運動的領袖，一七〇三年以論文《普遍的實踐哲學》，獲得萊比錫大學博士學位。之後沃爾夫在論文中向歐洲宣揚了中國哲學的卓越性，並描述其與自己的哲學頗為相似；他的這篇《普遍的實踐哲學》，其內容大致如下：

「普遍的實踐哲學」被定義為：「透過最普遍的規則，朝最高目的努力進行，從而引導人類自由行為的實踐性學問（知識）。」（第一部，定義一）簡言之，人類擁有一個最高的「目的」，為實現這一目的，我們必須依循一定的規則，來完成自由的行為。沃爾夫認為，「目的」是人類對「幸福」的享受，同時也是「理性行為者」（agens rationalis）的「結果」。目的實現取決於行為主體的精神與理性的發揮。作為人類目的的「善」，被定義為：「善（即自然本性的善），是保護事物的自然本性與狀態，並使其達到完善（完全化）的事物。」

接著他指出：「在人類的各種行為中……存在著彼此間必然的連結。學習並掌握這些行為結合（關係）的人，無疑能夠發現引導目的的中介手段。事實上，我們必須徹底理解各種行為之間的必然結合，然後才能真正掌握知性（intellectus）與意志（voluntas）的結合，以及精神（mens）與身體（corpus）間應當認識到的合一（一致）。」（第四部，定理七，問題五，解決與證明）

關於目的的達成、完成與完全性，他認為：「人類在某個時點，必須將精神——也就是知性與意志，以及身體，盡可能地加以完成（完全化，perficere）。」（命題一四、定理八）人類的完成，是透過由知性與意志構成的精神完滿，以及與之相關的身體完滿而實現。不僅如此，因為人類本質上是一種社會性存在，因此我們也應將促進共同生活中他人的本性與狀態之完成，作為更高的目標。

人類本性與條件的完成需要眾人的合作與共同努力；若不依賴每個人對公共善的促進，自我實現是不可能的。另一方面，為了達成人類的目的，必須提升智力。沃爾夫認為，我們有必要對任何與公共利益相關的事物進行「nosse」（即精查、探索、研究、了解）。乍看之下，這與《大學》的理念與架構有相當的相似性。

《中國實踐哲學演講》

取得學位後，沃爾夫在指導教授奧托・曼克（Otto Mencke, 1644-1707）的推薦下，加入萊布尼茲創立的《學術紀事》（*Acta eruditorum*），這是當時歐洲數一數二的學術雜誌，並成為其編輯群之一。以此為契機，沃爾夫與萊布尼茲會面並以書簡交流，這種學術往來一直持續到萊布尼茲去世。一七七七年，他對耶穌會士衛方濟（François Noël, 1651-1729）的《印度、中國的數學物理之觀察》發表評論並致以讚譽；一七一二年，他還匿名刊載了關於《中華帝國的六古典》的書評。

之後，沃爾夫升任哈雷大學校長。一七二一年，他在交卸校長職務時發表了《關於中國人實踐哲學的演講》（以下簡稱《中國哲學實踐演講》）。以衛方濟的《中華帝國的六古典》為基礎，沃爾夫主張中國哲學是世界上最古老的哲學，而哲人孔子可與耶穌基督比肩。此言激怒了反對理性主義的新教教授，甚至引起普魯士國王腓特烈威廉一世的不滿，逼迫沃爾夫在接受絞刑或四十八小時內離開哈雷之間作出選擇。最終，沃爾夫選擇離開普魯士，轉至馬爾堡大學。然而，許多有識之士對沃爾夫的理性主義見解深表欣賞並支持，對他的遭遇表示同情。隨後，沃爾夫的哲學被視為德意志哲學的基礎，並對法國的百科全書派產生了深遠影響。

一七二六年《中國實踐哲學演講》出版，沃爾夫大量引用了耶穌會士柏應理等人編纂的《中國哲學家孔子》。

沃爾夫在《中國實踐哲學演講》中通篇指出，中國實踐哲學的基本原理與他自己的《普遍的實踐哲學》原理是一致的。他特別提及《大學》中從個人到世界的完全化，並解釋說：「人應當洞察萬物存有的理由（依據），透過這種方式盡可能地完善自己的知性，從而讓理性獲得昇華。」此外，他指出：「透過這種方式改變意圖，進而使所有行為與理性高度吻合，並能有效駕馭欲求。」

他也主張，「中國人將自己的所有行為，與終極目的——自己與他者之間的至高完成——相互連結。在這種指導方針中，各種自然法的要點——更正確說，不論其名為何，都包含了我們行動中值得讚賞的一切，這是我很早就論證過的。」（《中國實踐哲學演講》，〈中國的終極（最終）目的〉）

沃爾夫所介紹的中國哲學的理想世界形象，跟他的學位論文《普遍的實踐哲學》的世界觀，確實相當類似。

以下，我將針對沃爾夫參考的《大學》前面部分，簡單呈現衛方濟與柏應理的翻譯，以便考察。

衛方濟譯《中華帝國的六古典》

就如上述，沃爾夫最初接觸與陳述的衛方濟版《大學》，譯文如下。值得注意的是，沃爾夫曾在《學術紀事》評論過這個譯本，而身為編者的萊布尼茲，很有可能也知道其概要。

「正因如此，古代的君主期望全中華帝國以及其內各個國家，能讓因過錯與惡德而黯然失色的理性能力重新恢復原初的輝煌。然而，在此之前，他們應先致力於正確治理帝國之內的一個國家……最終，通往善惡完全觀念的途徑在於究明事物的本性與理由，也就是透過哲學的探究而實現（致知在格物）。」（衛方濟，《中華帝國的六古典》，〈大學〉）

柏應理譯《中國哲學家孔子》

萊布尼茲與沃爾夫實際閱讀的柏應理版的翻譯如下：

古代人期望在帝國中磨練自身的理性本性（natura rationalis）〔明明德於天下〕，以身作則，引導全帝國人民朝著理性本性的昇華邁進。在此之前，他們首先自身端正，並管理好各自的王國〔治國〕……他們希望能正確管理自己的王國，也就是教導王國的人民向善。因此，他們必須先教導好自己的家族〔齊家〕……因為正確管理王國的根本在於擁有受過正確教導的家族。更進一步說，作為能夠引導家族向善的規範與榜樣，他們還必須端正自身〔人格〕，也就是整飭自身。……

接下來，要讓自己的身體（corpus），也就是人格形成各種外在的端正習慣，就必須抑制它的情動與欲求——也就是那些讓心〔精神〕遠離真切的端正，傾向、陷落於某種惡德之中的事物，要做這種正確的駕馭之前，先要讓自己的心端正〔正心〕。……想要自己的心端正，就要先讓自己的意圖或者意志（voluntas）真實無偽。簡單來說，就是要讓〔意圖〕真實、誠實，從而免除各種虛偽與虛構。……想更進一步讓自己的意圖真實無偽，就要先讓自己的知性（intellectus）、或者知性的能力趨於完成〔完全化〕（perdicere），然後盡可能將之引導到最高的頂點。如此一來，這種能力就能讓自己沒有洞察不了〔的事物〕〔致知〕。是故，這種知性的終極洞察，不只能讓我們的意圖真誠無偽，也能在真理中確立意志，故此可說是根本、或者根源的事物……

基於這樣的理由，要完善一個人的知性認識能力，也就是將之提升至最高頂點，就必須深入萬物或萬事的理由〔根據〕（ratio）來加以透析，同時竭盡所能地理解之〔格物〕。（柏應理，順帶一提，衛、柏兩位先生所接觸到的這種由朱熹集大成，經元、明，直至清代發展成熟的宋學或宋明理學，其天—人—萬物相連、合理整合的世界觀，實際上是依循明代著名宰相兼文教行政指導者張居正（一五二五—一五八二）所註解的《大學直解》而來。

沃爾夫介紹並高度評價了衛、柏兩位先生的大學世界觀，而這一世界觀正是基於中國哲學的傳統。特別是柏應理《中國哲學家孔子》對《大學》的譯文，不僅在翻譯語彙上有相似之處，在結構上也與中國哲學的脈絡密切相關。雖然不能就此下斷言，但顯然早在沃爾夫完成學位論文之前的一六八八年，《學術紀事》上就已出現了對柏應理著作的書評。不僅如此，書中許多內容與沃爾夫的思想產生共鳴，顯示中國哲學可能在更早期就已對他產生影響。至少可以肯定的是，在他發表演講時，曾向歐洲大力稱揚中國哲學，這是不容置疑的事實。

小結

一直以來，對於歐美獲得的中國資訊，以及其對哲學的具體影響之間的關係，追溯到其來源、中國原典的研究並不多。

另一方面，耶穌會士傳遞的儒教資訊，也被以理性為導向的近代哲學家所吸收並接受。例如，萊布尼茲與沃爾夫在接受這些資訊後，對異世界哲學的態度表現出多樣性。康德對中國地理資訊有所了解，他可能透過物理學者兼中國哲學研究者比爾芬格（Georg Bilfinger, 1693-1750），間接接觸到《大學》、《中庸》等儒教世界觀。赫爾德曾根據傳教士的譯文，將《中庸》抄譯成德語。百科全書派的重要核心人物伏爾泰（Voltaire, 1694-1778）與狄德羅（Denis Diderot, 1713-1784）亦稱揚中國哲學。黑格爾則從柏應理的作品中了解到中國儒教、道教與佛教的概要，瀏覽過《四書》，並提及《論語》，雖然帶有批判意味。

簡而言之，為了更公正地看待哲學作為人類活動的運動，未來我們不僅需要關注由西向東的影響，更應透過上述文獻資訊，深入考察東洋哲學西傳歐洲的歷史。

延伸閱讀

堀池信夫，《中國哲學與歐洲哲學家》上、下（明治書院，一九九六年、二〇〇二年）——中國哲學對歐洲哲學家從古至今的影響，過去雖有推斷，但鮮有論證。本書透過東西方文獻的使用，證明了這一點，在相關領域的研究中一定要加以參考。

堀池信夫編，《知的歐亞》（明治書院，二〇一一年）——文化的流動從來不是單向的，而是全面無限延伸的展開。這本由各領域專家撰寫的書表明，在歐亞大陸上，不只有東西間的交流，而是四面八方的往來。

堀池信夫編，《知的歐亞：叢書全五卷》（明治書院，二〇一三－一四年）——上述作品引起了廣大回響，於是由東洋、中東、西方各領域首屈一指的學者，針對歐亞大陸全方位的哲學與思想知識交流，編纂了這套論文集。各卷的內容如下：1.《知識由東傳來》2.《知識的繼承與發展》3.《衝突與調和》4.《在宇宙奔馳的知識》5.《交響的東方知識》

石川文康，《康德是這樣思考的》（筑摩書房，一九九八年）——這是一本關於康德研究的啟蒙書，也是最初期討論沃爾夫的中國研究書籍，康德反對沃爾夫，但也受其影響重大。特別是關於《大學》的論述，讓我深受裨益。

井川義次，《宋學的西遷：邁向近代啟蒙之道》（人文書院，二〇〇九年）——由鄙人所著，考察本章有關「四書」的內容。

新居洋子，《耶穌會士與普遍的帝國》（名古屋大學出版會，二〇一七年）——這是一本廣泛使用英法等西方文獻、漢籍、滿洲語，關於西方哲學、音樂和科學思想在東方的接納和發展不可或缺的書籍。作者是《世界哲學史》第五冊第五章〈耶穌會與吉利支丹〉的作者。

CHAPTER

three

第三章

西蒙・韋伊與鈴木大拙

佐藤紀子

シモーヌ・ヴェイユと鈴木大拙

在二十世紀動盪的時代，有兩位思想家對「被動性」加以深入思索：一位是曾在鎌倉圓覺寺見性開悟的禪宗求道者鈴木大拙（一八七〇—一九六六），另一位是接受巴黎哲學教育並致力於探究不受任何束縛之自由的西蒙・韋伊（Simone Weil, 1909-1943）。雖然身處遙遠的日本與法國，二人彼此之間並無直接影響，卻在同一時代展開對另一條道路的追尋。他們摒棄了「自身擁有的」思考與分別能力，達到一種超越「思考的我」的境地，使「思考的我」化為空無。

有關「思考的我」，互不相容的兩個面相

綜觀西方思想，關於「思考的我」主要有兩種觀點，其中之一將「思考的我」視為將事物對象化並加以理解的思考精神活動。在整個《世界哲學史》中，以思考的我為主軸構建主觀性哲學的現象隨處可見。笛卡兒雖然對萬事多所懷疑，但仍然保留了「思考的我」；康德在哥白尼革命之後，將「思考的我」確立為純粹理性與實踐理性的主體。在現代，「思考的我」與各種科學融合，將世界轉化為可解釋的對象。如果我們依循這種思路理解「思考的我」，那麼它並非空無，而是賦予世界意義、讓世界臻於完滿的知性運作

可是另一方面，將「思考的我」視為空無，亦是自古希臘以來西方思想中代代相傳的一種思考模式。在古希臘思想中，有限事物與永恆真理之間有嚴格區分：前者會生成與滅亡，而後者則不生不滅，只有後者才是真正的知識。然而，人是具備肉體的存在，而肉體被視為靈魂的

牢籠，會欺瞞知性、導致無思想，成為人類有限性的標誌。因此，有限的人必須成為靈魂本身，透過從肉體的淨化，才能達到永恆、不朽與無限的真理。也就是說，脫離肉體、甚至死亡，正是通向真理的途徑。

蘇格拉底在《斐多篇》中闡述，哲學就是死亡的練習：「在盡可能不與肉體交纏、共享，不受肉體本性汙染的情況下，成為從肉體獲得清淨的狀態；神本身正等著我們解放的這個時刻到來。」（柏拉圖，《斐多篇》，岩田靖夫譯，岩波書店，頁三六）這段話的意思是，在有限的人類被剝離的靈魂深處，某種無限存在與人類之間的交流得以實現。就這樣，有限與無限存在的交流，透過理論思考（theoria）與沉思默觀（contemplatio）等觀照的討論得以延續，並經由普羅提諾與斯多葛派的影響，最終成為西班牙的亞維拉的德蘭（Teresa of Ávila）與十字若望（Juan de la Cruz, 1542-1591）等神祕思想的脈絡之一。

無心之處可見的運作

在「思考的我」存在兩個互不相容的方向的情況下，鈴木和韋伊傾向於將「思考的我」視為空的思想層面。然而，這樣的做法並不是落定於特定的一方，也不是試圖將兩者統合。儘管兩者並非一體，卻是互不相離、來回往返的。在這樣的脈絡下，鈴木解釋了佛陀超越善惡生死的心性，即無心之說，而韋伊則提出了一個問題：即使身心遭受不幸，也要與不幸共存，而不以其他東西取而代之的意義。

現在讓我們先來看看鈴木的無心。鈴木在演講「無心是什麼」(《鈴木大拙全集第七卷》〈無心〉)中提到，無心即是「心不存在」的意思。例如，當鳥兒在天空中飛行，鳥的身影映照在湖面上，無論這一幕多麼打動人心，鳥兒並不是為了倒映在水面上而飛行，湖也不是為了映照鳥兒而蓄水。鳥和湖什麼都是不經意地存在於那裡。鈴木將這樣意外發生的事件稱為「無心之處可見的運作」(同前揭書，頁一二六)。正因為什麼都沒有、什麼都沒有存在其中，才會有其他事物的進入與運作。因此，我們可以認定，無心具有被動性，也具有包容性。

鈴木接著說，這種無心，正是將感情、知識、邏輯等人所擁有、有意識、具反省的一切事物排除，讓有限的人能夠觸及彼岸的體驗。在這種體驗中，既無喜也無悲，沒有價值和目的，沒有過去也沒有未來，也無善惡之別。在有人的判斷邏輯的地方，人類會制定目標並為實現目標而採取行動，任何不符合其目標的事物都會遭到排除。但在無心之中，既然沒有目的，就不存在目標的問題，也沒有「對與錯」的判斷。如此一來，不會因為價值不合而加以排斥，也不會因為無意義而排除(同前揭書，頁一四三)。在這種境界中，只有佛的自由創造才是神聖的遊戲，並以盡情嬉戲的方式運作。是故，鈴木在演講中這樣陳述：

當至親或心愛之人去世時，我們無法否認這一事實——或許正因無法否認，所以我們痛哭。然而，在內心的某處，**確實**存在著不會為此痛哭的部分。更進一步來說，在看到他人痛哭，並因此跟著一同痛哭的同時，**確實也**存在著無喜無憂的人。這些都是事實，若不能認同這一點，那就無法繼續談下去。在這樣無喜無憂的境地中，我認為我們能夠感受到「無心」的存在。（同前揭書，頁一八四。筆者將一部分內容改寫為現代書字形）

鈴木屢次將「無心」描述為宛如木石一般的存在。當風起時，樹必隨之搖曳；當風拂過時，石必隨之滾動；我們便是如此，在承受這樣的必然性中活著。然而，即便如此，我們如何悲痛或呼喊，其中依然存在著如同木石般無動於衷的部分。排除了一切區別的無心，不再有西方思想中所認為的「存在的我」的雙重區別。既無我與你的區別，也無我與佛的區別。無心就是我中有你、你中有我、我中有佛、佛中有我；正如如此，佛的宇宙創造透過我而運行著。

閱讀大拙的韋伊

鈴木大拙於一八七〇年出生在金澤，並成為禪的求道者。一八九七年，他以出版社編輯的身分前往美國伊利諾伊州，並在各國從事禪的演講、著作翻譯、通譯和研究工作，直到一九〇九年歸國。戰後，他受邀在各國大學與學會演講，四處奔走，成為禪與世界之間的橋梁，並因此聞名於世。

韋伊也是鈴木大拙在世界各地的讀者之一。韋伊於一九〇九年誕生於巴黎，當她就讀亨利四世中學時，遇到了哲學教授阿蘭（Alain, 1868-1951，原名Émile-Auguste Chartier），並吸收了柏拉圖、笛卡兒、史賓諾莎、康德等哲學家的思想。隨後，她在高中教授哲學時，深入研究了勞動與社會壓迫的問題，並撰寫了大量關於困難時期靈性的論考。由於韋伊有猶太血統，當一九四〇年德軍占領巴黎後，她被迫過上了流亡生活。在一九四一至四二年間，韋伊停留在非占領區的馬賽時，她閱讀了鈴木《禪論文集》（*Essays in Zen Buddhism*）的英文版，並在筆記中寫下了許多關於禪的引用。

當時在東方主義的影響下，人們強烈傾向將開悟和解脫視為某種伴隨恍惚的神祕體驗，但韋伊將悟理解為一種知識的覺醒。在筆記的某處，她寫道：「禪佛教的概念是沒有夢想交錯，純粹的知覺（這是我在十七歲時的想法）。」（《筆記3》，富原真弓譯，頁一五）十七歲的韋伊這樣的想法，在筆記的其他地方也有回應：「當我就讀高等師範學校預科班的時候，我做了『超越史賓諾莎的冥想』。當時，我完全不考慮其他對象，不與其他任何事物有關聯，只是花上好幾個小時思索『這是什麼』，一味注視著對象。這就是一種公案吧！」（同書，頁八八）

史賓諾莎是韋伊經常提及的哲學家之一。史賓諾莎將感知分為三種：第一種是表象與觀點，第二種是悟性，第三種則是永恆階段，這被視為與上帝的至福直觀等同。為了理解必然性，推論、邏輯和概念是不可或缺的，而悟性正是掌管所有人類知性活動的部分。史賓諾莎將上帝和永恆階段認為是與悟性不同的感知方式，也就是說，他將與永恆和上帝相關的問題，與涉及自然法則及必然性相關的問題區分開來，視為不同的感知方法。這正是史賓諾莎的哲學與公案之間的關聯所在。

韋伊經常引用的一個公案是「從南方眺望北方的星」。以一種不同於天體的嚴格必然性的方式凝視星星，這其中蘊含了鈴木所說的，沒有任何分別，但凌駕於必然性之上的、宛如木石般無心的世界，將無限延展；那是神的運作，縱橫無盡、來回於南北之間。在這個公案中，韋伊再次發現了史賓諾莎的思想。

待機——無罣礙也無所求

晚年的韋伊熱中於研究世界的神話與民間故事，以及各宗教的聖典等宗教文獻。她的著作中經常使用「超自然事物」、「救贖」、「創造」、「脫創造」、「非人格事物」等宗教語彙，因而廣為人知。這與鈴木的關聯性並不是那麼明顯，或許應該從韋伊接近基督教的觀點，並探討她與基督教的關聯來加以論述。然而，正如鈴木探究每個人在宗教體驗中共同的心性，韋伊也在探索每個人如何透過靈魂與超越世界來進行交流。

韋伊與鈴木的這些探究，在現代究竟有何意義呢？作為其中一個答案，我們可以從韋伊的「待機」，以及鈴木在妙好人研究中經常提出的「無罣礙亦無所求」中獲得提示。兩者的共通點在於，我們並不確定自己相信什麼，但卻並不在意這一點。

韋伊在筆記中引用了希臘神話中被命令前往地獄的坦塔洛斯為例，並寫道：「坦塔洛斯被美酒佳餚圍繞著，但不管多麼拚命努力，始終無法占有它們。／人類與善的關係也是如此。善從四面八方圍繞著人類，不斷地呈現在人們面前。但不管意志有多麼堅定、也無論多麼激烈地努力，都無法抓住其中的一絲一毫。／無法掌握的東西、紋風不動的東西、在沉默中懇求的東西。」（《筆記4》）明明善就在四面八方、呈現在自身的周圍，但意志卻無法看到它。不管怎樣行使意志，都無法得到善，於是我們放棄自己的力量，終於開始祈願。意志與祈願是不可兼得的。

這種竭盡自身力量後產生其他力量的架構，與鈴木長年的研究主題——妙好人的生活方式，或許頗有相通之處。在《宗教經驗的事實：以庄松底為題材》（一九四三年）一書中，鈴木探討了好人庄松（一七九九—一八七一）與三河的小薗（一七七七—一八五三）的宗教體驗。他認為庄松的信仰最初是「自己能夠與彌陀直接對談的信仰」，不需要任何證明與邏輯，即使為追求信仰而遠走他鄉卻一無所獲，庄松還是常說「無罣礙，也無所求」。儘管在名為佛的永遠中，只會呈現出既無過去也無未來的狀態，但在庄松自身的經驗中，「空手而去、空手而回」意味著他始終與佛為一，不需要任何占有或改變。反過來看，這也正是他與韋伊和鈴木所謂要求某種回報、進步與變化的宗教體驗截然相反的原因。

毫無疑問，現代的我們思考神的臨在與信仰時，韋伊與鈴木的思想無疑是豐富的源泉。

延伸閱讀

鈴木大拙，《無心》（角川sophia文庫，二〇〇七年）——這是鈴木為信徒們提供的無心相關的演講紀錄的補充。本書用與通俗易懂，並從多個角度論述無心，是相當適合大拙初學者的作品。其中除了列舉之外的部分，也可看到許多和韋伊論點的類似之處。尤其是鈴木就淨土這種看不見之物的直接經驗，以類比和譬喻關聯的論述，與韋伊的勞動者教育建議有重合之處。

鈴木大拙著、上田閑照編，《新編：東洋的見解》（岩波文庫，一九九七年）——編者將一九八〇年到八三年，由岩波書店刊行《鈴木大拙全集》第二〇、二一、三〇、三一卷中收錄的鈴木大拙隨筆重新編輯的作品。在〈關於「詩」之世界的我見〉（頁二四〇）中，鈴木提到他曾從別人那裡聽說韋伊有讀過自己的書，也贊成韋伊所說「詩在勞動中是必要的」。

西蒙・韋伊，田邊保、川口光治、富原真弓譯，《筆記2》、《筆記3》、《筆記4》（Misuzu書房，一九九二—九五年）——根據韋伊流亡期間於馬賽、紐約、倫敦的雜記（cahier）中的片段，按時間順序出版。這是理解當時韋伊斯思想軌跡的寶貴資料。韋伊主要是在《筆記2》中，寫下了關於鈴木大拙《禪論文集》的內容。

CHAPTER

four

第四章

印度邏輯學　志田泰盛

インドの論理学

在古典印度語中，相當於「邏輯」或「邏輯學」的原始語彙有多個，不過本章將從某文或命題導向其他文或命題的普遍操作，及構成其前提的事物與概念間的關係分析，廣義地稱為「邏輯」，至於有關邏輯的批判性分析，則普遍稱為「邏輯學」。

作為思辨與對話基礎的推論

無論在自然語言或嚴格的術語中，古印度的思想家都是透過「言語」來分割世界。他們根據需求來創造新的概念，並使用言語來分析世界，一方面為各學派的終極目標——通常稱為「解脫」或「開悟」的宗教體驗——提供一種可資使用的科學方法論，另一方面也積累了超黨派的議論。

人生的終極目標是什麼？作為實現這一目標的手段，知識與行為（修行、禮儀）應該以何者為重？各學派和思想家的答案各不相同，但許多理論主張「透過知識獲得解脫」。叔本華對十九世紀初期透過翻譯引進西方世界的奧義書與佛典讚賞有加，他給予古印度思想高度評價的一點是，它是一種依循「個人存在迷妄之自覺」而展開的救贖論，而這在印度原典中相當於涵蓋了「透過知識獲得解脫」的理論。

自笈多王朝時期開始，婆羅門教各派教義體系整合了，從現存的資料中可以看出，婆羅門教、佛教、耆那教等所屬學派之間的思想交流愈發活躍。特別是適合作為議論前提、足以信賴的知識根據（量），以及關於資訊提示方法論的各種主題，獲得了熱烈的討論。大多數學派將與知覺、證言並列的推論（Anumāna）視為獨立的知識基礎，並努力列舉妥當推論與謬誤推論的類型。這種推論形式扎根於古代傳統的辯論法，而以此為準則的對話型議論交流，構成了哲學作品的主要部分。

我們所認定的知識根據究竟有幾種，妥當的推論形式又是如何？關於這一點，理論也相當多樣。例如，佛教各派所設想的世界，是隨著構成要素在物理、心理上的因果連鎖（緣起）所產生的生滅流轉的一系列現象，而我們作為眾生在世界中的任何經驗都被認為是獨一無二的。因此，為了追求真理，我們必須重視不受概念判斷干涉的感覺知與直觀。每個瞬間都是獨特的「唯一」的世界中，透過指名與記述來進行分割與資訊傳遞的語言運用，或是關於從世界中抽象出來、普遍化和類型化的邏輯操作，雖然對日常生活和學術運作有用，但與感覺知與直觀相比，對於掌握世界的真實面貌來說，充其量是次要的，並且在終極階段（如頓悟）中，被認為是無用的。然而，基於這樣的世界觀，佛教徒在認識論領域中建立了以知識根據為核心的架構，並積極展開以推論為基礎的學術對話。

另一方面，古典印度文化廣泛傳播到亞洲其他地區，起源於印度的邏輯學（在漢譯佛典中稱為「因明」），在日本直到近代才被許多學者研究。進入本世紀後，保存在日本各地寺院中的古抄本中，也發現了許多保留因明原始形式的資料，這些資料作為重建印度思想史的重要依據，受到了廣泛關注。

推論的基本形式

在古典印度，推論的標準形式之一是針對主張、論證因、實例三個項目來予以提示。推論式的具體例子如下：「那座山上有火，因為有煙，就像煙囪一樣。」「聲音是被創造出來的東西，因為無常，就像壺一樣。」「聲音是永恆的，因為再認識的單位是次數，而不是件數，就像吃飯一樣。」等。正如桂紹隆先生的評論所說：「『歸納推理』是描述印度邏輯學特徵，最合適的關鍵詞。」（《印度人的邏輯學：從問答法到歸納法》，中公新書，一九九八年，頁二五一）印度人強烈意識到，必須使用眾所周知的實例來加以佐證。

作為妥當推論的基準，論證因尤其是重點。從（1）主張的主題、（2）同類例（即擁有論證對象的實例）、（3）異類例（即不擁有論證對象的實例）等觀點出發，對論證因的有無加以規定，這樣的論法相當有名。簡單來說，在「升起黑煙的山上存在著火」這個推論中，作為論證因的煙具備了以下三種特質：（1）存在於作為主張主體的某特定山上（主題所屬性）、（2）存在於像是煙囪之類的同類例中（肯定的伴隨）、（3）不存在於湖之類的異類例中（否定的伴隨）。

論證因與論證對象之間的法則關係，也就是在從煙到火的推論中所具備的「有煙的地方有火」這種方向性關係，被稱為遍充（Vyapti）或不可離關係（avina'bha'vii），並廣受重視。在這種法則性的發現與正當化中，必要或充分的觀察與邏輯是什麼？此外，這種法則性可以從經驗中獲得嗎？這些問題引發了廣泛的討論，而論證因的第二特質（肯定的伴隨）的解釋，也從觀察言明（連接）轉向理論言明（包含）。在將這種法則性朝因果性或同一性還原的法稱（大約七世紀）學術傳統中，我們可以看到，這種法則性與論證因的第一特質（主題所屬性）這兩個項目，成為推論式的重要要素。

誤謬推論的判定法與討論的審判規則

誤謬推論雖然有各式各樣的類型，但從同類例與異類例中論證因的分布這一觀點出發的判定法是相當有名的。代表性的判定法是一般認為由陳那（五至六世紀左右）所創的「九句因」方法。這種方法將論證因分為三種分類：（1）遍在於同類例的所有個體、（2）只分布在其中一部分、（3）兩者皆無。而這三種分類與異類例同樣的三分類加以組合，從而得出推論的判定。

在主張的主題中，論證因的有無也成為妥當性的基準。例如，「聲音是無常的，在被創造出來之前並不存在，就像壺一樣」這樣的推論式，從同類例和異類例的論證因分布來看是妥當的，但對於認為「聲音是永恆的」的學派來說，他們不認為論證主體的聲音是被創造出來的，因此整體推論式也會被否定。換言之，推論的妥當性也取決於對方所依據的學說。

不僅是推論妥當性的邏輯問題，辯論中的言談舉止也被廣泛認為是判定勝敗的標準。例如，推論式各項目的提示順序，或是論爭當事者的發言速度與明瞭性，乃至於抑揚頓挫，這些都在問答規則中有詳細規定。這可以說是自古以來辯論法的深刻痕跡。

名為知識根據的典範

到上一節為止的論點，大致都包含在有關推論的邏輯學架構內。同時，由於推論是知識基礎的一種，因此也反映在有關獲得資訊手段的普遍論，或關於認識與真理基準的各學說上。儘管各學派的重心略有不同，但在真理基準上，一般都採用古今東西有名的三大分類：對應、整合、實用性。其他如資訊的特權性、來源的獨立性、資訊的新穎性、資訊的非曖昧性等，有時也會被明確地補充為知識基礎的條件。

另一方面，對真理程度設定光譜的學說，也存在於佛教各派和婆羅門教的伐致呵利（五世紀左右）等人的論述中。然而，多重真理論的終極階段被認為是無法透過言語、概念來表現與分析的。在這層意義上，他們提倡超越概念、判斷、述定的基準，有時會強調冥想的修練，以體現這種終極階段。

此外，佛教和婆羅門教中也有一些觀點將直接經驗（anubava/anubhuti）視為知識基礎的特徵，意指體驗真實存在的對象即為知識。在這種情況下，比起理論，重點在於觀察與現象，比起過去和未來，更重視現在，比起反事實，更重視現實。我們還可以發現一種傾向，即從知識基礎中排除非直接經驗性的感知和邏輯，譬如伴隨著反實際假設的邏輯，如反證法，或是回憶過去、預測未來等，即使這些方法符合一致性或實用性等標準。

知識根據周圍的邏輯

除了推論，還有一種觀點認為歸謬推論（tarka/prasaniga）與分析性導出（Arthapatti）等邏輯可以作為獨立的知識基礎。然而，這些概念的具體內容隨著時代和學派的不同而有所變化，甚至上述的譯語也只能算是比較片面。

當我們認定歸謬推論具有某種機能時，其代表性的作用是以假設邏輯的方式，幫助確認火和煙等兩者之間的規律和因果關係。其他情況通常指的是一般邏輯，如命題中矛盾的推倒法和殘餘法等，這些通常被歸納為歸謬論，雖然它們得到了多個流派的認可，但只有耆那教的部分學派將其視為獨立的知識基礎。另一方面，也有一些學派用「tarka」這個詞來指代先入為主、循環推理、無限後退或假設過多等邏輯誤謬。

我們也可以在廣泛的用例中確認分析性導出的邏輯。具體的著名例子包括「查德拉還活著，但在家裡卻看不到他的身影，因此他外出了」和「肥胖的狄瓦達塔白天不吃飯，因此他在晚上吃飯」。在意義論的領域中，也能確認這些術語，譬如隱喻與換喻等間接表達，或是包含多義語彙的文章，這些語言形式透過委婉的方式讓聽者在特定情境下理解其功能。這類邏輯可用「分析性導出」（Arthapatti）來稱呼。將分析性導出視為獨立的知識基礎的學派，規定這種排他的特質是「不能用其他方式來解釋」，並且在推論上無法還原的事物。與推論依賴於關於法則性經驗與知見的前提不同，分析性導出的本質是純粹邏輯性的，並不依賴背景知識與語境，因此吠檀多派的思想家認為它是「最強的知識基礎」。

現代研究者對這方面的評價，由於對證據文獻的聚焦點不同，意見並不一致，尤其是在其本質是演繹還是溯因（abduction）上存在分歧（參考*Controversial Reasoning in Indian Philosophy: Major Tests and Arguments on Arthapatti*, ed. Malcom Keating, Bloomsbury Academic, 2020）。以查德拉外出這個例子為例，若將其視為純粹演繹，這樣的解釋會導出前提（活著且不在家）與結論（外出）之間恆真的必然性，從而分析這個邏輯特有的機能。另一方面，在意義論的領域中，這個邏輯也可以被評價為一種將文法、句法、意義上不完全的文章真意加以特定機制的過程，也就是一種溯因。

與之相關，現代對溯因有兩種解釋。一種是在既有的假說群中選擇最有可能的假說，也就是「進行最善於說明的推論」；另一種則是在不設置假說群前提的情況下，透過觀察事實來說明，從而生成假說，也就是「假說的發現」這種解釋。在古典印度，發現型溯因的典型範例是數論派的烏達亞那（Udayana，十一世紀左右）主要著作《邏輯的一掬之花》。這本書以神的存在論證為主題，在各篇中排擊了從無神論出發的反論。第二篇提出了「預設全知者是不需要的」的反論，針對此反論，烏達亞那以各種歷史與認識論上的事實為依據，得出了「全知之神的存在」這個假說作為結論。接下來的第三篇及後續各章，則對這一假說予以批判性的驗證，並解讀了與發現型溯因相對應的邏輯。

小結

在古典印度，保留了古代辯論法傳統的推論形式邏輯，並形成了學術運作的基礎。在這種知識基礎的認識論中，推論成為追求真理的經驗主義手段之一，對於探索和理解真理起著至關重要的作用。

有一種廣泛認同的態度是，不容許將法則的任何一個例外作為推論的前提，這種傾向在以觀點為基礎的耆那教中也是一樣的。例如，「海豚不是卵生，因為是哺乳類，就像狗一樣」或是「海豚是哺乳類，因為不是卵生，就像狗一樣」；這兩個推論式的設想，從古典印度判定法的評價來看，因為我們必須將鴨嘴獸（卵生的哺乳類）和蠍子（非卵生的節肢動物）等例外的實例納入考慮，所以在這兩個推論中，不管是哺乳類還是非卵生性，論證因都在同類例與異類例中分布，因此兩者都不成立，並被歸類為誤謬歸論。換言之，無論論證因與論證對象的連用頻率是百分之九十九或百分之一，都一樣是不成立的，從而在古典印度被評為缺乏定量和統計的視角。關於這點，在以真偽定義與檢驗法為主題的真理論中，烏達亞那一方面維持著認識真偽的二值原理，另一方面也提及了真偽驗證的準確度光譜。在他的議論中，我們可以看到「頻率」與「確信程度」之間截然區分的萌芽。

例如，「一億是兩個質數的和，因為是四以上的偶數，就像六一樣」，如果要設定這種關於未解數學預測的推論式，則因為我們尚未發現持有論證因的異類例（即不能用兩個質數的和來表示且大於四的偶數），因此即使無法用數學證明，仍然可以判定這是一個妥當的推論。與這一點相關的是，有些學說在作為推論前提的法則性、因果性或必然性等知識根據上，會訴諸歸謬邏輯、分析性導出和直觀洞察等，但他們也意識到，這樣做可能會脫離經驗主義架構的風險。

儘管推論是基於觀察與類推，但作為不言而喻的前提，它其實是立足於各學派與教條性的命題上；例如元素、原子、普遍、自我、神、輪迴等實在性，以及將之加以分類的範疇論，或將德福一致等原則包含其中。關於這一點，哈爾布斯（Wilhelm Halbfass）等人所主張的「印度教」作為形上宗教或總體宗教的概念，實際上具有啟發性。（Wilhelm Halbfass，*Tradition and Reflection: Explorations in Indian Thought*, State University of New York Press, 1991, pp.51-55）換句話說，印度教不是與基督教、伊斯蘭教等對立的宗教，而是一種將婆羅門教、佛教、耆那教等教派及其分派之間的交流全都涵蓋其中的總體宗教。在多方論戰的思想家之間的對話中，作為議論前提的各概念也經常受到其他論敵的批判。這種多層次的交流在某種程度上彌補了教條主義的局限，並促進了宗教理論的「印度合理性」，這樣的看法是有可能的。

延伸閱讀

桂紹隆，《印度人的邏輯學：從問答法到歸納法》（中公新書，一九九八年）——本書以解釋本章翻譯為「推論」的anumana這種邏輯（桂先生翻譯成「推理」）的起源與發展過程為主軸，概述了印度思想史，包括比較思想的視角。新版預定將由法藏館於二〇二一年刊行。

御牧克己編，《中觀與空II》（梶山雄一著作集，第五卷，春秋社，二〇一〇年）——在以「中觀哲學與歸謬論證」為題的第六章中，解釋了被稱為prasaniga的邏輯。關於本章中被譯為「歸謬邏輯」的tarka參考了以下的文獻，這些文獻主要以十世紀以來思想家的觀點為中心來詳細解說：Sitansusekhar Bagchi, *Inductive Reasoning: A Study of Tarka and Its Role in India Logic*, Munishchandra Sinha, 1953; Esther A. Solomon, *Indian Dialectics: Methods of Philosophical Discussion*, 2 vols. Gujarat Vidya Sabha, 1976, 1978.

桂紹隆、五島清隆，《解讀龍樹〈根本中頌〉》（春秋社，二〇一六年）——這是一本關於本章未曾處理到的中觀佛教特有之「四句分別」邏輯，以及創造它的龍樹的解說書，當中也包含了龍樹的主要著作《根本中頌》的完整譯本。除了四句分別，本章沒能涉及的關於否定與非存在的各學說，有一本使用分析哲學手法、廣泛研究了亞洲古典的論稿集：*Nothingness in Asian Philosophy*, ed. Jeeloo Liu and Douglas L. Berger, Routledge, 2014.

北川秀則，《印度古典邏輯學的研究：陳那（Dignaga）的體系》（鈴木學術財團，一九六五年）——作為古典印度邏輯學一大成就的陳那的主要著作《集量論》，其梵文原典雖然散佚，但本書使用現存的藏語譯本設法復原出原典，是本功績耀眼、堪稱不朽的研究書。

赤松明彥，《印度哲學十講》（岩波新書，二〇一八年）——印度哲學的各個流派是如何探索建立多樣化現象世界的根源的？本書依循原典，從多角化的大局觀點闡釋了印度古典哲學的形上學論點。卷末的參考文獻也十分詳盡。

CHAPTER

five

第五章 伊斯蘭的語言哲學

野元晋

イスラームの言語哲学

文法學的開端

「神說了話，於是伊斯蘭開始了。」井筒俊彥（一九一四—一九九三）是出生於日本的國際伊斯蘭學者和哲學家。他認為，伊斯蘭教中的「啟示」現象，是神（真主）與人之間的交流（井筒俊彥，〈作為言語現象的「啟示」〉，《井筒俊彥全集（第十卷）意識的形上學》，慶應義塾大學出版會，二〇一五年）。換句話說，井筒對伊斯蘭的理解是，啟示是神與人之間對話的語言，而對啟示的理解，實際上就是對這種對話語言的理解。神（真主）以何種方式說了什麼話，並將其記載下來的聖典《古蘭經》又是怎樣的一本書，這些問題都有必要加以理解。為了回答這些問題，關於《古蘭經》的解釋學、神學、法學，乃至阿拉伯文法學等領域展開了各種辯論。正如我們稍後將看到的，這些學科建立在傳統的基礎上，並被視為伊斯蘭教的原始學術。

就文法學領域而言，大約在八世紀下半葉，以伊拉克的庫法和巴斯拉為中心，發展出了一套音韻論、形態論、統語論的系統，並由希伯維（Sibawayh, ca. ?-796）彙整，他的作品《書》為這門學問奠定了基礎。當阿拔斯王朝（七四九—一二五八）建立新都巴格達（七六六年落成），政治和經濟中心轉移後，語言學研究以及其他學科在新首都蓬勃發展。

圍繞言語起源的思索

關於言語的起源也引發了不少討論。在古希臘，正如柏拉圖在《克提拉斯篇》中所表達的，語言與其所指的事物之間的關係，分為基於習慣的習慣起源說與認為語言是自然而然形成的自然起源說，兩者之間形成了某種論爭。然而，在穆斯林的言語思想中，這兩種觀點都可以看到。不僅如此，他們還提出了啟示起源說，認為是上帝建立了語言與事物之間的關係。

關於這種言語起源之爭，迄今為止的研究指出，主要是在九世紀以後，穆斯林的知識分子，包括神學家在內，各自提倡上述三種學說中的某一類型，並將這些學說進行多樣的組合，從而展開激烈的論爭。在這個過程中，我們也可以看到穆斯林言語與思想的獨特發展。（有關這方面的議論與研究，請參考野元晉，〈伊斯瑪儀派思想家拉齊的言語思想：拉齊《裝飾之書》中「阿拉伯語優越論」的部分翻譯〉，飯田隆編，《西方精神史中的言語與言語觀：繼承與創造》，慶應義塾大學言與文化研究所，二〇〇六年）

不僅如此，對語言與其所指事物之關係進行研究的文法學者，也逐漸開始關注人類的心理內涵，從而研究成為語詞的詞彙與心靈內在思考內容之間的關聯。換句話說，他們開始探索發出的話語這一表層，與生出話語的心靈深層所蘊含的事物之間的關聯。在這個過程中，他們的研究對象是真主（唯一神）對先知穆罕默德所述說的話語，即成為聖典《古蘭經》言語的阿拉伯語。因此，在理論上，阿拉伯語在宗教的神聖化背景下被選擇為一種語言。

法學與言語

關於將阿拉伯語神聖化的例子，我們可以以法源論（吳蘇爾·菲克）公認的創始者莎菲懿（Al-Shafi'I, 767-820）為例。莎菲懿認為，阿拉伯語是為了讓「不受限制的言語實際成為特定之物、讓明快的言語變得非明快」而誕生的語言，是所有語言中包羅萬象、表達範圍最廣的一種語言。他也暗示，依循新學說，有限的語言結構能夠創造出無限的意義，從有限的文本（如聖典等）中也可能產生無限多的解釋。如果這一點是正確的，那麼莎菲懿就是從語言中的詞語與心理深度的關係來思考法解釋學的。（以上關於莎非懿的論述，請參考J. Lowry, *Early Islamic Legal Theory: The Risala of Muhammad ibn Idris al-Shafi'I*, Brill, 2007）

從《古蘭經》（以及先知穆罕默德的言行傳承——聖訓）中提取「當如何如何」這類具有特定意味的命令，並確認命令的對象及其針對的事物，也被視為對語義和語源的探究。在古典伊斯蘭社會的知識脈絡中，法學必然會對語言問題給予深切關注，莎菲懿的論述便是這方面的最佳例子。

神學、言語、政治——「異端審問」與其結果

當言語成為神學討論的主題時，它不僅僅是純粹的學術討論，而是涉及整個伊斯蘭社會的政治性問題。舉例來說，在討論與神（真主）所具備的性質和「屬性」相關的事物時，古蘭

經究竟是作為神的永恆話語，還是神的被造物？阿拔斯王朝第八任哈里發馬蒙（al-Ma'mun，統治期間為八一三—八三三年）採取了後者的立場，即支持理性主義的穆爾太齊賴派提出的「古蘭經為被造物」的說法。八三三年，馬蒙實施了異端審問（mihna），並迫害那些不信奉這一論述的人。這一做法被認為是為了確立哈里發王朝的宗教領導地位，並將矛頭指向傳承主義者，因為他們強調先知的言行和傳承，傾向於對古蘭經有更多的字面解釋。

隨著傳承主義者獲得穆斯林民眾的廣泛支持，審問制度遭到了猛烈的批評，最終在八四九年，一說八五一、八五二年被廢除。這一連串事件嚴重損害了哈里發在宗教領導方面的威信。在一個將伊斯蘭作為宗教生活和治理原則的政體社會中，神學上的爭論往往會轉化為重大的政治問題。因此，儘管九世紀上半葉的阿拔斯王朝社會中的神學家多以探討與古蘭經相關的神話語形式進行辯論，這些討論仍然成為了公眾關注的焦點。

關於古蘭經的創造問題，遜尼派中的主要思辨神學派之一——艾什爾里學派的神學家，在十一至十二世紀間提出了一種理論。根據這一理論，神的內在言語是永恆的，但當這些言語物質化並呈現在外部事物中（即成為書籍形式的古蘭經）時，它們則是被創造出來的存在。這種觀點實際上基於前述的區分，即將發聲化的話語與內在思考內容，亦即所謂的「言語活動」，劃分為外在的言語表達和內部深層的思考過程。

來自希臘的學問

文章的前一部分側重於伊斯蘭或阿拉伯原本固有學問中以言語為思考核心的記述，不過接下來，我將以外來學問中的邏輯學（及其中包含的哲學）與原本學問——阿拉伯文法學之間的論爭為中心，討論言語的問題。

首先，關於伊斯蘭原本學問與外來學問該如何分類，根據花剌子密（al-Khwarizmi，？—九八八左右）的說法，外來學問主要起源於希臘，並且被稱為理性學問，與先知穆罕默德依循啟示的學問（即伊斯蘭原有的學問）形成鮮明對比。這些外來學問包括哲學、邏輯學、醫學、數學、幾何學、天體學、音樂、機械與裝置學、煉金術等。（參見鎌田繁，《伊斯蘭中有關學問的理念》，收錄於《古典學的再建構》第五號，神戶學院大學人文學部「古典學的再建構」整理班事務局，二〇〇〇年）在八世紀至十世紀間，透過從希臘語到阿拉伯語的大規模翻譯運動，這些學問向穆斯林傳授，並大致整理為上述這些流派。（古塔斯，《希臘思想與阿拉伯文化：阿拔斯王朝初期的翻譯運動》，山本啟二譯，勁草書房，二〇〇二年）

另一方面，隨著以希臘為主要來源的學問抵達並完成翻譯活動，伊斯蘭世界的原有學問，包括各個領域的古典學派和最基礎的古典文本，也逐漸建構並成熟。這些新引進的學問在研習這些學問的學者眼中，往往具有批判性，相對於啟示，它們更強調理性的重要性（日本著名伊斯蘭學者鎌田繁指出，雖然在伊斯蘭學術觀中，啟示與理性並非絕對對立，但有時忽視啟示、過度偏重理性的傾向仍會受到批評）。

阿拉伯文法學對邏輯學——一場論爭

這種文化背景下，九三二年，在阿拔斯王朝「天子腳下」的巴格達，當時著名的基督教資深邏輯學家阿布．畢修爾．馬塔（Abu Bishr Matta, 870-940），與一位傑出的、相對年輕的穆斯林阿拉伯文法學家阿布．薩義德．西拉菲（Abū Saʿīd al-Sīrāfī, ?-979）就語言問題展開了一場有趣的辯論。（關於這場論爭，請參考以下作品：竹下政孝，〈邏輯學是普遍的嗎：阿拔斯王朝時期邏輯學者與文法學者的論爭〉，竹下政孝、山內志朗編，《伊斯蘭哲學與基督教中世紀II實踐哲學》，岩波書店，二〇一二年。本章關於言語思想的術語，大致是沿襲這篇論文）

這場論爭由阿拔斯王朝宰相伊布努爾．伏拉德主持，在他的宅邸中舉行。首先，邏輯學者馬塔指出，邏輯學（mantiq）是一種工具，類似於秤，可以用來區分正確與錯誤的言論，以及基礎薄弱的思想及其意義（馬阿那）。相對而言，西拉菲則認為，區分這些問題的應該是每個人所具備的「理性」，而非邏輯。他還批評秤的比喻，認為秤僅能測量重量，無法應用於言論的區分。

結果，這場論爭據說由西拉菲獲勝。他指出馬塔的阿拉伯語知識不足，並因此贏得了觀眾的支持。撇開軼聞的流傳演變不談，這場論爭的核心其實是普遍文法（邏輯學）與具體語言

（阿拉伯語）文法之間的爭論。馬塔的立場是，心中的思考和意義屬於邏輯學的範疇，而文法則僅涉及發話形式，也就是實際表達出來的語言。他認為，心中的思考和意義就像4＋4＝8一樣，是超越語言系統的普遍存在，而邏輯學則是用來處理這種普遍思考和意義的形上語言。

相對於馬塔的論點，西拉菲認為，總體來看，人類仍然需要透過各自的語言來理解內心深層的思想及其含義。他質疑道：思考能夠脫離個別的語言嗎？你（馬塔）所依據的邏輯學，也是透過希臘語這種具體語言形成的，因此你也必須理解希臘語，對吧？這場論爭實際上觸及了「在普遍文法與個別語言這兩種方法中，究竟哪一種能更有效地掌握心中的思考與意義，並創造出正確的言論」這一難題。

法拉比

作為這場論爭一方的阿布・畢修爾・馬塔，他的弟子法拉比（al-Farabi）在伊斯蘭思想界被譽為繼亞里斯多德之後的「亞聖」，並進一步推動了哲學式邏輯學的普遍文法化。

法拉比以古代末期在埃及亞歷山大城確立的「柏拉圖與亞里斯多德一致」思想為核心，並以亞里斯多德的邏輯學著作《工具論》為基礎，致力於將哲學課綱引入伊斯蘭世界。然而，最近的研究對他是否真正推動邏輯學的普遍文法主義持謹慎態度，反而認為法拉比更注重使用當時的日常阿拉伯語來闡述邏輯學（D. Reisman, "Al-Farabi and the Philosophical Curriculum", in P. Adamson and R. C.

Taylor(eds.), *The Cambridge Companion to Arabic Philosophy*, Cambridge University Press, 2005）。

伊本·西那、安薩里，以及之後

伊本·西那〔Ibn Sina, 980-1037，又名阿維森那（Avicenna）〕是伊斯蘭中東世界的重要哲學人物。他認為言語中，發出的話語（表層）與內在的心中思考、意味，並非截然分開的，而是相互影響的。這樣的學說在以納西爾丁·圖西（Nasir al-Din al-Tusi, 1201-1274）為代表的伊本·西那學派中，得到了更進一步的發展（P. Adamson and A. Key, "Philosophy of Language in the Medieval Arabic Tradition", in M. Cameron and R. Stainton(eds.), *Linguistic Content: New Essays on the History of Philosophy of Language*, Oxford University Press, 2015）。

神學家安薩里（Al-Ghazali, 1058-1111）批評伊本·西那的哲學，認為其否定了宇宙永恆說、復活以及對神的個物認識，並基於這三種教誨，斷定伊本·西那是個不信者。在此，哲學與神學之間的對立可以視為決定性的，但神學同時也採納了邏輯學，認為它對知識的獲得是有幫助的。另一方面，神學也吸收了哲學的部分內容，包括邏輯學以及其他領域（如自然學、形上學）。邏輯學也逐漸確立為伊斯蘭高等教育機構（madrasa）的課程之一。正如這樣，邏輯學與文法學的對立逐漸化解，並在穆斯林知識社會中深深扎根（同前引竹下論文）。

神祕的知與言語

今後，我們有必要從中世紀到近世，甚至到現代傳統哲學在伊朗等地的發展，來探討哲學中言語問題的演變。此外，雖然本章未深入討論，但言語神祕主義與象徵文字論的思想在伊斯蘭世界中也產生了一定的影響。這些思想透過神祕的意義來解讀語言、聲音和文字，並將其應用於宇宙論與救贖史的解釋。例如，作為什葉派一支的伊斯瑪儀派，在十世紀至十三世紀間展開了蓬勃的傳教運動，建立了法蒂瑪王朝（九〇九－一一七一），並傳播彌賽亞思想、救贖史觀以及與新柏拉圖主義融合的思想。他們同時也運用象徵文字來解釋宇宙生成的原理及先知在救贖史中的角色。

此外，文字象徵論也成為十四至十五世紀左右，在現今伊朗西北部與安那托利亞東部具有重要影響的胡魯夫教團（hurufi）以及十四至十六世紀間，在伊朗活動的努克塔維教團（Nuqtavi）的核心教義。如果不考慮這些言語象徵論，前近代伊斯蘭思想中的言語論全貌將無法清晰呈現。

延伸閱讀

竹下政孝、山內志朗編，《伊斯蘭哲學與基督教中世紀》I－III（岩波書店，二〇一一－二〇一二年）——在「中世紀」這個時代範圍下，以整體視野掌握地中海北岸、南岸及週邊地區哲學的發展，是一項相當有野心的嘗試。本書由當代日本在這兩個地區思想史的代表性研究者撰寫。特別是一直以來在哲學史中很少被提及的神祕思想也占了一卷，更是令人感動的事。

《井筒俊彥全集》全十二卷暨別卷（慶應義塾大學出版會，二〇一三—二〇一六年）——以「哲學的意味論」為方法論基礎的國際著名伊斯蘭學者井筒先生所有日語作品和其他著作。雖然就今日的資料狀況、以及他晚年獨特的哲學解釋來說，是有一些問題，但在從言語視角考察伊斯蘭思想時，還是相當值得參考此作品。

上智大學中世思想研究所、竹下政孝編譯、監修，《中世紀思想原典集成11 伊斯蘭哲學》（平凡社，二〇〇〇年）——它涵蓋了十三世紀以前的伊斯蘭世界哲學運作，也讓我們得以用日語接觸到法拉比、伊本．西那和伊本．魯世德的原典。其中也包括了兩篇伊斯瑪儀派的翻譯，是一部劃時代的巨作。

松山洋平編譯，《伊斯蘭神學古典選集》（作品社，二〇一九年）——收錄遜尼派、什葉派、以及源自最初分派——哈瓦利吉派的伊巴德派等派別神學著作的選集。在什葉派部分，不只收錄十二伊瑪目派，也網羅了法蒂瑪王朝系統的伊斯瑪儀派作品。

CHAPTER

six

第六章
道元的哲學

賴住光子

道元の哲学

名為「世界哲學」的視角——為什麼是道元？

本章旨在從世界哲學的角度探討鎌倉時代佛教大師道元的哲學。為此，我認為首先需要以我自己的方式來界定什麼是世界哲學。

近年來，「世界哲學」一詞在哲學和思想研究領域中經常被討論。所謂「世界哲學」，是一場運動，其最重要的目的是檢討傳統哲學過度以西方為中心，至使所謂的「哲學史」，實際上只是自希臘以來歐洲哲學史的延續。這一運動同時關注其他世界地區作為「哲學」所建立的思想活動。

這一動向的背景是持續進行中的全球化；更進一步說，是對西方哲學，尤其是現代西方哲學（可以定義為理性中心主義和人類中心主義）所造成的非理性分裂與人類疏離的反思。換句話說，這是一種立基於對文明所產生野蠻現象的反省，並試圖探索替代方案的時代浪潮，同時也促進了人們對西歐以外各地知識運作的深入思考。

在這樣的趨勢中，人們對於長期被理性中心主義和人類中心主義排擠的非理性、非人類，乃至於對超越理性、超越人類的事物的關注，必然會隨之高漲。具體來說，就是對身體、感性、超越、動植物、環境，乃至整個世界的關注。

西方理性中心主義和人類中心主義的一個極端型態，是將「懷抱理性的獨立主體站立在世界中心、支配基於理性的世界與他者」這樣的人類型象呈現出來。相對於這種西方現代性在主客二元論基礎上陷入理性主導地位的趨勢，非西方、非近代（包括前現代與後現代）的哲學則從一元論的角度對世界各地的思想提供新的詮釋，這使得東洋思想和日本思想成為了注目的焦點。世界對道元的關注日益增長，正可從這樣的文脈來加以思考。

然而，在這裡必須注意的是，對一元論的關心不應該像戰前的「對近代之超越、克服」派那樣，將「一元論、主客未分論的東洋」與「二元論、主客二元論的西方」對立起來，並以此塑造對立的框架，進而強調前者優於後者。這種思維方式在討論中往往強調主體的無力化及主體對一元化全體的從屬，結果卻將問題簡化或矮化。

不如說，更重要的是在以主客分離為前提的立場下，從那些看似明顯不合理、不合邏輯的議論中，探索出新的邏輯路線和主體存在方式，進而重新訓練僵化的工具理性，找到通往對話理性的道路。我們不再尋求支配他者與自然，而是嘗試與之共生共存。這種對話理性應該如何建構呢？其實，這個問題也正是「如何超越主客二元對立，建立新的主體」以及「如何實現既非部分支配全體，也非全體支配部分，而是部分與全體相互滲透，並且保持有機且可動（dynamic）的關聯」的問題。

作為思索這些問題的方式，道元備受矚目。如今，國際間對道元的關注與日俱增。例如，在二〇一八年七月於東洋大學舉行的「世界道元研究的現今」國際研討會上，來自法國、義大利、瑞士、美國、中國、韓國和日本的道元研究者齊聚一堂，進行熱烈的討論。近年來，道元研究在全球範圍內明顯蔓延，已經超越了將道元視為曹洞宗祖師，並對無謬性進行辯證的教義學探討，或將道元的主張視為對顯密佛教體異議的思想史框架（當然，教義學與思想史學仍然具有重要意義）。這些現象都證明了，道元的思想研究具備了作為「世界哲學」的普遍性與啟示性特質。因此，我們可以說，道元研究的目標與「世界哲學」所致力的目標是一致的。

質問自己與世界——「忘自己者，萬法所證」

道元的思想被譽為「日本史上最偉大的哲學家之一」、「一位偉大的形上學思索者」以及「日本哲學的先驅」，他試圖以修行與悟道為基礎，從根本上質疑「自己是什麼？世界又是怎樣成立的？」。關於這一點，我將首先探討道元的主要著作《正法眼藏》中的〈現成公案〉卷，分析其中的一節內容，從而研究道元對自己與世界的基礎思想。

> 學佛道者，學自己也；學自己者，忘自己也；忘自己者，萬法所證也；萬法所證者，乃使自己身心及他己身心脫落也。

上面的引文指出，佛道修行的首要目的是發現自己的真相，其次則是「忘我」。佛教主張「無我」，認為所有事物都不具備固定的本質。與此相對的是，人們在日常生活中常常模糊地假定有一個固定的存在，稱為「自我」。然而，從佛教的觀點來看，作為固定單位的自我，只是為了構成世俗世界的臨時架構而存在。從本質上講，並不存在這種固定的自我，甚至連存在的萬事萬物，也皆無固定的本質。

如上所述，「忘我」這件事，意味著擺脫固定的我（阿特曼）的束縛，也就是喚醒「無我」。說得更簡單一點，透過追尋自我，人們會意識到自己其實並不作為一個固定的事物而存在。我們以為的自我其實並不是自我。

道元又說，「忘我」是由「所有的存在」（萬法）來「證」（作為確定的東西被顯現出來）。這種「透過所有的存在，作為確定的東西被顯現出來」，正是一種基於「空－緣起」的情況。

所謂「空」，並不是如字面上常被誤解為的「空洞、空無」，而是指「作為永遠不滅實體的某種事物並不存在」。換句話說，各種事物都是不斷變化的「無常」之物，並不具備固定不變的本質，也就是所謂的「無我」。那麼，這些「無常」且「無我」的事物，究竟是如何變成一種存在並得以成立的呢？這就需要從「緣起」的觀點來思考。「緣起」指的是在與所有存在（即「萬法」）的關係中，事物以某種樣子成立起來。換句話說，在相互依存的關係中，這種樣子被顯現出來，而這正是「證」的過程。

身心脫落與開悟

道元接著說，「證」就是讓自己與「他己」的身心「脫落」。所謂「他己」，是道元常用的語彙。在提到其他存在時，道元在「他」字底下加上「己」，形成「他己」，以表明其他存在與自己並非分離和對立，而是彼此關聯、緊密相連的。在此，「他己」並不僅限於人類，而是指包含山川草木等一切存在者。

道元說，隨著自己的開悟（身心脫落），我們能夠領悟到「他己」，也就是所有的存在。換句話說，自己與「他己」的「悟」是相互聯動的。所謂「身心脫落」，其意義是在「悟」的瞬間，身心擺脫了束縛——這種束縛源自於將自己與其他存在視為固定對立要素的觀點。在「悟」的過程中，人們能夠體會到作為自己與世界真相的「空—緣起」。對「空—緣起」的體會，正是「領悟」萬事萬物都是相互關聯的，並且並不存在固有的「我」。

道元將這種相互依存的「空—緣起」關係的總體稱之為「遍（法）界」（構成真實的全世界）與「盡（十方）界」（包含全方位的世界）。在《正法眼藏》中，道元屢次提到一句話：「盡十方界是一顆明珠」。這裡的「一顆明珠」是指一顆明亮輝煌的珠玉，在這種比喻下，道元將整個世界視為一顆透明的珠玉，並以此來表現「空—緣起」。自己與「他己」的「悟」之所以連動，是因為所有存在是一個全體，彼此相互關聯。正因為世界全體的所有存在是緊密相繫的，一個人的開悟便能傳播到整個世界。

關於這一點，道元在《正法眼藏》中另有一處探討，以「花開世界起」這句話為線索。所謂「花開世界起」，道元認為，當一個人的「悟」之花綻放時，整個時空中的所有存在也會隨之開悟。在這一瞬間，依靠時空中所有存在的支持，我的「悟」便在此時此地顯現出來，這意味著世界與自己之間存在著一種相互依存的動態關係。道元認為，「悟」是「空—緣起」的實現，是自己與世界的真理。透過修行，不僅是自己，還包括與自己彼此相依的全時空中的所有存在，都能產生對「空—緣起」的自覺，並在此刻持續展現出來。正是透過這種運作，自我才能夠持續成為真正意義上的主體。

道元與西方哲學——以海德格的「Ereignis」為線索

道元的思想極富包容性、一貫性、透徹性與綿密性，常常被拿來與西方哲學做比較，田邊元在其著作《正法眼藏的哲學私觀》（一九三九年）中便是其中的先驅之一。作為比較對象的哲學家包括亞里斯多德、柏拉圖、奧斯定、史賓諾莎、康德、黑格爾、謝林、尼采、胡塞爾、沙特、梅洛龐蒂、德希達等人，這些哲學家範圍廣泛，說道元的思想涵蓋了西方主要哲學家們的思想，也並不為過。

其中特別值得關注的是道元與哲學主題從認識論轉向存在論的過程，這一過程中，與海德格（Martin Heidegger, 1889-1976）的比較成為一大分歧點。一直以來，大多數人都是從時間論的角度來比較兩者，但在本文中，我想將重點放在晚期的海德格身上。據說，晚期海德格更尖銳地提出了《存在與時間》中的問題，並試圖從「世界哲學」的視角，針對根源性思想展開對話。

海德格晚期思想關注的是「存在」，而非「如何存在」，其中一個最重要的概念是Ereignis。Ereignis通常指「事件」或「大事」，但海德格對這個詞有其獨特的解釋。

按照海德格的說法，各種事物的「存在」的根源可以追溯到日常被隱藏的「深層存在」（das Seyn），而這種存在的「本質活動」正是Ereignis。海德格指出，Ereignis是「不可見的事物中，最隱而不顯的事物」，但人「作為凡人終其一生都在其中」（《弗萊堡演講》）。換言之，儘管Ereignis隱藏不顯，它卻是讓人成為人的根源。

日本著名的海德格研究者渡邊二郎先生將Ereignis描述為「讓生命延續的運作」，也是「呼喚的驅策」（《海德格第二部主要著作《哲學論文集》之研究備忘錄》）。簡單來說，人在本質上被敦促著去呼喚這種隱藏的存在，同時也常常受到它的召喚。若是如此，那麼人要做的就是透過根源的思索，回應那個隱藏存在的呼喚，朝著這種存在「跳躍」、側耳傾聽它的聲音，用自己的方式去述說它，並賦予它自身的存在。但在此同時，海德格也說，西方哲學史是「實體論形上學」的歷史，它忘卻了這種存在，將某種靜態的本質假定為個體存在者的對象。在這層意義上，海德格批判柏拉圖以來的西方哲學史，主張應該轉移到歷史的「其他原初」。

將「性起」代換為「起」的道元

雖然海德格自己說過，Ereignis這個詞就跟希臘的邏各斯、中國的道一樣，是不可能加以翻譯的，但在進行日語翻譯時，譯者還是大膽地將之翻譯為「性起」（《海德格全集》第六五卷，創文社版）。這個語彙是華嚴教學的用語。在華嚴教學中，「性」被當成「不改」、「本具」的本質與真理來掌握，而當它作為「起」的時候，就會在一切諸法中顯現。簡單說，一切事物都是作為表現真理的事物而存在。

在華嚴教學中，要觀看這種真理世界的終極姿態，有一個應致力邁進的境地，那就是「海印三昧」。所謂海印三昧，是法身毘盧遮那佛的禪定體驗；就像大海映出一切色像般，那是一種包含、顯現一切，永遠且無限的境地。

在中國，華嚴教學與天台教學並列，作為大乘教學的最高形式，具有相當大的影響力。特別是中國的禪宗，乃是從華嚴教學中汲取並展開思想，在這層意義上，留學中國學習禪宗的道元，也可以說是受到了華嚴教學的影響。關於這點，可以從他的主要著作《正法眼藏》中以「海印三昧」為題的一卷得知。

在「海印三昧」卷中，道元將「性起」替換為「起」，並作了以下的陳述：

> 已是「時」之起，（中略）以「起」乃為合成之「起」故，「起」之為「此身」，「起」

之為「我起」者，「但以眾法」也。（中略）是故，起滅者，我我起，我我滅，即不停也。此「不停」之道取，當全任於彼而首肯之。以此「起滅不停時」為佛祖之命脈而令其斷續。

在這裡，道元把華嚴教學主張、作為深度禪定的「海印三昧」中，所謂真理的顯現（「起」），用時之顯現（時之起／時節到來）來加以掌握。同時，因為世上各事物事象有著相互相依的緣起（乃為合成之起），所以在這當中，自己也會作為真正的事物而顯現（我起）。在這裡講的「時節」或「時」，是道元在他的時間論——「有時」論中展開的「永恆的現在」。另一方面，道元的「起」並不單單只有「顯現」而已，而是「起滅」的展開。簡單說，顯現真理並不代表一切就此告終，真理會持續顯現，並時常以新的時代的面貌出現。這種作為新事物、持續顯現的狀況，道元稱為「為佛祖之命脈而令其斷續」。所謂「佛祖之命脈」（佛的生命）是自始至終流傳下來的佛道真理，也就是意味著「空—緣起」的本身。當更進一步「令其斷續」時，修行者應日復一日地顯現的嶄新事物。

值得注意的是，道元將「性起」表現為「起」，拿去了「性」。這可能是因為「性」意味著不變，以及帶有靜態真理的弦外之音吧！不只如此，「起」也不是單純的「起」，而是以「起滅」，亦即「起—滅—起—滅……」這種永恆的生起方式被認識，這點應該也與「性」的脫落有關。若如前述，海德格的Ereignis被看是一種動力，它作為隱藏的事物不斷地呼喚著人類，而且透過回應的人，不斷呈現出來，那麼這與削除「性起」的「性」、專注於「起」的道元，在努力方向上可說是如出一轍。

當然，我們並不否認華嚴教學的「性起」所宣揚的是一種靜態實體的真理，也不否定「性起」的內涵譯語來對應Ereignis這件事。但是，若從為了避免「性」這個詞所產生的誤解，而強調真理動力運作的道元所為來看，這樣的工夫，正是和批判作為靜態真理樹立的「實體論形上學」、宣揚「讓生命延續之運作」的海德格所下工夫彼此相通的。超越靜態的普遍、直溯動力的根源，這不只是兩者的思想對話，更是充滿「眾神鬥爭」的現代對話起點，同時也是「世界哲學」的起點吧！

延伸閱讀

水野彌惠子校註，《正法眼藏》一—四（岩波文庫，一九九〇—一九九三年）——道元的主要著作，被稱為「日本哲學書的最高峰」。它摒棄以同一律、矛盾律為基礎的世界（日常世界／世俗世界）邏輯，直接表達了超越這種邏輯、「空—緣起」的動態本身。道元的思想和他的文體是不可分離的，因此請務必仔細品嘗道元的文體本身。

田中晃，《正法眼藏的哲學》（法藏館，一九八二年）——這是一部由希臘哲學的研究者，對《正法眼藏》的主要內容加以註釋、現代語譯並闡明其思想架構的精心之作。在眾多《正法眼藏》的現代語譯與註釋中，這本書依循邏輯一貫性展開解釋，十分突出。除了這本之外的現代語譯中，玉城康四郎《道元》（日本的名著7，中央公論社，一九七四年；中公box版，一九八三年）從作者獨有的宗教哲學立場來統一解釋，也相當有趣。

辻口雄一郎，《正法眼藏的思想研究》（北樹出版，二〇一二年）——作者從哲學、比較思想的角度出發，堪稱道元研究的集大成。他將道元的文本解讀為「超越宗派教義框架的普遍力量」，從邏輯的角度來說明。另外，井上克人的《露現與覆藏》（關西大學出版部，二〇〇三年）、《「時」與「鏡」超越的覆藏性哲學》（關西大學出版部，二〇一五年），也從哲學、比較思想的視角出發，建立起道元研究的一大支柱；他將道元與海德格Ereignis加以比較的觀點，讓我獲益良多。至於在哲學、比較思想立場上研究道元的先驅，則是和辻哲郎〈沙門道元〉（《和辻哲郎全集》第四卷，岩波書店，一九六二年）。

角田泰隆，《道元禪師的思想研究》（春秋社），二〇一五年）——本書從宗學的角度出發，全面有系統地研究道元的思想，宗學在道元思想研究中占有重要地位，堪稱是極具代表性的精心之作。和角田先生並列、位居宗學最前線的石井清純先生，他的《被建構的佛教思想道元——佛存在於緣之中》（佼成出版社，二〇一六年）用簡單易懂的現代觀點解說了道元的思想，但絲毫無損其深度。

賴住光子，《〈正法眼藏〉入門》（角川sophia文庫，二〇一四年）——該書從《正法眼藏》各卷中節錄道元的話語，追溯其理路，從而闡明道元關於自己、世界、時間、言語、行為等各方面的思維。在《道元的思想：解讀大乘佛教的真髓》（NHK出版，二〇一一年）中，我研究了道元對善惡、因果、無常的思想，並與親鸞的思想加以比較。

CHAPTER

seven

第七章

俄羅斯的現代哲學

乘松亨平

ロシアの現代哲学

「對現代的超克」及其挫折

無論從地理還是歷史角度來看，俄羅斯都是一個位於東西方交界的國家。中世紀時，他們接受了東正教的洗禮，但同時長期受到蒙古帝國的統治。在推翻蒙古統治後，俄羅斯開始向東擴張領土；到了十九世紀，已經吞併了中亞與高加索地區，成為一個擁有眾多穆斯林的多民族國家。

自十七世紀末俄羅斯開始現代化以來，「我們是西方嗎？」這個問題始終困擾著俄羅斯的知識分子。雖然他們同樣以基督教為文化基礎，但對西方的疏離感卻讓他們深感苦惱。這種心態與其他非西方地區在現代化進程中經歷的自卑感有些相似，卻又不完全相同。十九世紀上半葉，思想家恰達耶夫（Pyotr Chaadaev, 1794-1856）在〈哲學書簡〉中曾說：「我們不屬於人類這個大家族的一員，既不屬於東方，也不屬於西方。」由於俄羅斯勉強算是接近西方，因此要像日本或中國那樣在本國尋找與西方截然不同的文化傳統，對俄羅斯人而言並不容易。恰達耶夫更曾批判道，俄羅斯「是一個什麼都不是的國家」。

恰達耶夫的論述引發了俄羅斯「西歐派」與「斯拉夫派」之間的激烈辯論。前者主張俄羅斯應融入西方國家體系，後者則致力於尋找俄羅斯與西方不同的獨特性。然而，這種對立並非如此簡單。西歐派認為俄羅斯的專制君主體制正是其非西方性的根源，因此其中一些人將社會主義革命視為改革的終極目標。一九一七年，他們率先在全球範圍內實現了這一目標。根據馬克思主義的唯物史觀，社會主義應該在近代資本主義發展之後才會出現，但俄羅斯透過革命一舉跨越了西方的發展階段。

另一方面，斯拉夫派則在東方基督教中尋找俄羅斯的獨特性。他們認為，無論是天主教還是新教，都已偏離了基督教的原始教誨，唯有俄羅斯才真正保留了基督教的純粹精神。若說西方文化的基礎在於基督教，那麼依照斯拉夫派的觀點，俄羅斯甚至可以被視為「比西方更西方」。

因此，西歐派與斯拉夫派在回答「俄羅斯是否屬於西方」這一問題時，實際上都聲稱並試圖實踐一種比西方更能體現西方精神的方式。值得注意的是，他們的論爭在十九世紀下半葉逐漸擴大。在這一時期，即使是西方內部，也開始對作為其歷史終點的現代性產生深刻質疑，進而討論「對現代的超克」。到了二十世紀，俄羅斯以共產主義陣營盟主蘇聯的姿態，領導了這場席捲全球的運動。然而，一九九一年蘇聯的瓦解，成為這場旨在超越西方現代性實驗的最大挫折。

自由的集體性——從民族主義者角度出發

經歷這次挫折後，俄羅斯再次成為一個「什麼都沒有」的國家。西歐派與斯拉夫派的鬥爭似乎再度上演，儘管兩派不再以過去的名稱存在，但主張透過引入自由主義和資本主義來推動俄羅斯西方化的自由派，與堅持俄羅斯獨特性的民族主義者，依然形成了對立。在政治層面，一九九〇年代葉爾欽執政期間，自由派占據主導地位，而隨著二〇〇〇年普丁出任總統，民族主義者逐漸掌握了上風。然而，與歷史上西歐派和斯拉夫派的對立相似，現代自由派與民族主義者的分歧，同樣遠非如此簡單。

首先，我們來看看民族主義者的思想，其中最引人注目的是二十世紀上半葉，俄羅斯革命後流亡海外的知識分子提出的「歐亞主義」復興運動。這一主張認為，俄羅斯的根基不在西方，而是與過去統治俄羅斯的蒙古帝國相似，立足於內亞文化基礎。這種觀點在蘇聯末期由中世紀史學家列夫・古米廖夫（Lev Gumilev, 1912-1992）重新提出。雖然古米廖夫於蘇聯解體後翌年去世，但所謂的「新歐亞主義」運動不僅在俄羅斯廣泛傳播，還被舊蘇聯的伊斯蘭地區，甚至土耳其所接受。中亞的哈薩克更特別設立了一所以古米廖夫命名的大學。在政治層面，普丁為對抗美國的全球主導地位，也時常呼籲歐亞地區的團結與合作。

現代新歐亞主義的領袖是亞歷山大・杜金（Aleksandr Dugin, 1962-）。杜金以歐亞主義為基礎發展出的地緣政治學，對俄羅斯政治產生了深遠影響，同時也與歐美國家新右翼運動的興起密切相關，因此在國際政治層面備受關注。他是一位哲學家，著有多部關於海德格的研究論著。在其多達二十三卷的《知識戰爭》叢書中，他以類型學的視角，探討了涵蓋非洲與大洋洲在內的世界思想史。

在被視為其政治哲學綱領的《邁向第四政治理論的建構》中，杜金主張：「要超克現代西方的自由主義，必須提出一種與共產主義和法西斯主義截然不同的嶄新政治理論。」然而，他也承認自由主義中仍有值得繼承之處——奇妙的是，那正是自由的概念。杜金認為，現代自由主義的核心實質並非自由主義，而是個人主義。相較於僅承認零散而無力的個人自由的自由主義，新政治理論則賦予所有主體真正的自由。在杜金的視角下，民族（ethnos）正是這樣一個主體。只有從被稱為個人性的牢籠中解放，重新認同自己所屬的集體主體，人類才能實現真正有力的自由。

雖然這聽起來像是為民族主義辯護的詭辯，但若將「集體性主體」的概念應用於其他群體，例如女性或黑人等被壓迫的群體，就顯得不那麼突兀。另一方面，超越個人主義，一直是過去「現代的超克」中的重要課題。十九世紀的斯拉夫派認為，當個人依靠自身意志，自由地聚集在教會中祈禱時，透過這樣的經驗，能以愛的形式實現自由的集體性。杜金的論點可以被視為這一思想的延伸。而接下來將要討論的現代俄羅斯自由主義者，則以不同的方式表達了「及體而非個人實現自由」的理念。

言語與身體

西方現代思想在蘇聯時期曾受到限制，但到了蘇聯末期，隨著哈伯瑪斯與德希達等人陸續訪問蘇聯，掀起了一股翻譯現代思想的熱潮。這一熱潮的催化劑之一是一九八七年在蘇聯科學院哲學研究所內成立的「後古典哲學研究室」。瓦列里・波多羅加（Valeriy Podoroga, 1946-2020）與米哈伊爾・瑞克林（Mikhail Ryklin, 1948-）是這場運動的核心人物。他們特別關注「身體性」這一主題，研究範圍從現象學延伸至德勒茲與瓜達西（Pierre-Félix Guattari, 1930-1992）等思想。在這樣的背景下，人們批判性地意識到，在馬列主義的掌控下，僵化的語言與意識形態支配著蘇聯文化，壓抑了身體與感官的多元表達。在藝術領域，蘇聯一向以最能直接反映意識形態的文學為核心，其他藝術形式也受到文學性的主導，例如電影強調劇本的重要性，音樂則注重歌詞內容。針對這種現象，波多羅加等人提出了批評，稱其為「文學中心主義」。

根據瑞克林的觀點，蘇聯的電影是「言語性視覺」的產物，電影中所呈現的身體僅僅是「言語的身體」。有趣的是，瑞克林並不認為這種現象是語言對身體的消解。當身體被言語化時，言語同樣可以被視為一種身體化的表現。在蘇聯，意識形態語言所具有的暴力性正是這種身體化的明顯例證。在史達林的統治下，意識形態語言為達成其政治目的，不惜一切代價，不斷改變批判對象並反覆予以肅清。

在一九九〇德希達訪問蘇聯的座談會上，可以明顯看出瑞克林的問題意識。他認為，德希達所提倡的解構，揭示了潛藏於西方理性邏輯的形上學中，那些矛盾與非理性的部分。因此，瑞克林提出了以下的問題與觀點：「在我國的文化中，存在著不合邏輯的矛盾」，並進一步表

示：「正因為形上學就像一顆瀕臨滅絕的種子，我們必須庇護它，而非摧毀它。」（《德希達的莫斯科之行》）

蘇聯的意識形態言語在壓抑身體的同時，卻也轉化為一種不具合理性的「身體言語」。瑞克林所批判的正是這種言語以這種方式吸納身體，並形成言語與身體不分的狀態。他主張，應將言語與身體分離，建立一個理性、合理的言語領域，以及一個不受語言束縛、充滿多樣性的身體領域。換言之，俄羅斯的再出發必須從西方近代心物二元論文化的確立開始。正如本叢書第三冊第二章所討論的，精神與身體的不可分性也是東方基督教神學強調的核心觀點。因此，瑞克林的批判進一步擴展至斯拉夫派所承繼的這一思想傳統。

言語與身體的分離，同時也象徵著個人主義的確立。標準化的「言語身體」抹消了身體的個性，將其塑造成集體的一部分。瑞克林指出，在蘇聯的官方藝術中，個人情感被從人類的面容中抹去，使之呈現出平淡無奇的狀態。他以身體之名捍衛個性與多樣性，這種立場可說是典型的自由派觀點。

自由的集體性——從自由派角度出發

然而，一九九〇年代，伴隨資本主義的急遽引入，俄羅斯社會陷入荒廢，自由主義的局限性甚至在哲學領域也逐漸顯現。隨著民族主義的崛起，對蘇聯時代的懷念成為一種普遍的社會現象，俄羅斯自由派也開始重新審視共產主義的意義與價值。

鮑里斯・格羅伊斯（Boris Groys, 1947-）在蘇聯時期流亡至西德，成為世界知名的美術批評家。他在《共產主義的補註》中重新評估了瑞克林所批評的蘇聯「身體言語」。蘇聯的意識形態言語不僅充滿無休止的矛盾與非合理性，甚至還積極尋求更加激烈的矛盾。格羅伊斯認為，蘇聯的語言具有西方語言所缺乏的革命性力量，它不以避免對抗和矛盾為目的，而是轉化為一種差異的遊戲。

師承波多羅加與瑞克林的海倫・彼得羅夫斯基（Elena Petrovskaya, 1962-）與奧雷格・亞隆森（Oleg Aronson, 1964-）繼承了身體性這一主題，但並未將其與個人主義聯繫起來，而是結合了一種新的集體性構想。無法以合理語言解釋、模糊產生的身體情動——例如，即使不了解蘇聯時期的現代俄羅斯人，看到蘇聯日常生活剪影時所喚起的懷舊情緒——這種情感並非個人化的情感，而是人與人之間的共同情感，能夠將人們連結在一起。這種聯繫不同於蘇聯意識形態言語所強加的強制性、暴力性的集體性。正因為這種情感是模糊而非具體的，才能在不強迫個人的情況下實現團結，這實際上是一種自由集體主義的概念。然而，與杜金的政治立場恰恰相反的是，這種情動也存在在民族主義框架下轉化為排他性事物的潛在危險。

政治哲學家阿爾捷米・馬干（Artemy Magun, 1974-）在其論文〈共產主義中的否定性〉中，從自由派立場提出了關於自由集體性的獨特觀點。與一般自由派的思考方向——「如何在確保個人自由的基礎上，讓分散的個人形成集體聯繫」——截然相反，馬干認為，在群體強加的不自由之下，個人反而得以形成。在這一過程中，馬干特別關注蘇聯公共空間的狀態。蘇聯否認私有不動產，所有土地和建築均屬國有，住宅則採取配給制度。在這種體制下，從廣場、公園到公寓樓梯和公共廁所，蘇聯到處充滿不屬於任何人的公共空間。這些空間表面上是「屬於大家的財產」，由集體管理，但實際上卻被人隨意使用和破壞。在這種情境中，個人的自由並非外在於集體的強制力，而是在其內部形成並得以維持。在這樣充滿矛盾的自由集體性中，馬干看到了新共產主義的可能性。

就這樣，與提倡俄羅斯應重新引進西方近代文化的波多羅加與瑞克林不同，自由派與過去的西歐派一樣，試圖透過共產主義來推動「現代的超克」。他們對自由集體性的關注，也與對立的民族主義派提出的「現代的超克」構想頗為相似。自由派對蘇聯共產主義這段本國歷史的重新評價，也展現出他們與民族主義者某種程度的共通性。

左派與右派之間的這種相似性，可能與本章開頭提到的俄羅斯既接近西方，又被西方邊緣化的微妙位置密切相關。然而，隨著當今全球幾乎整體經濟融入西方資本主義體系，俄羅斯與西方之間近在咫尺卻又疏離的處境，已不再是俄羅斯獨有的問題。無論是日本、中國，還是因資本主義體系中心地位被美國奪走的西歐各國，甚至是文化上對西方產生自卑感的美國，都在面臨類似的共同問題。而俄羅斯哲學的「世界性」正體現在這一點上。

延伸閱讀

《米哈伊爾・巴赫京的時空》（Serika書房，一九九七年）——與同年的《現代思想》四月號（特集：俄羅斯往何處去）一起，收錄了蘇聯瓦解前後自由派哲學的成果。

東浩紀編，《Genron6》、《Genron7》（Genron，二〇一七年）——橫跨兩刊的「俄羅斯現代思想」特集，概觀了蘇聯瓦解後俄羅斯哲學思潮。本章提及的杜金、馬干的論文也都有翻譯。

米哈伊爾・揚波爾斯基（Mikhail Iampolski），乘松亨平、平松潤奈譯，《惡魔與迷宮——圖示、形變與摹仿》（*The Demon and the Labyrinth: Diagram, Deformation, Mimesis*，水聲社，二〇〇五年）——這本書和波多羅加、瑞克林並列，是研究自由派身體論的代表性著作。從杜斯妥也夫斯基、雨果等古典作家，到現代俄羅斯電影導演蘇古諾夫，對身體的各種扭曲做出解讀。

貝澤哉，《撕裂的祝祭：巴赫京、納博科夫、俄羅斯文化》（論創社，二〇〇八年）——針對本章也有提及的俄羅斯微妙的身分認同問題，從蘇聯時期代表性的文藝學者巴赫京到現代思想為都有涉及。

桑野隆，《二十世紀俄羅斯思想史：宗教、革命、言語》（岩波現代全書，二〇一七年）——作者多年來致力於介紹俄羅斯現代思想，綜觀地展示了從十九世紀末到現代的俄羅斯哲學史。

CHAPTER

eight

第八章
義大利的現代哲學

岡田溫司

イタリアの現代哲学

「義大利理論」，或義大利的特異性

不僅是時尚和料理，義大利在全球思想界也掀起了一股熱潮。儘管相關著作數量不多，但以喬治・阿甘本與安東尼奧・奈格里（Antonio Negri, 1933-）為代表，他們的作品已被翻譯成多數主要語言。在英語世界中，甚至有「義大利理論」取代「法國理論」崛起的說法。為什麼會如此呢？說到底，義大利思想歷來不受傳統民族國家框架的束縛，這一點與英國、法國甚至德國形成鮮明對比。在這些國家中，無論是約翰・洛克（John Locke, 1632-1704）、笛卡兒還是黑格爾，哲學與美學的發展或多或少都隨著民族國家的形成與成長而調整步伐。

然而，義大利自始便不存在一個統一的國家。在十九世紀下半葉的義大利統一運動之前，義大利一直處於城邦林立的狀態，再加上梵蒂岡的強大影響力，歷史上多次受到歐洲列強的干涉。可以毫不誇張地說，義大利思想長期以來都深受政治與宗教衝突的影響。因此，從布魯諾（Giordano Bruno, 1548-1600）、馬基維利（Niccolo Machiavelli, 1469-1527）、到維柯（Giambattista Vico, 1668-1744）的思想系譜中，可以清楚地看出生命、政治與歷史始終是義大利哲學的核心主題。義大利思想家不再執著於「主體」與「真理」這類觀念性的抽象問題，而是更加重視生命與歷史現實中的具體議題。

因此，在今日民族國家架構於政治與經濟各方面幾乎走向衰弱與瓦解的情況下，義大利思想突然變得越來越流行，某種意義上或許可以說是必然的吧！以下，我們將以「生命政治」、宗教（基督教）與藝術為主題，重點探討義大利思想最具代表性的表現形式，並描繪近年的發展趨勢。

「阿甘本效應」

其中，對阿甘本的關注尤為突出，有時甚至被稱為「阿甘本效應」。這一效應的契機是一九九五年出版的《牲人》（*Homo Sacer*）。這本書將傅柯所提出的「生命政治」思想推進至極限，並在短短數年間被翻譯成多種語言，在全球範圍內取得了巨大的成功。那麼，其成功的原因究竟何在呢？

首先，這本書被視為對世界末日的預言。恆常化的例外狀態、「赤裸的生命」以及作為近代政治準則（nomos）的收容所等問題，在《牲人》中都進行系譜學式的檢驗。尤其是在九一一事件之後的全球局勢中，這些論題驟然變得格外真實。

在《牲人》出版後三年後付梓的《奧斯威辛的剩餘》（*Remnants of Auschwitz*），也在國際上引發了正反兩面的迴響。在這本書中，阿甘本挑戰了傅柯所遺留下的懸而未決的問題——「為何生命政治會取代死亡政治」。

阿甘本認為，這種顛覆在某種意義上是必然的。因為只要人們試圖透過醫學、生物學、政治和法學等機制對原本應為整體的「生命」加以劃分，生命的序列化與選別便無可避免。在納粹主義中，這種選別表現為最極端的形式，而在民主主義社會中，這種選別則以更加隱蔽的形式持續進行著。

自二〇〇〇年的《剩餘的時間：羅馬書評註》（*The Time That Remains: A Commentary On On The Letter To The Romans*）以來，阿甘本的思想出現了新的發展，可以稱之為「神學性迴轉」。在二〇〇七年的《王國與榮耀》（*The Kingdom and the Glory*）以及二〇〇九年的《裸性》（*Nudities*）中，他揭示並探討了在現代政治、經濟、法律與美學意識等各個層面，神學是否依然發揮著「世俗化」的作用。

而且，阿甘本的思考並不僅僅停留在對「世俗化」的確認上，更進一步探求了「褻瀆」的必要性。因為，如果僅將主權範式視為神的超越性「世俗化」的結果，那麼這種權力本身仍會原封不動地被保留下來。在「資本主義即宗教」（華特．班雅明）與社會整體「奇觀化」（居伊．德博（Guy Debord））日益加深的現代，也就是「世俗化」與「神聖化」幾乎無法區分的時代，阿甘本認為「褻瀆」成為一個緊迫的課題。為此，他主張的有效策略是「無為之為」，即將「無為」作為一種積極的選擇——這是一種讓潛在力量繼續潛伏的勇氣。

在探討亞西西的方濟各及其修會理念的著作《最高的貧困》（*The Highest Poverty*）中，阿甘本進一步對其一貫依賴的核心概念進行發想上的轉變，即從「所有」轉向「使用」、「豐饒」轉向「貧窮」。他徹底相對化了支撐近代政治經濟的核心，即對繁榮與利益的追求，以及所有權與私有化的思想，並將此視為一種「褻瀆」的實踐。

共同體與免疫——埃斯波西托的思想

關於「生命政治」，還有另一個不容忽視的重要人物，即拿坡里的政治哲學家羅伯托·埃斯波西托（Roberto Esposito, 1950-）。如果以幾個詞來概括他的思想特徵，可以說他將「生命政治」與「共同體」和「免疫」的問題緊密結合。他的這種探索在其密集的三部曲中達到高峰，分別是《共同：共同體的起源與命運》（*Communitas: The Origin and Destiny of Community*, 1998）、《免疫：生的保護與否定》（*Immunitas: The Protection and Negation of Life*, 2002）、以及《Bios：生命政治與哲學》（*Bios: Biopolitics and Philosophy*, 2004）。

首先，埃斯波西托建議回溯詞語的語源來重新理解它們的意涵。例如，「共同體」這個詞通常被我們從歸屬意識、同儕意識、同一性或類似性等觀點來思考，但追溯其語源，卻會發現它包含完全相反的意義。「共同體」的拉丁語詞源為communitas，由意味「與什麼一起」的cum和意味「贈與、奉獻」或「義務與負擔」的munus組成。因此，這個詞原初的意思與其說是歸屬或所有，倒不如說是「我應該對你負起怎樣的義務」，換言之，它指涉一種潛在的匱乏或欠缺。

儘管如此，傳統上共同體概念始終建立在自我同一性的主體範疇之上，並以此為基礎得以維繫與發展。而埃斯波西托所批判的，正是這種思維模式。只要社群被視為個人在集體中的延伸，這樣的共同體就會始終以個人為中心，封閉於自身的固有性與所有權（如領土、民族、語言、文化、宗教等）。民主主義、自由、主權等西方政治傳統的核心概念，也幾乎都從這種視角展開討論。

另一方面，「immunitas」作為「免疫」的語源，是由同一個「munus」加上否定前綴「in」所構成。換言之，與「communitas」相反的「immunitas」指的是免除其成員的義務與負擔。因此，「immunitas」在政治或醫學領域中，往往被用來描述防禦與攻擊任何可能帶來傷害的外部因素。雖然免疫系統是必要且不可或缺的，但過度免疫確實可能引發自我破壞。尤其是九一一事件以來，以「確保更大的安心與自由」為名的安全戰略過度運作，反而帶來更大的控制與壓制。

作為相對立的力量，「communitas」與「immunitas」構成了埃斯波西托對「生命政治」思考的核心軸線，其觀點便是在這兩股力量的張力之間展開。生命政治一方面具有保護、保障與提升生命的功能，但另一方面，正如傅柯所暗示的，生命政治也可能被內化為一種死亡政治。正如前文所述，阿甘本認為這種逆轉是歷史與邏輯上的必然結果。相較之下，奈格里則以對生命政治嶄新可能性的積極評價而聞名。

相較於阿甘本的悲觀論與奈格里的樂觀論，埃斯波西托試圖超越這種對立。阿甘本認為，生命政治是對生命過度行使主權的表現，而奈格里則看到了生命對主權所蘊含的豐饒潛能。相較之下，埃斯波西托提出了生命與政治之間特殊內在關係的視角，而其核心概念正是同時屬於生物學與政治領域的「免疫」。

圍繞著基督教的質問

特別是在一九九〇年代，有關宗教（尤其是基督教）問題的辯論再次掀起熱潮。一方面，一神教之間本應同根同源卻存在對立；另一方面，基督教基本教義派的崛起，促使人們尋求一種新的宗教哲學——這種哲學既不屬於教條或宗派，也不陷於陳舊的普遍主義或世界教會主義（Ecumenism）。

在此方面，首先必須提到吉安尼·瓦蒂莫（Gianni Vattimo, 1936-），他在一九八〇年代以「弱思想」迅速崛起。瓦蒂莫從對尼采與海德格的研究出發，提醒人們關注近年宗教回歸現象中所蘊含的必然性與危險性。例如，隨著科學與技術的發展，特別是在生命倫理領域，我們正面臨理性與邏輯無法單獨解決的問題——如生與死、自主與命運間的兩難抉擇。某種意義上，這種情況是必然的，迫使我們直面超越之物的存在（不論其是否被稱為神）。然而，這同時也隱藏著神祕主義與教條信仰滲透的風險。因此，瓦蒂莫認為，哲學必須意識到圍繞宗教的這種狀況，並且批判性地思考，而非迴避宗教本身。

除此之外，還有一位值得一提的思想家——塞爾吉奧・奎因齊奧（Sergio Quinzio, 1927-1996）。他是一位對瓦蒂莫及馬西莫・卡恰利（Massimo Cacciari, 1944-）產生重大影響的「異端皈依者」。奎因齊奧的思想以正面接受「神的敗北」為出發點，認為集中營的大屠殺是基督教歷史上一段失敗的歷史，是上帝沉默的歷史。在不願正視這一事實的情況下，基督教再次陷入逃避現實與自我正當化的暴力之中。而這種深刻的危機意識，正是奎因齊奧堅韌且真摯思考的核心支柱。

這位現代的先知認為，信仰與不信、深信與懷疑之間並無絕對界線。正如基督在十字架上曾無意間吐露對神的質疑（「主啊，祢為何拋棄我？」），信仰的核心包含著不信，信仰本質上就是信與不信的掙扎。若缺少這種掙扎，信仰便會變得自滿與自足，從而排除任何懷疑的可能性，而這正是信仰暴力的根源所在。奎因齊奧的思考之所以在今天重新引起共鳴，正是因為宗教基本教義派與不寬容態度在政治與外交上勢力日益增長的緣故。

藝術與美的思想

最後，必須提到義大利的美學思想。提到義大利，人們首先想到的便是這個藝術之國。美學，或追溯至希臘語「Aisthesis」的「感性之學」，可以說是義大利思想的最佳象徵，毫不為過。即便僅談二十世紀以後，克羅齊（Benedetto Croce, 1866-1952）的思想便以美學為起點，拓展至詩學、政治學等多種知識領域。在現代，安伯托・艾可（Umberto Eco, 1932-2016）憑藉其在文學與哲學等領域的卓越才能，成為這一義大利傳統的傑出繼承者。

在此不得不提到馬里奧・佩爾尼奧拉（Mario Perniola, 1941-2016）。若用一個詞來概括他的思想，那就是「通過」。這個詞在義語中稱為「transito」，相當於英語中的「transit」。雖然這個詞可能讓人聯想到飛機的轉機，但它同時具有「踏上往來世旅程」的意涵，也即「死亡」的象徵。這位美學家大膽採用一個在日常生活中常見的詞，意在探索一種既不同於黑格爾辯證法的綜合，也不同於海德格對形上學的超越克服的思想方式。佩爾尼奧拉的關注點既非綜合，也非超越克服，而是徹底地強調「從同一物到同一物的移動與通過」。

「通過」絕不是垂直軸方向的運動，例如通往神或「（大寫的）他者」的昇華，也不是以對立綜合的形式呈現，而是水平方向的滑動。這種滑動並非直線前進，而是可能折返或修正軌道的。死亡是「通過」的終極形式，它等待著我們的並非上方的天國或某個彼岸，而是與「通過」發生在同一平面上的種種事態。因此，可以說「通過」是我們每天為死亡所做的一次微小準備。正因如此，「通過」並非突然潛入某個全然異質的事物，而是為我們開啟了一扇通向變化與非同一性的門。感性與想像力——亦即藝術——的豐饒可能性，不在於超越性或激烈的突破，而必須在細微的「通過」中尋求。

走筆至此，似乎也到了該擱筆的時候了。或許，義大利人與我們生活在截然不同的時代。

在與他們交流的過程中，我常常感受到，他們的生活方式與我們有著顯著的差異。這種差異並不能簡單地歸結為「總體來說，義大利人的時間觀比較鬆散」。義大利人不像許多美國人，或者現今的我們日本人，僅僅為了現在與未來而活。對他們而言，過去與「現在」是緊密相連、無法割裂的。

如果用瓦爾堡（Aby Warburg, 1866-1929）的說法，或許自太古以來的記憶痕跡，已經以某種形式在不經意中深深烙印在人們的身體之中。若要形容羅馬這座城市，它正如巴赫金（Mikhail Bakhtin, 1895-1975）所說的時空（chronotopos），同時也是多重時空交錯迴響的複音音樂（polyphonic）的產物。時空亂序（anachrony）與異托邦（heterotopia），正是義大利思想持續不斷的特徵。現實性，正因時空亂序而得以展現。正如革新的詩人兼影像作家帕索里尼（Pier Paolo Pasolini, 1922-1975）曾宣言：「我所擁有的是過去的力量。」這種奇特的悖論或許正是義大利這個國家的當代思想中最具特色且最迷人的一面。

延伸閱讀

阿甘本，高桑和巳譯，《牲人：主權權力與赤裸的生命》（以文社，二〇〇三年）——這是一部讓阿甘本的名字受到國際注目的主要著作。該書也是由全九冊構成的「牲人」系列作之骨幹作品。

埃斯波西托，岡田溫司譯，《近代政治的解構：共同體、免疫、生命政治》（講談社選輸metier，二〇〇九年）——以「共同體」和「免疫」為關鍵術語，深入分析了民主主義與極權主義這兩種相反的政治型態。

佩爾尼奧拉，岡田溫司、鯖江秀樹、蘆田裕史譯，《無機物的性表現》（平凡社，二〇一二年）——圍繞著感覺與感性、想像力與愛欲展開，將哲學與美學性化的痛快嘗試。

岡田溫司，《通往義大利現代思想的招待》（講談社選書metier，二〇〇八年）——將義大利現代思想以整體概觀的方式呈現，並介紹了主要的哲學家。

岡田溫司，《義大利理論》（中公叢書，二〇一四年）——本書以阿甘本、埃斯波西托、卡恰利為中心，闡明義大利現代思想中現實性的所在。

CHAPTER

nine

第九章

現代的猶太哲學　永井晉

現代のユダヤ哲学

所謂「猶太」（Judea），既是民族概念、也是宗教概念或文化概念，並沒有明確的定義。甚至我們可以說，無法以單一定義加以規定，正是猶太的本質。可是這種多樣性的規定，終歸都是歷史性的事物。相對於此，在這裡我們只關注一種跨歷史的「猶太性」。這個概念指的是猶太的本質，無關歷史的多樣性，它的構成要素是律法和生命。

從歷史性與超歷史的區別中，我們可以區分出「猶太人哲學家」與「猶太哲學家」。猶太人哲學家是指在歷史意義上屬於猶太民族的哲學家，但其哲學內容未必就是「猶太的」。例如胡塞爾、維根斯坦、阿多諾、霍克海默、李維史陀等人。相對於此，這裡所謂的「猶太哲學家」，則是指不論有意或無意，其思想中具備了「猶太性」的哲學家。具體來說包括了羅森茨維格、班雅明、朔勒姆、列維納斯、德希達、柏格森等人；如果把範圍擴展到哲學之外，則佛洛伊德和卡夫卡也可以加入其中。

在這裡，我不會針對這些哲學家的思想逐一說明，而是以具代表性的列維納斯（Emmanuel Lévinas, 1906-1995）為例，來闡明由律法與生命所構成的猶太性，是如何被引進現代哲學的視域中，從而形成現代的「猶太哲學」。

同化與回歸

猶太哲學家誕生的契機，一方面是近代猶太人與西方世界同化的失敗，另一方面則是兩次世界大戰導致西方價值瓦解的雙重危機。

所謂「同化猶太人」，是指自摩西・孟德爾頌（Moses Mendelssohn, 1729-1786）發起的猶太人啟蒙運動（Haskalah）以來，經歷了法國大革命後的猶太人解放，試圖脫離傳統猶太人共同體，並成為西方近代民族國家一員的人們。然而，即使進入十九世紀，儘管傳統的猶太教形態仍在，卻未完全消失；儘管這些人們在西方近代社會的各個領域中取得了卓越成就，這並不意味著他們真正實現了同化。這種既失去猶太身分認同，又無法完全融入西方社會的模糊狀態，成為這一代猶太知識分子的基本特徵。

另一方面，一九一四年與一九三九年爆發的兩次世界大戰，對以同化猶太人為目標、並認為西方世界及其價值觀是不可動搖的構想，造成了決定性的瓦解。在哲學領域中，圍繞希臘與基督教兩大核心，並被視為西方理念最終完成形態的黑格爾體系，開始出現裂縫。隨著這些變革，首先出現了不願進入體系、探索實存的齊克果（Søren Kierkegaard, 1813-1855）與尼采，接著是海德格在《存在與時間》中的存在主義思想，隨後沙特的存在主義也緊隨其後。

羅森茨維格（Franz Rosenzweig, 1886-1929）是一位同化猶太人，他從黑格爾的研究出發，試圖透過「猶太」的視角來回答存在與歷史體系中溢出的實存問題，這是一個具有時代性的哲學課題。對他而言，體系之外的事物，一方面如海德格所言，是「面對死亡的實存」，但同時也代表著與基督教相對的「猶太教」。他認為，區別猶太實存與西方實存的特徵，在於「他者關係」的根源性。人類只有在面對他者並與之互動時，才會突破體系的束縛，回歸到原始的存在。曾與羅森茨維格合作，將《妥拉》翻譯成德語的馬丁・布伯（Martin Buber, 1878-1965）也同樣贊同基於猶太教的思維方式，而這種思維方式在下一代的哲學家列維納斯（Emmanuel Levinas）的他者哲學中得到了繼承。

羅森茨維格作為一位同化猶太人，在德國出生長大，對猶太傳統一無所知，並自認是一位黑格爾的研究者。在那個時代的危機中，他曾經一度決定皈依基督教，但就在這之前，他突然領悟，並回歸了猶太教。類似地，列維納斯雖然起初是從西方哲學的研究出發，但在此之後，他發現了塔木德的獨特價值，並將塔木德視為從根本上批判西方哲學的工具，並將其引入自己的哲學體系中。

其他同化猶太人哲學家也將回歸猶太教視為應對同化失敗和西方價值崩解的雙重危機的辦法。比如，朔勒姆（Gerhard Scholem, 1897-1982）透過劃時代的卡巴拉研究，並基於此發展出反歷史理論；班雅明則透過模仿卡巴拉的言語論、天使論與彌賽亞論，嘗試從現代哲學的視域中找回失落的猶太性。隨著西方對猶太人的態度日益激烈，猶太人開始形成鮮明的「猶太對西方」的對立模式。因此，現代的「猶太哲學」便以全面批判西方哲學的方式展開。

律法與生命

那麼，歷史上猶太教傳承下來的「猶太性」，又是什麼呢？

猶太的神之體驗是由律法與生命兩個對立面所構成。一方面，上帝帶領猶太民族走出埃及，在返回迦南的途中，於西奈山頂向先知摩西授予了十誡的石板。從唯一神的宣示、禁止偶像崇拜開始，到以禁止殺人為代表的倫理戒律，這十條基本律法構成了猶太教的核心，並形成了成文律法《妥拉》（即舊約聖經最初的五書），這是猶太教的根基。

另一方面，在賜予律法之前，當上帝第一次召喚摩西並面對他的質問時，祂說：「我是自有永有的」（Ehyeh Ašer Ehyeh）。祂以未完成式、指向未來的形式來闡明自己的名號。這與摩西最初所見的神之象徵——「一棵熊熊燃燒卻燃不盡的樹」——一起，表現了神的生命力，象徵著即使經歷未來永劫，猶太民族仍將存續、繁衍。神的這種生命動性，透過將永不改變的妥拉律法以口頭方式傳承，並且經常產生新解釋的口傳律法《塔木德》，得以實現。

正如這樣，永遠保留同一性的成文律法《妥拉》，與經常發掘出新意義的口傳律法《塔木德》，這兩重律法所承載的創造性辯證法，正是猶太民族所歷經的神之體驗，也是猶太性本質的體現。

猶太人透過律法與生命的矛盾來體悟上帝，其特殊性可以從米德拉什（midrash，探索隱藏意義的學說）的塔木德解釋學方法中具體呈現。米德拉什不是為了單純理解律法而閱讀，而是在某種特定的視域（文脈）中解構其原本的理解（意義），使文本回歸到它的潛在性，從而發現新的意義。米德拉什解釋學追求的並非正確的理解，而是專注於新的解釋，或者解釋所帶來的新義。因此，米德拉什解釋學使用了三種獨特的技巧。首先是將某段文或語中的文字，轉換成對應的數值，再將其轉換為同樣數值的另一段語句，這稱為「革馬拉」（Gemara）；其次是將一段文分解成多個片段，再重新排列這些片段，進行新的組合，而稱為「Notarikon」；最後是將語句中的文字加以替換，這稱為「Temurah」。

這三種方法的目的是在理解某文本的意義之後，瞬間將這個視域解構（例如將文本變換成數值），從而迅速形成另一個新的視域（例如將其置換為同一數值的另一段文本）。然而，這種新的視域及其衍生出的新意義，在它們誕生的瞬間，必定會迅速解構，並形成另一個新的視域，這樣的過程無限反覆。在視域瞬間解體、炸裂的過程中，律法與生命便會交織交錯。透過這樣的交錯，解釋者得以釋放出新的意義，並在一瞬間突破時間與歷史的桎梏。從嚴格意義上來看，猶太性的核心正是視域被縱向打破、時間與歷史連續性斷裂的時刻；正是在這一瞬間，神作為律法的新意義，或作為意義的絕對嶄新樣貌，將會顯現。

全體性與無限

那麼，這種猶太性是如何納入現代哲學之中？「現代猶太哲學」又是如何成為可能的呢？

其典型例子之一便是列維納斯的哲學。列維納斯是立陶宛出身的猶太人，他在法國與德國修習西方哲學，尤其專攻現象學；此外，他還遇到了塔木德的導師，從此以後終其一生實踐猶太教。他的哲學成為當代猶太哲學的典範，因為他闡明了西方哲學與猶太傳統這兩個截然不同的根源，並清楚說明了他如何將自己的思想結構作為對西方哲學的批判與補完。

「猶太」與「西方」的對立是現代猶太哲學的一個基本特徵，在列維納斯最初的主要著作《全體性與無限》的標題中得到了清晰的表達。全體性指的是構成西方的兩個傳統，即希臘哲學中的同一存在和基督教中的連續性歷史。相對於此，無限則指猶太教中的神，祂存在於整體之外，或以律法為媒介若隱若現。全體性透過其視域架構，將多樣性與他者性融入自身，並將非連續的瞬間加以連續，從而達成全體化；而無限則是在瞬間打破這種全體性，將非連續的瞬間從其特異性、即絕對嶄新中解救出來。如此，列維納斯在這本著作中嘗試解構全體性的視域機制，並透過猶太的無限來超越西方的全體性，換句話說，就是以無限來審視全體性。

那麼，無限與全體性視域的交替是如何呈現的呢？無限在透過律法中介、若隱若現的這個瞬間，又是如何結構化的呢？這個瞬間在形式上，是透過過去、現在、未來三次元的時間化來進行差異化，但這並不是將神的外部世界現象化，從而使其在視域性和連續性上產生全體化與世俗的時間化，而是像脫臼般持續的垂直時間化。

列維納斯將這種極為特殊且具備猶太特質、透過連續解體顯現出無限的時間性，以現象學來加以記述時，他延續羅森茨維格在《救贖之星》中的敘述，並參考十六世紀卡巴拉主義者艾薩克・盧里亞（Isaac Luria, 1534-1572）的教義。盧里亞的教義是當代猶太哲學的重要參考，朔勒姆將其置於卡巴拉反歷史理論的核心。根據此一教義，神並非透過創造外部天地（即視域的時間化）來顯現，而是先在神內部，透過一種不同於外在時間的內部時間化過程顯現出來：

①過去＝創造＝「神的收縮」（tzimtzum）

②現在＝啟示＝「器的炸裂」（Shevirat ha-Kelim）

③未來＝救贖＝「修復」（Tikkun）

①在從自我之外的虛無中創造天地（視域的世界）之前，神在太古的過去收縮了自我內部，並在那裡開闢了原初的空間。神的光流入其中，形成了十個容器（以生命樹來表現），而這十個容器以其象徵的多義性，也象徵著神的十條律法。這就是原初的創造。②接下來，隨著神的光再次流入，比較下方的七個容器因承受不住神的光而炸裂，裂片四處飛散。這就是現在的成文律法——妥拉的啟示，以及它的片段化。③收集和修復這些容器的碎片，是塔木德對律法的解釋，而其實踐是為了讓彌賽亞、即未來的救贖提早到來，因此是一種彌賽亞式的行為。

就像這樣，盧里亞的卡巴拉教義將成文與口傳的兩重律法置於神的生命整體之中，從而賦予猶太教神祕主義的基礎。

神的時間化三次元在卡巴拉中以神話故事的形式被探討，列維納斯則透過現象學方法，將其還原為主觀的體驗，並分別記述為以下三個層面：①被分離的自己，②他者的臉，③臉的彼方（與戀人之間的愛欲經驗）。在現代哲學的語境中，這些層面被用來重新闡述他者論。

①「被分離的自己」的原型，源自羅森茨維格在第一次世界大戰中所體驗到的「面向死亡的自我」，是一種永恆的存在。這一概念自然會讓人聯想到海德格的「邁向死亡的存在」，但它並不像海德格的此在（Dasein）那樣「在世界之中的存在」，而是一種徹底孤立的自我，處於世界之外，卻近在咫尺，並與存在、他者及神等一切相分離。列維納斯將這種狀態稱為「唯我主義」（egoism）或「無神論」。這種自我的形成是先於歷史的，它是在過去被創造出來的。

②只有這樣從根本上與世界分離的自我，才能在世界視域的邊界上，與作為他者的他者相遇，並以其「容顏」顯現。這正是神的啟示，亦即律法（「不可殺人」）。它並非連續的視域時間中的一個契機，而是透過垂直打破視域時間的連續性，顯現出無限的瞬間。

③正如塔木德解釋學所言，他者的容顏作為一種倫理命令，在一瞬間垂直顯現之後，便會立刻從全體性的視域中被回收，不再是他者（神）的顯現。正因如此，臉僅是他者的臉，無者說無限的自我啟示，這種啟示必然與視域交錯，並隱藏在垂直之中。這種垂直的隱藏，正是未來「臉的彼方」的呈現。

列維納斯依循米德拉什的傳統，將這種隱藏的經驗描述為與戀人之間的愛欲關係，具體來說就是「愛撫」。透過愛撫，戀人並不是被占有，反而引發更深層隱藏的慾望。這種愛欲的結果，是戀人生下了身為第二他者的孩子。塔木德解釋學將妥拉的米德拉什解釋比擬為對戀人的愛撫，並且在其中發現的新意味相當於孩子的誕生；與此相對，列維納斯的現象學將臉的彼方之愛欲經驗比作真正誕下孩子。這種作為絕對嶄新事物的孩子誕生，象徵著未來的救贖，也就是一種彌賽亞的經驗。

生命本身

列維納斯的哲學所依據的猶太教基本上是塔木德，這是一種以律法為根本的倫理學；然而，正如我們在上文所見，透過卡巴拉的引入，塔木德的倫理在納入神的生命全體後，首次作為神的經驗發揮作用。在這裡，生命（愛欲、神）只是作為其愛欲的「彼方」，從律法（臉）那一面被體驗到；然而，如果透過卡巴拉逆轉，從生命的角度來看律法，律法則顯示為生命的自我限定。臉與倫理律法是神在歷史中面向猶太民族所顯現的臉，這不過是神名之一，並非神（生命）本身。卡巴拉正是一種嘗試，旨在體驗位於律法彼方的神本身。

亨利・柏格森（Henri Bergson, 1859-1941）是現代的猶太哲學家，他在內心體驗到這種不以律法為媒介的生命，並將其哲學化。從「純粹持續」論（一刻不停地自我更新的生命，從阻止其發展的空間化時間中解放出來），到「生命跳躍」（生命在無政府狀態中爆發，不受任何視域限制），他的生命論描述了一種由內而外「熊熊燃燒卻燃不盡的」猶太生命。西方哲學通常將生命偽裝成懸浮於外部的運動，而柏格森的生命論則從內部出發，將生命視為真正新事物的創造。

延伸閱讀

列維納斯，《全體性與無限》上、下（岩波文庫，二〇〇五、二〇〇六年）——作為現代最重要的他者論之一，列維納斯的第一部重要著作中，他將無法解消同一性的他者，透過「不可殺人」這一倫理性律法作為他者的「臉」，進行現象學式的記述與呈現。

羅森茨維格，《救贖之星》（Misuzu書房，二〇〇九年）——羅森茨維格基於猶太教，討論了他者對話中的實存，這是從黑格爾全體性中溢出來的產物，並在其主要作品中深入探討。從這個視角出發，他也討論了猶太教與基督教之間的差異與關係。

朔勒姆，《猶太神祕主義》（法政大學出版局，一九八五年）——創立卡巴拉學的朔勒姆的代表性著作，論述了從古至近代的卡巴拉歷史，是卡巴拉研究中最重要的基本文獻，同時也是朔勒姆自身反歷史理論的基礎。

班雅明，《班雅明集1近代的意義》（筑摩學藝文庫，一九九五年）——這本著作收錄了班雅明參考《創世紀》，探索言語的神之起源的言語論《論語言之究竟以及人類的語言》。

柏格森，《思考與動作》（平凡社library，二〇一五年）——此演講及清晰地論述了柏格森的

「邁向嶄新事物的創造性生成變化」生命論。

CHAPTER

ten

第十章

納粹的農業思想

藤原辰史

ナチスの農業思想

達里與貝克的農本主義思想

納粹在農業思想方面並非全然一致，主要可分為種族主義與浪漫主義的一派，以及技術官僚的一派。提及納粹農本思想時，通常會想到以納粹糧食暨農業部長達里（Richard Walther Darré, 1895-1953）為代表的前者集團，但後者集團的影響亦不可忽視，其代表人物是貝克（Herbert Backe, 1896-1947）。

貝克於一八九六年出生於喬治亞巴統的德裔家庭。第一次世界大戰期間，他前往德國從軍。戰後，他在蘇聯的計畫經濟體制下從事農業研究。加入納粹黨後，貝克在達里（Richard Walther Darré）領導下，擔任糧食暨農業部的次官。然而，他對達里的浪漫農本主義感到不滿，並在背後實際掌控了農政的權力。自一九三六年起，得到了赫爾曼・戈林（第二次四年計畫的負責人）的信任，貝克致力於徹底控制戰爭所需的糧食生產、消費與分配。隨著第二次世界大戰的爆發，貝克參與了占領區的糧食計畫，並有計畫地減少當地居民的糧食供應。他提出的惡名昭彰的「飢餓計畫」（Hungerplan）正是他的主意，旨在大規模削減占領區民眾的糧食供應。

然而，納粹的思想在選舉中成功吸引了農民的支持，並使得沒落的中產階級反現代的情緒轉向支持納粹黨。這些思想的骨幹是宣揚民族與自然結合的「血與土」（Blut und Boden）理念。這一概念最初由斯賓格勒（Oswald Spengler, 1880-1936）提出，但達里將其轉化為納粹的核心概念。基於此，我想結合上文提到的農業政治的多元化狀況，來談談達里的思想。

達里也是德裔，於一八九五年誕生在阿根廷。第一次世界大戰期間，他回到德國，當過志願兵。戰後，他在哈雷大學學習畜牧業，尤其專注於養豬，並在那裡接觸到漢斯．岡瑟（Hans Friedrich Karl Günther）的種族主義著作，對其深感傾倒。加入納粹黨後，在希特勒的信任下，達里成為納粹黨向農村進軍的先鋒。最初，納粹黨將注意力集中在贏得都市選票上，但隨著一九二八年金融衰退使農村債務激增，納粹黨將目標轉向農村選票。大蕭條對農村社會造成的破壞，使得達里提出了他獨特的農本主義。這是達里最具活力的時期，然而，在納粹掌政後，由於穀物徵收與價格政策的失敗，他逐漸失去政治影響力。（參見古內博行，《納粹時期的農業政策研究（一九三四至三六年）：穀物調度措施的引進與糧食危機的發生》，東京大學出版會，二〇〇三年）一九四二年五月，他因健康原因辭去了糧食暨農業部長的職位。

因此，本章試圖透過解讀達里最具活力時期的書籍與演說，來闡述他的思想論點。

種族主義與農業思想

首先我要說明的是，達里的種族主義與農業、畜產思想之交集。

達里在創造出「血與土」這一口號後，於堪稱納粹聖典的《從血與土中誕生的新貴族》（*Neuadel aus Blut und Boden*, 1930）中提到，第一次世界大戰的兵營與戰場，透過將「各種教育程度迥異的年輕人」聚集在一起，形成了一種「民族共同體」的意識。他回顧道，這裡「沒有上下之分」，「吃飯睡覺都是集體生活」。然而，德國最終還是敗北了。達里舉出的其中一個原因是一九一五年爆發的「殺豬」（Schweinemord）事件。當時，由於糧食短缺，學者以豬搶奪人類糧食為由，指示屠殺豬隻，結果德國全境陷入了一場瘋狂的「殺豬」風潮。

在收錄於《民族與人種》（*Volk und Rasse*, 1927）、名為〈作為區分北方人種與閃族人種試金石的豬〉（*Das Schwein als Kriterium fur nordische Volker und Semiten*）的論文中，達里斷言，主張屠殺豬隻的學者大部分是猶太人。他還提到，這場屠殺導致了飢餓蔓延，七十六萬人因此餓死，並進一步使德國陷入戰爭。換句話說，從農業的角度來看，這為猶太人背叛的「背後捅刀傳說」提供了某種佐證。達里在論述中指出，德意志人對豬的喜愛情結相當深厚，因此他們對豬的飼養場所——也就是食物來源的「森林」——有著特殊的情感。他認為，正因為這種情感，他們與猶太人這些「游牧民」、擁有「無根浮萍般感覺」的人種截然不同。

其次，除了用種族主義解釋第一次世界大戰敗戰的原因，達里還對具有「北方人種」血統的「農民」的純粹性和健全性大加讚美。他所謂的「北方」，是指與希臘等「南方」古典文化的對立。他以某種程度上捏造歷史的方式，強調在阿爾卑斯山以北，也存在著足以與希臘文化相匹敵的「北方」古典文化。

達里在其第二本著作《作為北方人種生命泉源的農民階層》（*Das Bauerntum als Lebensquell der Nordischen Rasse*, 1928）中主張，北方人種的祖先是印度—雅利安人，這些雅利安人是從森林走入平地的農耕民族。他認為，「公優於私」的「三圃式農業」是日耳曼文化的象徵。達里還自豪地表示，自己來自「飼養動物下，嚴密的孟德爾主義派」，並曾在哈雷大學學習育種，因此他宣稱自己是具備科學觀點的人。崇尚孟德爾主義的達里進一步指出，「遺傳」應該成為取代「貨幣」的新價值基準。

達里基本上和大部分納粹黨員一樣，對資本主義，特別是金融資本主義持批判態度。他認為猶太人掌控了金融，德意志農民負債累累，但另一方面，農民卻擁有價值連城的「遺傳」這項寶貴資源。他進一步讚揚農民（Bauer）不僅是戰士（Krieger），也是貴族（Adel）。在他主要著作的標題中使用「新貴族」這一相對陌生的詞語，就是基於這一點。雖然「血與土」這個口號更為著名，但「犁與劍」這一口號同樣隱含了「農民與都市人不同，因為農民在勞動中使用自己的身體辛勤工作，因此是健康的優秀戰士」的觀點。

慎重起見，在達里的觀念中，「血與土」中的「土」並不僅僅是農地，它不僅是栽培作物的場所，也是「培育北方人種」的場所。事實上，達里甚至將培育農民的農場稱為「育苗場」（Hegehof）。

反資本主義與遺傳學

第三，就像一九三三年十月一日公布的「世襲農場法」（Erbhofgesetz）所示，達里提倡一種將自然從資本主義中分離出來的運動。在這裡，我們可以再次閱讀他的主要著作《從血與土中誕生的新貴族》。

達里如是說：「自然的『荒廢』，透過這種錙銖必較的思想已完全公開化了。相反地，如果農民感到自己與自然息息相關，知道自己必須跟隨著森林的生命保持節制的態度，知道自己不必因為受錙銖計較影響，拚命到失去分寸的地步。也正因如此，他們才能透過充滿慈愛的雙手，喚起無限充溢的生命魔法啊！」

那麼，和反資本主義生態學相結合的達里論述的基礎是什麼呢？果然還是依據他反覆提及的遺傳學。達里在《血與土》中這樣說：「自遺傳學以科學之姿確立以來，光憑外貌而非基於血統遺傳價值來判斷的身分界線，已隨著與之相連、對身分先入為主的概念一同瓦解了……新時代持續進步的學問領域之一，也就是自然科學，在某些條件下，開拓了再次回歸我們日耳曼民族祖先倫理觀的道路。這是因為這種倫理觀本身是建立在遺傳認可的人類不平等之上。在這種認知中，今日的自然科學又回到了這一認識上來。」

鑑於上述觀點，達里在被任命為糧食暨農業部長後，通過了「世襲農場法」。該法所定義的「農民」是「具有德意志民族及同種族血統的德意志國民，而且具備值得尊敬特質者為限」；在這項法律下，從七點五公頃到一百二十五公頃的農場，原則上被禁止分割、買賣或讓渡。透過這種方式，這部法律將農民從市場中予以部分切離，同時尊重農民經營的自主性；其致力的目標則是提升培育純粹人種農民的農場價值。

達里又如是說：農場的中心是「火」，也就是廚房。「爐灶（Herd）是家族的中心，也是聖壇，這個古老的習俗有部分保留至今。簡單說，在德國古老的農舍中，主婦的搖椅往往是安置在爐灶後方的。」從這段回顧性的文章中可以發現，達里在某種意義上，抱持著有機體的農場印象。

「血與土」的思想與有機農法

從以上論點可以看出，達里以及「血與土」的思想，是一種肯定「首要之務乃是在德意志的土地上，培育出德意志優秀人種」的世界觀。它所致力達成的並非資本主義世界，也非社會主義式的集體化世界，而是一種折衷的農業模式。

達里的農本主義是一種反都市、反金融資本以及反猶太人的混合體。這種思想與「工業界的經濟領袖，從根本上只是從受到農業利益和農業經營目的所滲透的事物來做判斷，完全不合格的人類」這種單純至極的反工業主義結合，因此孕育出某種意義上的激進主義。

達里的激進主義壓倒了黨內的反對聲音，並支持由斯坦納（Rudolf Steiner, 1861-1925）提出的有機農法「生物動力農法」（Biodynamic agriculture）。在一九四一年六月七日給黨內同志的信中，他呼籲「當巴黎陷落後，若能從農業國法國輸入小麥，則德意志得以安泰；既然如此，那麼今後為了防止德意志土壤的劣化，應該仔細檢討，是否該採取不使用化學肥料的農法？」在這裡，他氣勢洶洶地批評了為植物營養理論奠定基礎的歐洲著名化學家李比希，並將化學從農業的寶座上趕下去，這一立場與希特勒擔任總理並「打破自由主義經濟思想支配」的論調密切相連。（柏林李希塔菲爾德聯邦檔案館，調閱文件號NS19/3122）

然而，由於戰爭的緣故，這一理想未能實現，而且從根本上來看，它與現代生態學在本質上也大不相同。這種農業觀念符合雅利安人種上下不平等的社會印象，並延續了將其他種族差別化的一貫思維。儘管達里在一九二〇年代至三〇年代期間就已經對資本主義對土壤的破壞敲響了警鐘，他並不認為這是一個經濟問題，而是將其視為一個種族問題。這種民粹主義的方法，在初期階段雖然具有一定的力量，但另一方面，它也可以說是一種脫離現實的象徵。

德國環境史學家烏克特（Frank Uekoetter）指出，由於「血與土」是納粹的核心思想，因此現在我們討論「土」的問題顯得十分奇怪。然而，如果我們能夠深入挖掘達里的複雜思想，也許能在不陷入納粹主義的情況下，找到通往生態學之路的啟示。

延伸閱讀

豊永泰子，《德國農村邁向納粹主義之路》（Minerva書房，一九九四年）——日本研究納粹農業頭號專家的選集。

烏克特，《納粹與自然保護：景觀美、高速公路、森林與狩獵》（築地書館，二〇一五年）——德國著名環境史學家執筆，有關納粹自然保護的研究書。

藤原辰史，《蕪菁之冬：第一次世界大戰期間德國的饑荒與民眾》（人文書院，二〇一一年）——針對第一次世界大戰期間德國的饑荒原因及其結果所進行的歷史學研究。

藤原辰史，《（新裝版）納粹德國的有機農業：從「與自然共生」中誕生出的「民族滅絕」》（柏書房，二〇一二年）——追溯生物動力農業支持者與納粹濃政之間的微妙關係。

CHAPTER

eleven

第十一章

後世俗化的哲學

伊達聖伸

ポスト世俗化の哲学

「後世俗化」狀況中的查爾斯・泰勒

在二十世紀下半葉的某個時期之前，西方社會的宗教衰退伴隨著近代化、產業化和都市化，這樣的單向度論點使得俗化論顯得相當有力。然而，大約從一九七〇年代開始，世界出現了宗教復興與回歸宗教的現象，這迫使傳統範式發生變化。以「公共宗教論」著稱的宗教社會學者荷西・卡薩諾瓦（Jose Casanova, 1951-）對世俗化論進行重要的修正。他認為，西方近代化帶來的是世俗與宗教領域的分化，但這並不必然導致宗教的衰退與私有化。另一方面，世俗人類學者塔拉勒・阿薩德（Talal Asad, 1932-）則從後殖民的視角出發，對基於宗教與世俗二分法的西方近代世俗主義觀點提出了批判性的反思。此外，哈伯瑪斯在其「後形上學思想」中主張基於理性的社會架構，並且表達了對宗教的關注，在社會哲學和政治哲學領域中也發生了典範轉移。

在這樣的背景下，「後世俗」（secular）一詞逐漸成為討論的焦點，並且有許多論文和書籍開始使用這一語彙。以討論多元文化主義（multiculturalism）著稱的社群主義者（communitarian）查爾斯・泰勒，也被認為在一九九〇年代經歷了「宗教的轉向」（這是泰勒研究者露絲・艾比所用的術語），他顯著地開始討論天主教，因此被視為「後世俗化」的哲學家之一。

「近代是從宗教將人解放出來的世俗時代，現代則是重新審視宗教的後世俗化時代」，這樣的等式確實淺顯易懂。然而，所謂「後世俗」，如字面所示，是指「世俗之後」的狀況，那麼，世俗的時代真的過去了嗎？英國宗教社會學者詹姆斯・貝克福德（James Beckford, 1942-2022）

對使用「後世俗」一詞的觀點持懷疑態度。他認為，（至少在英國）近年來宗教在公共空間中的可見度增加，而這與國家的宗教政策相互連動，因此我們還不能認為已經進入了「後世俗」時代。

事實上，不管是卡薩諾瓦、阿薩德、哈伯瑪斯，還是泰勒，與我們一般認為的「後世俗化」論者印象相反，他們並沒有積極使用這個語彙。在這四位學者中，唯一較能符合「從世俗到後世俗」的思維模式的是哈伯瑪斯。作為開拓後形上學思考視域的他，在某個時期曾強烈主張「哲學有必要學習宗教傳統」。儘管如此，這四位學者對西方近代到近現代世界中掌握霸權的「世俗」——這一概念至今仍是普遍認知——的某些面向，予以批判性地反思。

有鑑於此，本章將圍繞世俗與宗教議論所構成的現代狀況，對泰勒的哲學加以定位，並稍微描繪出其特徵。泰勒的思想具備怎樣的一貫性，並且有哪些變化？如果他自己並不積極使用「後世俗化」這一術語，那麼他是如何透過其他語彙來表達自己的論述？泰勒的論述與多元文化主義有何關聯？我們可以從中得出什麼樣的世界哲學意義？

魁北克民族主義與泰勒的多元文化主義

眾所周知，泰勒的活動據點位於加拿大法語區的魁北克省。儘管泰勒擁有英裔父親和法裔母親，屬於雙語系統，但在魁北克，普遍將他視為英語系（Anglophone）哲學家。自一九六〇年起，魁北克發起了「寧靜革命」，民族主義情緒高漲，並強烈推動了加拿大獨立的運動。泰勒的思想正是在這樣的時代背景下形成和發展的。

在受到天主教強烈影響的魁北克爆發的這場「寧靜革命」，並不一定帶有反宗教的世俗主義色彩。相反地，它是由近代天主教左派主導的，主要知識分子之一是費爾南・杜蒙（Fernand Dumont, 1927-1997）。杜蒙是拉瓦爾大學的社會學教授，同時也是一位神學家，在「寧靜革命」後，他持續撰寫宗教相關作品。作為一九六八年成立並於七六年掌政的魁北克黨智囊，他還參與了七七年通過的法語憲章的起草工作。魁北克黨最初是個左派民族主義政黨，並且在八〇年與九五年兩度舉行州民投票，旨在爭取從加拿大獲得主權。

一九六〇年，泰勒曾在天主教雜誌《底邊評論》（*Downside Review*）上發表一篇名為「教權主義」的論文。在這篇文章中，可以看到艾曼紐・慕尼埃（Emmanuel Mounier, 1905-1950）、伊夫・康加爾（Yves Congar, 1904-1995）、亨利・德・呂巴克（Henri de Lubac, 1896-1991）等天主教左派的名字。由於他的主張也提倡天主教社會活動的必要性，因此與當時法語系（francophone）天主教左派，如杜蒙等人的論述相當接近。然而，在隨後的很長一段時間內，泰勒並未在他的著作中明確表示自己是天主教信徒。

一九五〇年代留學牛津的泰勒，受到英國新左派運動的啟蒙，並於六一年回到加拿大，參與了同年成立的「新民主黨」（NDP）的政治活動（後來他擔任該黨副主席，並四次參與聯邦議會大選，雖然都未當選）。作為英系加拿大左派的成員，泰勒在經濟上強烈主張加拿大應該對美國實現自立，而在政治上，他則致力於推動個人與集體的平等，支持去中央集權、重新分配的聯邦主義。

一九七一年，加拿大總理杜魯道（Pierre Elliott Trudeau, 1919-2000）提出了「雙語、多元文化」的政策。然而，這一政策在魁北克省並未受到歡迎，因為本應作為「建國兩大民族」之一的法裔加拿大人的獨特文化，卻被視為與其他各種文化相提並論，這樣的做法使得魁北克社會的內部運作出現分裂。

一九七一年也是約翰・羅爾斯發表《正義論》的年份。麥可・桑德爾（Michael Sandel, 1953-）批判羅爾斯所謂的「無法負荷的自己」，並提倡「獲得定位的自己」。在這場「自由—社群主義論爭」中，泰勒的立場接近桑德爾。泰勒認為，言語和文化深刻塑造了人類，並批判以抽象個人為前提的程序性自由主義（procedural liberalism），提出一種將個人置於特定文脈中的觀點。

泰勒的「承認的政治」概念，雖然在捍衛魁北克的大義及對聯邦政府的集合性權利方面，強調言語和文化權利的重要性，但在個人權利方面，他則反對魁北克的政治自決權利。泰勒的多元文化主義遠離了聯邦政府的程序性自由主義，也與魁北克州以獲得主權為目標的民族主義保持一定距離。當一九九五年州民投票時，杜蒙曾表示主張獨立的是「純粹的魁北克人」，這種排外的民族主義言論使泰勒感到極為憤慨。

跨文化主義的政教分離與泰勒的位置

政治學者伯納德・甘農（Bernard Gagnon）認為，泰勒的立場在一九九〇年代中期發生了轉變，從「民主主義國家可以致力於公共善」的主張，轉向接受「國家中立性」這一自由派觀點（*Politiqie et Societes*, 31-1, 2012）。雖然這確實顯示出從社群主義向自由主義的「轉向」，但我們也可以認為，泰勒在面對魁北克社會變遷時，為了保持一貫的立場，才作出了這樣的轉變。有趣的是，這一變化恰好與艾比所提到的「宗教轉向」時期相吻合。

在法國，朝著共和主義式社會整合邁進的政教分離相當有力。二〇〇三年，基於政治家斯塔西（Bernard Stasi, 1930-2011）主導的委員會提出的提案，公立學校被禁止使用宗教性徽章，這項法案在隔年獲得通過。在魁北克，由法語系歷史學家傑拉德・布查德（Gérard Bouchard, 1943-）與英語系哲學家泰勒共同擔任委員長的委員會於二〇〇七年啟動；在隨後的報告書中，他們提倡兼顧社會整合與認可多樣性的跨文化主義（interculturalism）以及「開放性的政教分離」。

從魁北克的角度來看，多元文化主義是聯邦政府的政策，而且往往使社會因不同文化的社群而趨向馬賽克化。而跨文化主義則被認為能促進社會融合，並鼓勵文化群體之間的相互交流。對於多元文化主義與跨文化主義的差異，究竟是在性質上、程度問題上，還是實質上可以視為相同的事物，學界仍有各種不同的見解與論爭。

布查德—泰勒委員會的報告書指出，自由主義的目標是實現個人的精神平等，以及保障良心和信教的自由，而達成這一目標的手段是政教分離，並且在對待宗教和世俗的價值觀上，保持國家的中立性。從這個角度來看，法國的政教分離被視為一種嚴格的分離，並強調自我目標化。

硬要說的話，在兩位共同委員長中，布查德將著力點放在社會整合的層面上，而泰勒則對過度強調整合抱持警戒心。兩人都對二〇一〇年代魁北克州政府以政教分離為名，傾向限制伊斯蘭面紗的做法表示批判，但布查德仍維持報告書中的立場，認為「法官等應展現高度中立性的人物，應該限制面紗這類事物的使用」。另一方面，泰勒在二〇一七年魁北克清真寺遭襲擊的事件後，則偏離了報告書的立場，對一切宗教徽章的限制表現出反對的態度。

從宗教時代到世俗時代，然後……

泰勒在二〇〇七年的主要著作《世俗的時代》中，將世俗性（secularity）區分為三個階段：第一階段是「公共生活中宗教的衰退」，第二階段是「宗教信條與實踐的衰退」，第三階段則是「信仰條件的變貌」。他特別強調第三個階段，分析西方人本質上的變化。在近代以前的「魔術世界」中，行為主體是「多孔的自己」（porous self），與外部各種屬靈力量之間的界線並不清晰；然而，在「祛魅」（disenchantment）的近代，個體逐漸與外部力量分離，成為「被緩衝材料覆蓋的自己」（buffered self），這一變化使得人類在內部發掘並建立道德秩序的力量。泰勒強調，宗教在世俗時代的意義，實際上是在試圖對抗排他性的人類主義主流，回復多孔的人類觀。

另一方面，泰勒也指出，在所謂正統宗教主導的「舊涂爾幹型」體制中，即使人們能夠感受到自己的宗教本能與外部法律之間的差異，仍然覺得有必要遵從後者。與此相對，在「新涂爾幹型」的世界中，人們可以選擇自己的宗教，而國家則承擔起了天道的角色。不僅如此，自一九六〇年代以來，隨著我們進入「後涂爾幹型」的時代，個性化和多樣化的趨勢日益加劇。在這個時代，個人傾向將對自己而言「真正的事物」置於精神生活的中心，在這種世俗化的時代，多元主義的承認成為了一個重要課題。

泰勒以馬克斯．韋伯和戈歇（Marcel Gauchet, 1946-）的「祛魅」論點為基礎，試圖擺脫韋伯所描述的近代「鐵籠」困境。對於「人類渴望意義，但宗教是對無意義的回應」這一觀點，泰勒並不完全認同。他非常欣賞威廉．詹姆斯（William James, 1842-1910），並認為，除非真正付諸行動，否則真理在某種程度上是隱藏的，而只有相信真理，才能打開通往它的道路。

對泰勒而言，把宗教視為與世俗或無神論觀點對立的事物，是不合道理的。他認為，作為支持人生存價值的宗教與世俗之間，並沒有優劣之別。在現代世俗社會的公開討論中，哈伯瑪斯試圖將宗教（特別是）語言「翻譯」成世俗（理性的）語言，但在泰勒看來，對宗教語言的特殊對待，實際上是一種偏見：

「國家的中立性是基本上對多樣性的回答」的想法在西方的「世俗」人們當中，仍未徹底流行開來。這是因為人們可笑地堅持認為宗教是不可理解的、甚至是具有威脅性的東西。（〈為什麼我們應該從根本重新定義世俗主義〉，《挑戰公共圈的宗教》）

泰勒對於將宗教視為問題的世俗主義（Lacite-secularism）態度，持批判態度，認為這樣的態度體現了精神上的貧困。他認為，應有的世俗體制應該是一個包含宗教在內、最大限度實現各種信條自由與平等的架構。如果泰勒可以被稱為「後世俗化的哲學家」，那是因為他批判並試圖跨越合理主義、理性支配與排他性人類主義所設限的世俗極限。

對非西方世俗與宗教的考量

從世界哲學的角度來看泰勒，首先必須指出他作為來自魁北克的英語哲學家的身分。他的思想在很大程度上借鑒了法德大陸哲學與英美的分析哲學。儘管他的思考範圍相當廣泛，但其論述的軸心仍然深深根植於西方哲學，因此從「世界」的觀點來看，或許還顯得相對狹窄。然而，泰勒並不認為西方近代的世俗是理所當然的，他對西方近代批判性地重新評估，並意識到其地域性特徵，試圖將宗教從世俗理念中解救出來。從這些角度來看，泰勒的議論視域確實稱得上是「世界哲學」。

羅伯特・貝拉（Robert Bellah, 1927-2013）在其論集《世俗時代下的世俗主義諸相》（二〇一〇年）中，比較了泰勒、哈伯瑪斯與丸山真男，認為三人對近代都抱持著規範性的理解，並強調應該以公共空間的批判精神來監視經濟和國家。丸山和貝拉都認為日本思想缺乏超越性的動力，貝拉指出，丸山非常擔心日本人會因為崇尚具有普遍性的外國思想而陷入特殊主義。丸山對前近代的評價較低，但泰勒認為不應該廢棄天主教這種前近代的文化。然而，貝拉也主張，從批判性的角度回顧過去，是達成近代倫理規劃的本質條件，這一點，泰勒的思考應該也會得到丸山的認同。

在論集《世俗主義再考》（二〇一一年）中，執筆論文〈亞洲的世俗主義、宗教變動與社會糾葛〉的趙文詞（Richard Madsen, 1941-）將泰勒所確立的世俗性整理為政治、社會學、文化三個層面，並探討其在亞洲的適用性。趙文詞以中國、印尼、台灣為例，指出亞洲各國雖然在形式上建立了相對於西方的世俗政治體制，但其內部仍然隱藏著宗教的精神。在社會層面，亞洲的宗教充滿活力，比起西歐更接近美國。在西方，宗教通常被視為一種私人信仰，而亞洲則強調儀式與神話的重要性。在文化層面，亞洲宗教的特點是集體信仰而非個人信仰，然而，隨著都市化等其他因素的發展，集體實踐的意義也發生了變化，逐漸轉向符合個人情感的信仰與實踐體系，而且呈現出日益增長的趨勢。

確實，泰勒論證背後的宗教與世俗二分法是屬於西方基督教的產物。然而，他的思想並不是建立在這種二分法，即西方近現代世俗與宗教的內在及序列為前提，而是對其重新質疑。因此，在思考非西方社會中世俗與宗教的關係時，我們並不必然要完全與泰勒的觀點對立。相反，在某種程度上，我們可以與泰勒並肩思考，探討這一關係的不同可能性。

延伸閱讀

泰勒，千葉真監譯，《世俗的時代》上、下（名古屋大學出版會，二〇二〇年）——泰勒的「第三部主要著作」，期待已久的日文譯本。雖然相當厚重，但會讓人讀到翻破書頁也想一讀再讀。部分要素在《今日宗教的諸相》（伊藤邦武、佐佐木崇、三宅岳史譯，岩波書店，二〇〇九年）中也可以讀到。再者，雖然泰勒的第一部主要作品《黑格爾》（一九七五年）沒有日譯，但還有以其他形式彙整的《黑格爾與近代社會》（渡邊義雄譯，岩波書店，一九八一年），以及第二部主要作品《自我的泉源》（下川潔、櫻井徹、田中智彥譯，名古屋大學出版會，二〇一〇年）。

艾比，梅川佳子譯，《查爾斯・泰勒的思想》（名古屋大學出版會，二〇一九年）——咸認是對廣博的泰勒思想整體樣貌，以體系且簡潔方式呈現的入門書。

哈伯瑪斯、泰勒、朱迪斯・巴特勒、康乃爾・韋斯特、克雷格・卡爾洪，箱田徹、金城美幸譯，《挑戰公共圈的宗教：為了後世俗化時代的共生》（岩波書店，二〇一四年）——收錄有關現代民主主義中宗教定位的討論。要了解哈伯瑪斯與泰勒的差異，推薦閱讀兩人「對談」的部分。

布查德、泰勒，竹中豐、飯笹佐代子、矢頭典枝譯，《多元文化社會魁北克的挑戰》（明石書店，二〇一一年）——布查德—泰勒委員會報告書的減列版。理解泰勒思想的關鍵之一，是位於法語圈的加拿大魁北克州文脈。和泰勒幾乎同世代、屬於天主教左派、主導法語系民族主義的知識分子杜蒙，他的《記憶的未來》（伊達聖伸譯，白水社，二〇一六年），也希望各位能惠予參考。

高田宏史，《在世俗與宗教之間：查爾斯・泰勒的政治理論》（風行社，二〇一一年）——日本累積了大量的泰勒研究，但其中很少有正視世俗和宗教問題的作品。本書從政治學的觀點解讀《世俗的時代》及其他著作，透過和桑德爾、阿薩德、威廉・康諾利等人的比較，闡明泰勒的天主教多元主義特徵。

CHAPTER

twelve

第十二章

蒙古的佛教與薩滿信仰

島村一平

モンゴルの仏教
とシャーマニズム

後世俗化與後社會主義

科學技術發達的社會將會近代化，而宗教這種「迷信」最終會消失——這種世俗化論，現在已經普遍被視為過時的觀點。在美國，福音派和基督教基本教義派的崛起，以及以伊斯蘭國和塔利班為代表的伊斯蘭基本教義派的興起，均顯示出宗教反而重新獲得了活力。因此，儘管經歷了近代的世俗化，宗教並未消退，反而呈現出新的生機。正如哈伯瑪斯所提倡的，現代社會可以被視為一個「後世俗化的社會」（二〇一五年）。

以蘇聯為代表的舊社會主義國家，在無神論的社會主義體制下，確實實現了由上而下的「世俗化」，並且在許多方面推動了國家對宗教的限制和監控。然而，對於經歷過社會主義體制的普通公民來說，世俗化究竟是什麼樣的經歷呢？更進一步來看，蘇聯瓦解後（一九九一年）的「後世俗化」又是如何發生的呢？這是一個極具挑戰性的問題，對於許多人來說，似乎很難提供一個清晰而準確的答案。

許多關於後社會主義宗教現象的研究，都將整個社會主義時期對宗教實踐的「壓抑」視為不言而喻的事實，認為宗教在後社會主義時期經歷了戲劇性的「復興」（revival）。關於社會主義時期的宗教實踐，普遍的觀點認為，宗教被驅逐出公共空間，隱身於私密領域，而只在家裡舉行宗教儀式。

確實，在社會主義瓦解之後，俄羅斯的俄羅斯正教、哈薩克和烏茲別克等中亞國家的伊斯蘭教紛紛「復興」。然而，這裡缺乏一種視角，那就是對人們持續宗教實踐的透視，這與由上而下的無神論（世俗化）政策所產生的影響在不同層面上有所區別。

說到底，「後社會主義」中的「後」未必意味著終結或沒有連續性的現象，例如，我們可以從殖民與後殖民的關係來考量。所謂後殖民，並不表示自殖民地時代開始的支配與被支配關係完全告終，舊殖民地也並未因此獲得完全的自由；相反地，在非洲與南美各國等曾經歷「殖民」的地區，儘管從歐美國家取得政治上的獨立，經濟上卻依然受舊宗主國的支配，這正是「後殖民」。但在討論「後社會主義」時，我們對社會主義遺產究竟有多少考察呢？尤其是在宗教方面，我們幾乎可以說忽視了社會主義時期的遺產。

事實上，在俄羅斯、東歐、蒙古等舊社會主義圈內，許多國家的黑魔術與咒術竟然出乎意料地蓬勃發展。用傳統的宗教「壓抑－復興」論實在難以解釋這一現象，於是產生了一種假設：事實上，社會主義本身是否就是一種宗教，甚至是近代體系的咒術化呢？（島村，二〇一八）關於社會主義的咒術化，大致可以分為兩點：第一，將宗教的制度部分（如教會與寺院等宗教組織、神父與僧侶等聖職者、聖書與經典等聖典）從社會中隔離，結果反而強化了宗教所具有的非制度面相，即咒術的一面，這可以稱為「宗教本身的咒術化」。第二，社會主義建構的近代各種制度，卻被當地人民理解為一種超自然的「咒術」，這則可稱為「社會主義近代的咒術化」。這種社會主義=咒術化的論點，不僅可以解釋社會主義時代與後社會主義時代宗教實踐的連續性，還能為後世俗化的討論提供新的材料。

在這篇短論中，我以世界第二個社會主義國家——蒙古國（舊蒙古人民共和國）為例，探討其傳統宗教——藏傳／蒙古佛教與薩滿信仰，試圖思考舊社會主義圈的世俗化與後世俗化問題。蒙古人原本信仰薩滿教，但自十七世紀下半葉納入清朝統治後，藏傳佛教迅速傳播，至二十世紀初，蒙古男性人口中約有三分之一為僧侶，對佛教極為投入。即使經歷社會主義統治，至今仍有約六成人口信奉佛教。另一方面，曾被佛教壓制的薩滿教以少數宗教的形式殘存，然而在二〇一〇年左右，薩滿教突然盛行，當時約有百分之一的蒙古國人口為薩滿（島村，二〇一六）。

在社會主義中殘存下來的薩滿教

二十世紀初期，隨著「科學無神論」的社會主義政權在俄羅斯和蒙古的建立，宗教在社會主義無神論的立場下遭到鎮壓。馬克思提出「宗教的自然死亡」的設想，即隨著社會進入社會主義階段，宗教將自然而然地消失；然而，蘇聯領袖列寧並不接受此觀點，反而將其詮釋為「為了近代化，必須徹底消滅宗教」。因此，在一九三〇年代，教會和寺院被破壞，聖職者被迫還俗。在蒙古，許多僧侶成為社會主義建設的箭靶，被冠以「黃色貴族」之名遭到肅清。「黃色貴族」一詞源自藏傳佛教格魯派（黃帽派）的稱號。寺院擁有的家畜群被國家沒收，許多化身喇嘛（轉世活佛）遭到槍決。同時，薩滿教也被視為「迷信」、「偽醫學」以及「前近代的殘渣」，其活動完全被禁止。

然而，在整個社會主義時期，宗教並非始終遭到壓迫。一九三〇年代的猛烈宗教鎮壓風暴，隨著第二次世界大戰的爆發開始緩和。確實，基督教、佛教、伊斯蘭等制度化宗教的活動仍受到嚴格限制，但試圖將宗教的制度性部分（如宗教組織、聖職者、經文等）從社會中隔離的做法，卻意外地強化了宗教的非制度性面向。

據英國社會人類學家卡羅琳．漢弗萊（Caroline Humphrey）的研究，在蘇聯（現俄羅斯）南西伯利亞的蒙古系民族布里亞特人（Buryats）中，作為制度宗教的佛教因其制度性特質而遭到徹底破壞，而非制度性的薩滿教則因其相對依附於社會主義而以補完的形式殘存下來。藏傳／蒙古佛教由於其意識形態、類似官僚的僧侶組織以及生產組織（如家畜群和田地）與蘇聯共產黨形成競爭關係，因此共產黨徹底鎮壓佛教教團，沒收寺院財產與生產資源。然而，缺乏寺院、聖職者組織與生產體系的薩滿教，因在意識形態與制度性上不與共產黨構成競爭，得以殘存。相反地，由於蘇維埃意識形態強調勞動和生產力的正面價值，薩滿教能夠以解釋災厄等負面價值的形式，承擔起補完的角色。簡單而言，儘管蘇聯共產黨以五年計畫為代表的「未來」為核心論述，但對於日常生活中的疾病、災害以及死亡等現象卻無法提供解釋。而薩滿則以「森林精靈發怒了」等說法為由，為人們提供精神支持，從而得以延續下來。

同樣地，在蒙古國的社會主義時期，薩滿教並未滅亡，其支持薩滿教的思考方式在民眾心中持續存在。以居住在蒙古東部地區的蒙古布里亞特人為例，每當遭遇疾病或災厄時，人們便會考慮是否「央求祖靈」（roots），即請求薩滿舉行祭祀。這種形式化的思考方式，在整個社會主義時期成為人們共同的文化記憶與實踐。也正因為如此，薩滿教的命脈才得以延續。（島村，二〇一一，頁二九六—三〇五）

化身喇嘛與作為咒術的社會主義

另一方面，與俄羅斯不同，在蒙古，本應與人民革命黨構成競爭關係的制度宗教，卻以咒術的形式殘存下來。即便是在社會主義時代編纂的國史《蒙古人民共和國史》第二版（一九六九年）中，也提到：「在曾為僧侶的兒童、青年中，產生了黨與國家的運動參與者，甚至是偉大的領袖人物。」換言之，許多還俗僧人在國家核心中發揮了重要作用。畢竟，在社會主義革命前夕，蒙古男性人口中有三分之一是僧侶；若將具讀寫能力的這些人完全排除在外，要建設一個新國家幾乎是不可能的。

在社會主義時期，大多數還俗的喇嘛成為學校教師或地方公務員，但人們仍常私下請他們來舉行巫術儀式。在蒙古，無論是現在還是社會主義時期，佛教都以術事的形式廣泛融入日常生活。簡單來說，對蒙古人而言，佛教與自身的主要聯繫就是請喇嘛為他們念經以驅除災厄。

這種念經在蒙古語中稱為「諾姆・翁修拉哈」（意為「讀經」），而僧侶則將其稱為「古魯姆・扎薩兒」。「古魯姆」是藏語，「扎薩兒」是蒙語，兩者均有治療與除厄的含義。

因此，蒙古人對佛教教義的關注程度相當低，這點與日本有些相似。但在日本，通常是在神社進行除厄，而蒙古則是在佛教寺院。不僅如此，蒙古人不會只在厄年等特定時刻才前往寺院，一旦遇到麻煩，就會頻繁請喇嘛念經。例如，家中有人生病、工作不順或人際關係出現問題，蒙古人往往會前往寺院求助於喇嘛為其讀經。相反地，若一切平安無事，他們便不會造訪寺院。簡單來說，「有麻煩就拜託喇嘛」，正是蒙古佛教信仰的最大特徵。而當喇嘛的讀經被認為「無效」時，人們也會迅速轉向請求薩滿，甚至基督教的幫助。對於一般人來說，最重要的是即時且有效的咒術，而非教義之類的抽象概念。因此，蒙古人認為由咒力越強的喇嘛來讀經，效果越佳。在蒙古語中提到「諾姆托伊・芬」（意為「通經典與學問之人」）時，這並非單純指知識，而是將這些人理解為具有某種神通力的存在。在這些「通曉諾姆（nom，經典）的僧侶」中，化身喇嘛被視為特別有力的一類人物。

在社會主義時期，有一位幼年時被認定為「化身喇嘛」（轉世活佛），但後來還俗，並在社會主義時代擔任內古德爾（牧畜共同組合，蒙古版的集體農場）的物資配給負責人（argent，音譯為阿根特），以此身分度過一生。他就是還俗喇嘛傑連敦多布（一九一九—一九九六），人稱「阿根特先生」。由於他被認為是十一世紀後半至十二世紀期間活躍於西藏的著名瑜伽行者、噶舉派宗祖密勒日巴（一〇五二—一一三五）的第四代轉世，因此也被尊稱為「密勒聖人」（milo bogd，蒙古語中的「密勒日巴」）。

據當地人所述，傑連敦多布在擔任地方黨幹部期間，因為他身為活佛且擁有極高的咒術能力，推行的政策都非常成功（島村，二〇一八）。甚至還有人提到：「當地方有小孩生病時，他會在公眾面前給孩子一塊方糖，並說『把這個吃下去』，結果孩子的病真的痊癒了。」至於方糖，這是蒙古人在社會主義時期才開始食用的食品。原本作為遊牧民，他們的飲食以肉類和奶製品為主，不僅蔬菜極少，連穀類和砂糖等糖分的攝取也幾乎沒有，直到二十世紀的社會主義現代化才有所改變。在身體不適時，他們會吃一些糖分來補充體力，類似於現代人喝營養飲料。但最關鍵的是，這塊「方糖」是由前活佛親手帶給大家的，這更增添了它的神祕性與象徵意義。

這種社會主義與佛教交融的現象並不限於札布汗省。在蒙古受社會主義統治期間，許多僧侶還俗後轉任學校教師，這是眾所周知的事。事實上，在蒙古，無論過去還是現在，人們習慣稱僧侶為「巴克什」（bagsh）。「巴克什」這個詞同樣被用來指代學校的老師。此外，出於尊敬，蒙古人也將達賴喇嘛稱為「達賴．巴克什」。那些還俗後成為學校教師的喇嘛，依然像以往一樣被稱為「巴克什」，在社會主義時期依然受到尊敬。這些「巴克什」除了在孩子出生時為其取藏名，還會祕密進行占卜。密勒聖人（阿根特先生）的例子雖然因其轉世活佛的身分而顯得特殊，但大概也可以看作眾多還俗喇嘛之一吧！順帶一提，蒙古人也習慣稱蘇聯領導人列寧為「列寧・巴克什」，至於其中是否帶有宗教意涵，則難以定論。

換句話說，在社會主義時期，至少在蒙古，宗教即使經歷了一九三〇年代的激烈鎮壓，之後也並未完全隱遁於私人空間，更未徹底封閉於家庭內部。將宗教的制度化部分（如寺院、經典、宗教職能者等）從社會中排除的結果，反而使宗教更加聚焦於咒術層面（包括相關觀念），並在社會空間中得以延續。更重要的是，佛教與社會主義在「社會救濟」這一點上共享了相似的敘述。簡而言之，佛教與社會主義的意識形態，就像重曝的照片，呈現出相互疊合的現象。

或許密勒聖人本人，對於佛教的咒術與身為阿根特先生的工作範圍，並未明確區分。至少，我們無法否定密勒聖人／阿根特先生可能為了「方便」救濟眾生，刻意利用社會主義的可能性。不論如何，密勒聖人／阿根特先生以咒術與近代知識交融的身姿，出現在人們面前。換言之，這片地區的人們正是透過化身喇嘛（轉世活佛）／社會主義代理人的雙重角色，接觸到了「名為社會主義的咒術」與「在社會主義中祕密實踐的佛教咒術」這種雙重咒術（島村，二〇一八）。

經歷了這種雙重咒術化後，九〇年代初期社會主義瓦解，宗教自由得以保障。在這一過程中，咒術、薩滿教與黑魔術之所以比制度宗教的「復興」發展得更為顯著，或許是因為孕育出社會主義無神論的這個社會本身，也帶有某種咒術的性質。此外，在後社會主義時代，總統參與祭祀佛教聖山，縣政府舉行密勒聖人的祭祀等「政教合作」的現象屢見不鮮。若將這些現象置於咒術化社會主義的連續性中來看，或許便能更清楚地理解了。

延伸閱讀

哈伯瑪斯，〈政治性的事物：政治神學曖昧遺產的合理意義〉（收錄於哈伯瑪斯等著，箱田徹、金城美幸譯，《挑戰公共圈的宗教：為了後世俗化時代的共生》，岩波書店，二〇一四年）——刊載了哈伯瑪斯的後世俗化論。

島村一平，〈咒術化的社會主義：社會主義蒙古中，佛教的咒術實踐與還俗喇嘛〉（《社會人類學年報》四四號，二〇一八年）——關於還俗喇嘛與咒術化社會主義，在這篇論文中有詳盡討論。

島村一平，〈名為薩滿教的傳染病：全球化下的蒙古所發生的異變〉（埶子期刊《Synodos Academic Journalism》二〇一六年二月二十四日 http://synodos.jp/international/1628）——有關現在宛若傳染病般增長的薩滿之論考。

島村一平，《增殖的薩滿：蒙古布里亞特人的薩滿教與族群》（春風社，二〇一一年）——雖然有點自吹自擂，但這可說是蒙古薩滿教研究的定論之作。

CHAPTER

thirteen

第十三章

正義論的哲學　神島裕子

正義論の哲学

緒論

「即使世界滅亡，仍要伸張正義。」這句帶有戲劇性的格言出自康德在《永久和平論》（一七九五年）中的介紹，強調無論後果如何，都必須伸張正義。這種將「實現正義的義務」置於一切事物之上的思想，被稱為義務論。與此相對，邊沁所體系化的效益主義則以完全相反的方式看待正義，主張「最大多數人的最大幸福」才是正義的實現。這種對立在著名的「電車難題」中得到了清晰的呈現。

但是，不論是義務論還是效益主義，都無法動搖以正義為主題的思想立場或理論的核心本質。簡而言之，可以總結為以下的論述：

> 從最廣義來看，正義是個人與共同體應當秉持的「正確」。所謂正義論，旨在使這種正確的內涵與意義更為清晰，透過哲學性分析探討人類本性與社會構成的原理，進一步闡明人類應遵循的法律與道德原則，同時對這些原則所依據的理由提供合理的說明。（山口雅廣、藤本溫編著，《西方中世紀的正義論——哲學史的意義與現代的意義》，晃洋書房，二〇二〇年，頁i）

現代正義論的主流可追溯至約翰·羅爾斯於一九七一年出版的《正義論》。這一正義論雖以柏拉圖與亞里斯多德為起點的西方哲學史為基礎，但在西方之外的世界也廣泛流行。其原因在於，世界各地的哲學教育者多數受教於西方教育機構，或出於融入主流的需求而傾向於接受西方哲學觀點。

既然如此，世界哲學史作為一種反思哲學西方中心主義而誕生的新知識運作，對現代正義論又提出了哪些要求？更根本地說，它對於「非西方的少數」這一二重的他者，是否真正做到公正？以下，我將根據現代正義論所面臨的兩個問題點，嘗試描繪出如何構築一種去西方中心主義、不負世界哲學之名的論述，以及未來正義論應立足的規範。

現代正義論主流懷抱的兩種問題點

現代正義論的主流是分配正義論。在西方哲學史上，分配正義這一概念早在亞里斯多德時代便已出現。然而，正如薩繆爾・弗萊舍克（Samuel Fleischacker）在《分配正義的歷史》（二〇〇四年）中所指出，賦予這一概念現代意義——即「在福利國家中具體實現，透過財富分配保障全體社會成員的基本需求」——的使用，始於十八世紀因貧困問題社會化而興起的平等主義思想。此後，這一觀念經歷了十九世紀的發展，並在二戰後廣為傳播；而其中發揮決定性作用的，正是羅爾斯：

羅爾斯透過整理和闡明百餘年間人們對財富公正分配所持的異質衝突與直觀，首次為分配正義提供了一個明晰的定義。這是一項極其重要的學術成果，其意義可與朱塞佩・皮亞諾（Giuseppe Peano）、理查・戴德金（Richard Dedekind）、格奧爾格・康托爾（Georg Cantor）等人在定義自然數、實數、超限數時的貢獻相提並論，甚至可與康托爾在定義集合方面的著作媲美。

（弗萊舍克，《分配正義的歷史》，中井大介譯，晃洋書房，二〇一七年，頁一七〇）

然而，分配正義論僅能處理「個人與社會的正確」中的一部分。在世界上，仍存在壓抑、剝削、歧視，甚至對非人類存在的不正義等分配正義論無法解決的問題。雖然透過財富分配滿足基本需求，在一定程度上能帶來改善，但其效果終究有限。因此，儘管羅爾斯在學界具有極大的影響力，但這些問題點可以說是現代正義論主流共同面臨的難題。

現代主流正義論的另一個問題在於，其構想正義的出發點多基於哲學中的多數派觀點。牙買加出生的查爾斯・米爾斯（Charles Mills）在《種族契約》（一九九七年）一書中指出：「白人至上主義是一種未被明確命名的政治體系，形塑了現代世界的樣貌。」從這句氣勢逼人的開場白出發，米爾斯鳥瞰式地分析該政治體系，並認為在人文學科中，「最白」的一個領域就是哲學。

米爾斯指出，哲學是「由白人撰寫和建構的，他們將自身的種族特權視為理所當然，因此既不將其理解為政治，也不視其為一種統治形式」。其中，政治哲學特別主張的「社會契約」

（經由平等個體的合意形成政府的基礎），實際上僅僅是「我們白種人」的契約而已。就如同歷史上實際存在的「種族契約」——一種結構性壓迫和歧視非白人的契約——常被忽視，羅爾斯也僅關注於政治的理想理論。米爾斯批評這種現代正義論，並援引美國黑人的一句諺語來總結：「當白人說『正義（justice）』時，他們實際上是在說『Just us（只為我們自己）』。」（Charles W. Mills, *The Racial Contract*, Cornell University Press, 1997）

擺脫西方中心主義的嘗試

在這裡，我想進一步探討第二個問題。米爾斯提出了分析哲學中關於白人支配的概念工具「種族契約」，但若要使哲學擺脫西方中心主義，顯然還需要更多的工具。二〇一六年獲得京都獎的瑪莎・納斯邦（Martha Nussbaum, 1947-），在她的得獎紀念演講「蘊含人性的哲學」中指出，「對世界各式各樣哲學傳統的好奇和尊重，以及對與異文化間哲學對話的興趣」，是人類真正進步所不可或缺的哲學。這句話至今記憶猶新。

阿瑪迪亞・森（Amartya Sen, 1933-）在批判羅爾斯的正義論時，採取了與納斯邦相似的立場。正如他在《正義的概念》（二〇〇九年）中所闡述的，森認為羅爾斯透過重新定義正義原則並將其應用於國家各種制度的「先驗式制度主義」，缺乏實現的可行性，同時也未能充分評估不同文化脈絡中人們的多樣選擇。為了促進正義，森主張應採用比較的方法，即透過公共議論比較多種可行選項，選擇出相對更優的一種實現狀態。

森指出，西方的論述常以強詞奪理的方式尋找各種理由，來忽視世界其他地區的成就；然而，中東、亞洲、非洲等地的歷史已清楚顯示，非西方同樣擁有公共議論的傳統。他一方面從自己家鄉印度的歷史中舉出大量證據，另一方面也引述其他非西方的事例，例如聖德太子在《十七條憲法》中對公共議論重要性的強調、西班牙流亡猶太哲學家邁蒙尼德被十二世紀伊斯蘭世界薩拉丁王國接納的例子，以及南非前總統曼德拉家鄉舉行的民主鄉鎮會議（town meeting），以此展示各地公共議論的豐富傳統。

名為多數中心主義的高牆

這樣的嘗試推動哲學逐步擺脫西方中心主義的束縛。儘管它對現代正義論中的「白人至上主義」施加了壓力，但也可能以尊重傳統為名，放任傳統社群內部對少數群體的不正義。例如，那些在「男性中心主義」信念下壓迫女性的傳統社群，就是一個值得我們深思的案例。

在這裡，我想談談森在論文〈依存於身分的客觀性〉（一九九三年）中提出的客觀性概念。對於關於正確性的主張而言，客觀性至關重要。森認為，客觀性取決於「在何種情境下描繪出輪廓，從而產生見解」。例如，當某人聲稱「太陽與月亮一樣大」時，如果與此人身分地位相同的人都認可這一說法，而且當時並無關於太陽與月亮尺寸的科學資訊，那麼這個人（或這些人）的信念可以被視為客觀的。然而，這種客觀性與身分密切相關。若這個人（或這些人）遇到能以科學方法測量太陽與月亮尺寸的群體，他們的信念將被證明為錯誤，並揭示出他們共享的信念只是一種共同幻想（Amartya Sen, "Positional Objectvity", *Philosophy & Public Affairs*, 22(2)，1993）。

延伸森的概念來看，現代正義論所共享的信念客觀性，也僅僅是基於特定身分的共同幻想而已。米爾斯批評的「白人至上主義」就是其中一種，而「男性中心主義」則可被視為另一種。男性中心主義的正義論，將被視為「女性特有工作」的相關問題排除在理論之外。亞莉・霍奇查爾德（Arlie Hochschild）與拉塞爾・帕雷尼亞斯（Rhacel Parrenas）對「全球照護鍊」（global care chain）的研究便是最好的例子，在這個體系中，存在著許多未被自由與平等保障的個體。

根據羅爾斯的說法，在適用於「正義的兩種原理」的資本主義社會中，將出現一種所謂「財產所有的民主制」的形式。在這種民主制中，財富與資本的所有權透過事前而非事後的措施進行分配，使人們置於比現狀更平等的出發點。依據這一推論，詹姆斯・米德（James Meade, 1907–1995）認為，在「財產所有的民主制」中，「勞動應該成為個人選擇的問題。（中略）最重要的是，勞動密集型服務（不同於以往的家務傭僕）將蓬勃發展，因為這些工作可由收入與地位平等的人來從事。」（Meade, J.E., Efficiency, Equality, and Ownership of Property, George Allen & Unwin, 1964）儘管這種見解看似具有吸引力，但現代正義理論的主流對此關注甚少。究其原因，不僅在於對這一理論進行明確分析與深入探討需要大量精力，而且對多數正義理論家而言，當前建立在「女性專屬工作」基礎上的經濟社會體系已被視為理所當然，以至於未被視為一種支配形式。

然而，這仍然是一種幻想。現代正義論中「男性中心主義」幻想的強烈，從對女性正義的討論中被簡單歸為「自由派女性主義」（liberal feminism）這一自由派思想立場便可窺見一斑。儘管羅爾斯的原初狀態中約有一半是女性，但那些試圖對這種推論加以歸納並提出批判的哲學家，卻常被不加區分地視為「女性主義者」，這恰恰說明了此種觀點的不合理性。即便「白人至上主義」從正義論中被剔除，在傳統社群內部，包括女性在內的少數群體，仍然被視為正義論的他者。

正義論在世界哲學中的未來

當多數派的信念被證明是錯誤的，而卻無法加以糾正時，問題就變得相當棘手。透過現有的公共議論來修正這種「正義論中的不正義」實際上相當困難，因為少數群體參與公共議論的能力（capability）十分有限。他們往往缺乏營造並建立社會共通理念（共通認識）的條件，也無法有效影響主流的社會觀點。

誰來營造共通認識，又有誰無法參與呢？正如米蘭達・弗里克（Miranda Fricker）所言，人類在接受與提供感知世界的材料時，奠定了認識論上的正義。其中，關鍵在於能為這種共通認識的營造做出貢獻的力量，即capability（能力）（Miranda Fricker, "Epistemic Contribution as a Central Human

Capability” in George Hull(ed.), *The Equal Society: Essays on Equality in Theory and Practice*, Lexingtion Books, 2015）。隨著越來越多人能參與這項工作，而不再因膚色、性別等因素受到歧視，正義論的哲學必然會向更加公正的方向邁進吧！

在世界哲學的黎明期，我們或許可以將開頭提到的康德格言改寫為：「即使西方中心主義滅亡，也要伸張正義。」接下來，則應進一步推進到：「即使多數中心主義滅亡，也要伸張正義。」要實現這一目標，我們必須確保正義論討論者的多樣性，同時將伸張正義的義務視為一種美德，並將其付諸實踐。

延伸閱讀

羅爾斯，田中成明、龜本洋、平井亮輔譯，《作為公正的正義：再論》（岩波書店，二〇〇四年）——在《正義論》（一九七一年）發表後，直到《政治自由主義》出版之前的這段期間，羅爾斯一直致力於將其「作為公正的正義」的概念進一步凝練。這一構想並非以包含性自由主義的方式呈現，而是作為政治自由主義的一種形式。羅爾斯主要根據一九八〇年代的講課筆記留下了大量草稿。本書的編者愛琳・凱利（Erin Kelly）在羅爾斯的允許下，整理與修訂這些草稿，編纂成此書。這是一部能夠簡明地理解現代正義論主流的入門之作。

林典子，《photo documentary人類的尊嚴：現在，在這世界的角落》（岩波新書，二〇一四年）——森批評羅爾斯的正義論為「先驗制度主義」，並列舉現實中的不正義事例，主張應建立一套依循社會選擇方法的正義論，以實現比現在更好的社會狀態。然而，當遭受不正義者的聲音僅能在社會的某個角落微弱回響時，我們該如何界定範圍，並在何種社會選擇下，才能真正達成「比現在更好的事態」呢？這是一部發人深省的作品。

杉山春，《實寫虐待：大阪兩孩童棄置死亡事件》（筑摩新書，二〇一三年）——在所謂「紅燈區」工作的單親媽媽虐待孩子並導致孩子死亡的案件時有發生。在這類案件中，加害者常因殺人罪被判處重刑，例如本案中被判三十年有期徒刑。然而，深入了解加害者的犯罪背景後，可以發現加害者很可能也是弗里克所說的「認知不正義」的受害者。如果我們能改變「無論在怎樣的情況下，育兒都是母親應盡義務」這種社會共通認識，或許就能挽救一些生命；這正是本書所暗示的核心問題。

後記　中島隆博

二〇二〇年七月下旬，《世界哲學史》前八冊即將完成之際，我們四位責任編輯與負責編輯松田先生舉行了一次回顧會。席間，伊藤邦武教授對整個編輯過程有一段簡明扼要的總結。

作為整體感想，伊藤教授指出了許多優點。積極推動年輕研究者與女性研究者的執筆；提高中世紀的比重，讓我們對東西方中世紀都有一定程度的了解。在近代修正了偏重西方的情況，發掘了橫跨東西方共通的問題意識；提及了一直以來很少被論及的非洲、俄羅斯和南美。儘管如此，還是有不少討論侷限於各自的專門領域，因此有必要建立一個更靈活的視角——伊藤教授同時提出這樣的指摘。

不只如此，伊藤教授也強調，需要對東西方各式各樣的交流史或影響史有更清晰的描繪（例如中國對西方哲學的影響，猶太思想的廣泛影響），這是一個需要改進的問題。並要更加關注現代，包括二十世紀以來的技術與環境、通信革新等給予更大的關心。

伊藤教授不只是責任編輯之一，更是我們深深仰賴判斷的重要支柱，因此他的建議立即得到所有人的贊同。於是，我們開始構想並具體編寫別卷，以盡可能填補剩餘的問題。

此外，伊藤教授還精心準備了一份備忘錄，其中包括一些要點。例如從世界哲學的角度，來解讀企劃階段未曾考慮到的新冠肺炎、科學哲學與資訊、國際關係以及生死觀的關聯。能否從歐亞的視角看待俄羅斯與蒙古？邏輯和數理思想的東西方比較研究；這些都是伊藤教授提出的主題。

我們不能確定在多大程度上實現了伊藤教授提出的主題，只能請讀者自行判斷了。但我還是要再次強調，別卷的方向是伊藤教授給我們提示的。

責任編輯的座談會，伊藤教授不克出席，因為舉行前夕，聽說伊藤教授病倒了。即使如此，我們三人還是一直想著「伊藤教授在場的話，會怎麼想呢？」隨著伊藤教授的思維深入討論，想理解伊藤教授見解的讀者，或許也能夠有所得吧！為此，我想說的是，這整部別卷代表了伊藤教授的見解。我想，在往後的日子中，應該可以期待伊藤教授親手完成的別卷續篇吧！在那之間讀者們若能翹首等待，實為幸甚。

在過去這一年內，新冠肺炎的蔓延，對我輩的生命形態帶來了重大反問。我自己也透過這套《世界哲學史》學到了很多東西，從而對自己的生命形態，不斷地反思。想試著以別的生命形態活著，這樣的願望，點亮了我們的心靈。

最後，我必須再次感謝與我們一起走完這段路的校閱者、設計者、索引製作者（日文版）、印刷廠、書店的每一位人員，再次由衷致上謝意，真的非常感謝你們。我對編輯松田健先生感激不盡。松田先生和伊藤邦武教授、山內志朗教授、納富信留教授一起，深深體現了哲學的友情。

最後，我必須對京都論壇（kyoto forum）的矢崎勝彥理事長致上感謝之意。當我們在面對「世界哲學」的時候，是他率先展現出哲學的友情，給予我們兩年以上的支援。在此謹記，並致上最深謝意。

作者簡介

山內志朗（Yamauchi, Shirou）（第一部第一章、第二章）

一九五七年生，慶應義塾大學文學部榮譽教授。東京大學大學院人文科學研究科博士課程中退。專攻西方中世紀哲學、倫理學。著有《普遍論爭》（平凡社library）、《天使的符號學》（岩波書店）、《「誤讀」的哲學》（青土社）、《小小倫理學入門》、《有感的經院哲學》（慶應義塾大學出版會）、《湯殿山的哲學》（普紐瑪社）等。

中島隆博（Nakajima, Takahiro）（前言、第一部第一章、第三章、後記）

一九六四年生，東京大學東洋文化研究所教授兼所長。東京大學大學院人文科學研究科博士課程中退。專攻中國哲學、比較思想史。著有《惡之哲學：中國哲學的想像力》（筑摩選書）、《莊子：告知成為雞之時》（岩波書店）、《作為思想的言語》（岩波現代全書）、《殘響的中國哲學：言語與政治》、《共生的實踐：國家與宗教》（東京大學出版會）等。

納富信留（Noutomi, Noburu）（第一部第一章、第四章）

一九六五年生，東京大學人文社會系研究科教授兼文學院院長。東京大學大學院人文科學研究科碩士。劍橋大學研究所古典學部博士。專攻西方古代哲學。著有《詭辯者是誰？》《哲學的誕生：蘇格拉底是誰？》（筑摩學藝文庫）、《柏拉圖與哲學：閱讀對話篇》（岩波新書）等。

津崎良典（Tuzaki, Yoshinori）（第二部第一章）

一九七七年生，筑波大學人文社會系教授。大阪大學大學院文學研究科碩士，巴黎第一大學哲學科博士。專攻西洋近世哲學。著有《笛卡兒的憂鬱：確實跨越負面感情的方法》（扶桑社）、合譯作《笛卡兒全書簡集　第四卷（1640-1641）》（知泉書館）、《萊布尼茲著作集　第II期》（工作舍）等。

井川義次（Ikawa, Yoshitsugu）（第二部第二章）

一九六一年生，筑波大學大學院人文社會科學研究群教授。筑波大學大學院人文社會科學研究科中國哲學博士。專攻中國哲學、比較思想。著有《宋學的西遷：邁向近代啟蒙之道》（人文書院）、《知的歐亞I知從東方來》（合編，明治書院）等。

佐藤紀子（Sato, Noriko）（第二部第三章）

一九七三年生，國學院大學教育開發推進機構助教。聖心女子大學大學院人文學博士後畢，文學博士。專攻法國哲學。著有論文〈承受黑暗：西蒙．韋伊的神祕思想〉（《福音與世界》新教出版社）等。

志田泰盛（Shida, Taisei）（第二部第四章）

一九七五年生，筑波大學人文社會系副教授。東京大學大學院人文社會系研究科博士。專攻印度哲學。著有*History of Indian Philosophy*（合著，Routledge）等。

野元晉（Nomoto, Shin）（第二部第五章）

一九六一年生，慶應義塾大學言語文化研究所教授。慶應義塾大學大學院文學研究科碩士，麥基爾大學伊斯蘭研究所博士。專攻伊斯蘭思想史。著有*Early Isma'ili thought on prophecy*（Ph.D, diss., McGill University），《面向自然的人類哲學》（合編著，慶應義塾大學出版會）。

頼住光子（Yorizumi, Mitsuko）（第二部第六章）

一九六一年生，東京大學人文社會系研究科教授。東京大學人文科學研究科博士畢，文學博士。專攻倫理學、日本倫理思想史、比較思想。著有《正法眼藏入門》（角川sophia文庫）、《道元的思想》（NHK出版）、《悟與日本人》（普紐瑪舍）、《日本的佛教思想》（北樹出版）等。

乘松亨平（Norimatsu, Kyohei）（第二部第七章）

一九七五年生，東京大學大學院總合文化研究科教授。東京大學大學院人文社會系研究科博士中退。文學博士。專攻近代俄羅斯文學及思想。著有《現實主義的條件：俄羅斯近代文學的成立與殖民地表象》（水聲社）、《俄羅斯或對立的亡靈：「第二世界」的後現代》（講談社選書metier）等。

岡田溫司（Okada, Atsushi）（第二部第八章）

一九五四年生，京都大學榮譽教授、京都精華大學大學院特任教授。京都大學大學院文學研究科博士後畢。專攻西洋美術史及思想史。著有《莫蘭迪及其時代》（人文書院）、《佛洛伊德的義大利》（平凡社）、《電影、藝術與生：螢幕中的畫家們》（筑摩書房）、《虹的西洋美術史》、《西洋美術與種族主義》（筑摩啟蒙新書）等。

永井晉（Nagai, Shin）（第二部第九章）

一九六〇年生，東洋大學文學部教授。早稻田大學大學院文學研究科（專攻哲學）博士後期滿退學。於巴黎第一、第十、第四大學修習現象學，並向拉比馬爾克—阿朗・瓦克寧（Marc-Alain Ouaknin）修習猶太思想。專攻現象學。著有《現象學的迴轉：面向「未顯現的事物」》（知泉書館）、《「精神的」東洋哲學：未顯現事物的現象學》（知泉書館）、*Philosophie Japonaise*（合編著，Vrin）。

藤原辰史（Fujiwara, Tatsushi）（第二部第十章）

一九七六年生，京都大學人文科學研究科副教授。京都大學大學院人類、環境學研究科博士中退。博士（人類—環境學）。專攻農業思想史、農業技術史。著有《納粹的廚房》決定版（共和國）、《分解的哲學》（青土社）、《納粹德國的有機農業》（柏書房）、《拖拉機的世界史》（中公新書）、《戰爭與農業》（集英社國際新書）、《伙食的歷史》（岩波新書）等。

伊達聖伸（Date, Kiyonobu）（第二部第十一章）

一九七五年生，東京大學研究生院總合文化研究科教授。法國國立里爾第三大學博士畢（Ph.D.）。專攻宗教學、法語圈地區研究。著有《政教分離、道德、宗教學：另一部十九世紀的法國宗教史》（勁草書房）、《從政教分離解讀現代法國——政治與宗教的現在》（岩波新書）等。

島村一平（Shimamura, Ippei）（第二部第十二章）

一九六九年生，國立民族學博物館／總合研究大學院大學教授。蒙古國立大學大學院社會學研究科碩士畢。總合研究大學院大學文化科學研究科博士課程退學。文學博士。專攻文化人類學、蒙古研究。著有《增殖的薩滿：蒙古布里亞特的薩滿教與族群》（春風社）、《草原與礦石：蒙古、西藏的資源開發與環境問題》（合編著，明石書店）、《大學生所見素顏的蒙古》（編著，日昇出版）等。

神島裕子（Kamishima, Yuko）（第二部第十三章）

一九七一年生，立命館大學總合心理學部教授。東京大學大學院總合文化研究科博士畢。博士（學術）。專攻政治哲學。著有《正義是什麼》（中公新書）、譯有《正義論　改訂版》（羅爾斯著，紀伊國屋書店）等。

國家圖書館出版品預行編目(CIP)資料

世界哲學史. 9, 別冊：開啟未來的哲學：回顧與前瞻 / 伊藤邦武, 山內志朗, 中島隆博, 納富信留, 津崎良典, 井川義次, 佐藤紀子, 志田泰盛, 野元晉, 賴住光子, 乘松亨平, 岡田温司, 永井晉, 藤原辰史, 伊達聖伸, 島村一平, 神島裕子著；鄭天恩譯. -- 初版. -- 新北市：黑體文化, 遠足文化事業股份有限公司, 2025.01

面；　公分. --（空盒子；12）

ISBN 978-626-7512-43-2（平裝）

1.CST: 哲學史 2.CST: 文集

109　　113018680

黑體文化　　讀者回函

空盒子12

世界哲學史9別冊——開啟未來的哲學：回顧與前瞻

世界哲学史 別巻——未来をひらく

作者・山內志朗、中島隆博、納富信留、津崎良典、井川義次、佐藤紀子、志田泰盛、野元晉、賴住光子、乘松亨平、岡田温司、永井晉、藤原辰史、伊達聖伸、島村一平、神島裕子｜編者・伊藤邦武、山內志朗、中島隆博、納富信留｜譯者・鄭天恩｜監譯・山村｜校譯・楊雅筑｜責任編輯・涂育誠｜美術設計・林宜賢｜出版・黑體文化／遠足文化事業股份有限公司｜總編輯・龍傑娣｜發行・遠足文化事業股份有限公司（讀書共和國出版集團）｜地址・23141新北市新店區民權路108之2號9樓｜電話・02-2218-1417｜傳真・02-2218-8057｜客服專線・0800-221-029｜客服信箱・service@bookrep.com.tw｜官方網站・http://www.bookrep.com.tw｜法律顧問・華洋法律事務所・蘇文生律師｜印刷・中原造像股份有限公司｜排版・菩薩蠻數位文化有限公司｜初版・2025年1月｜定價・500元｜ISBN・9786267512432・9786267512609（EPUB）・9786267512593（PDF）｜書號・2WVB0012